CONSPECTUS BIBLIOGRAPHICUS
SANCTI BERNARDI ULTIMI PATRUM

RECHERCHES DE THÉOLOGIE ANCIENNE ET MÉDIÉVALE
SUPPLEMENTA
Vol. 2

CONSPECTUS BIBLIOGRAPHICUS SANCTI BERNARDI ULTIMI PATRUM 1989-1993

DEUXIEME ÉDITION AUGMENTÉE

GUIDO HENDRIX

PEETERS

Leuven

1995

ISBN 90-6831-696-6 (Peeters Leuven)
ISBN 2-87723-256-5 (Peeters France)

D. 1995/0602/46

Introduction

La commémoration en 1990 des neuf cents ans de la naissance de Bernard de Clairvaux a fourni l'occasion d'un grand nombre de publications.

Déjà en 1989 la publication de contributions consacrées à ce centenaire a commencé et elle s'est poursuivie en 1991. Mais depuis lors, en 1992 et en 1993, les publications ont continué et nous disposons ainsi d'un grand nombre d'articles et de livres. La conséquence en est qu'il est utile de poursuivre le *Conspectus bibliographicus (1989-1991)* paru en 1993[1], et même de le reprendre et de l'augmenter afin que les années 1992 et 1993 soient comprises. En 1995 — l'année pendant laquelle on se souviendra certainement qu'il y a cent ans E. Vacandard publiait sa biographie de S. Bernard — un instrument bibliographique est ainsi disponible qui n'a pas l'intention de doubler les informations, presque complètes, du *Bulletin d'histoire cistercienne / Cistercian history abstracts.*

Nous n'avons pas retenu dans ce *Conspectus bibliographicus* les publications qui regardent explicitement l'économie, l'architecture et le droit (sauf si celui-ci est lié à la *Carta Caritatis*). Parfois nous signalons des articles qui s'occupent de l'art, mais alors dans le contexte de la théologie et de l'esthétique. Nous avons répértorié quelques catalogues de manuscrits ou d'expositions surtout à cause des études accompagnants le catalogue proprement dit. Les études d'histoire cistercienne ont été reprises pour autant qu'elles ne traitent pas d'affaires d'importance purement locale et pour autant que B. y a joué un rôle.

Le *Conspectus bibliographicus* que voici se limite aux domaines de la théologie, de la spiritualité, de la liturgie. Les contributions qui sont signalées peuvent être divisées en trois grandes sections:

1. HENDRIX G., *Conspectus bibliographicus (1989-1991) Sancti Bernardi ultimi Patrum Monasticorum.* Recherches de théologie ancienne et médiévale 60, 1993, p. 5-130.

— contributions originales à propos du centenaire de la naissance de S.Bernard.
— traductions d'études parues jadis; leur titre original et les données de l'édition sont signalés.
— éditions et traductions des oeuvres de S.Bernard.

Dans la seconde section, il faut signaler les nombreuses traductions de publications de Dom Jean Leclercq O.S.B. "un véritable héritier de Bernard"[2]. La revue *Collectanea Cisterciensia* a voulu profiter de l'année jubilaire de S.Bernard pour honorer Dom Leclercq. Son décès, survenu le 27 octobre 1993, a été l'occasion de le commémorer en citant toujours ses travaux consacrés à S.Bernard[3].

Après les traductions, reste un grand nombre de publications originales. Quelques-unes ont été présentées par des recensions générales[4] qui étaient restreintes à une seule section, comme les publications dans une langue. Notre *Conspectus bibliographicus* veut — peut-être est-ce un espoir vain — être exhaustif au moins pour les langues germaniques et romanes. Nous n'avons rencontré que deux publications en langue scandinave[5], une en langue slave (en polonais[6] notamment).

Nous résumons souvent les études dans une langue qui n'est pas celle dans laquelle elles ont paru, et souvent nous croyons bien faire en citant de fragments que nous considérons importants pour l'approche que l'a. fait du problème en question.

2. <Liminaire>, *Année Saint-Bernard et hommage à Dom Jean Leclercq.* — Coll.C 52, 1990, p.iv-viii.

3. ROCHAIS H., *Dom Jean Leclercq, OSB: † 27 octobre 1993.* CollC 56, 1994, p.107-109. — PENCO G., *Ricordo di Dom Jean Leclercq.* Aevum. Rassegna di scienze storiche linguistiche e filologiche 58, 1994, p.439-444. Ici on peut se rappeler LINAGE CONDE A., *Dom Jean Leclercq y las letras monásticas.* Studia monastica 34, 1992, p.315-359 avec p.345-352: *La saga bernardina.*

4. BIFFI I., *Pubblicazioni su San Bernardo.* La scuola cattolica 120, 1992, p.113-125. — HARDING R.A., *Bibliografia.* Cistercium 187, 1991, p. 867-880. — HENDRIX G., *Le centenaire de saint Bernard. Une belle récolte.* Revue d'histoire ecclésiastique 87, 1992, p. 132-139. — GODDING R., *Bernardina et Cisterciensia. Au lendemain du IXe centenaire de la naissance de S.Bernard.* Analecta bollandiana 111, 1993, p. 189-214.

5. HÄRDELIN A., PEDERSEN E.M.W.

6. JACKIEWICZ K. & MACHARSKI F.

Pendant le centenaire de S.Bernard, la majuscule B était utilisée comme logo. Avec tout le respect et pour des raisons pratiques, nous avons utilisé la majuscule B pour saint/ Sankt/ san/ santo/ são/ heilige Bernard/ Bernhard/ Bernardus/ Bernardo. Le génitif allemand Bernhards a été abrégé en Bs; le génitif saxon en B's.

Pour les ouvrages cités fréquemment, les sigles suivants sont utilisés:

AC	= Analecta cisterciensia
B	= Benedictina
BCF	= Bernardus en de Cisterciënzerfamilie in België
C	= Cistercium
CC	= Cistercienser Chronik
CCC	= Cîteaux Commentarii Cistercienses
CollC	= Collectanea cisterciensia
CM	= Cuadernos monásticos
EA	= Erbe und Auftrag
LSC	= La Scuola Cattolica
RC	= Rivista cistercense
SBO	= *Sancti Bernardi Opera omnia*, ed. Leclercq Rochais Talbot, Rome 1957-1977
SM	= Studia monastica.

Les Actes des congrès ont été groupés sous leur titre; le lieu où ces congrès ont eu lieu reçoit un renvoi au titre.

A partir de la p. 239 les informations contenues dans ce *Conspectus bibliographicus* sont rendues accessibles grâce à sept indices: en plus des *Indices personarum, locorum* et *rerum* on y trouvera un index des *Opera sancti Bernardi*, un vocabularium, une liste des ouvrages cités et une liste de *varia*.

G. H.

A.B., *Bernardo: un monje en la escuela del amor.* — C 42, 1990, p. 15-29.

Quatre grandes parties: I. Dieu charité, source de toute charité. — II. L'amour de Dieu dans l'amour de l'homme. — III. L'homme, image du Dieu Amour. — IV. Retour à Dieu par la rénovation de l'amour (on suit ici les degrés présentés dans le *De diligendo Deo*).

A.B., *Leer y comprender a San Bernardo.* — C 42, 1990, p. 217-225.

A l'occasion de l'achèvement de la publication des œuvres de B. en latin et en espagnol par les éditions Biblioteca Auctores Cristianos l'a. veut faciliter la découverte d'un B. un peu déroutant pour les esprits du XXe siècle. Lignes très simples qui traitent les points suivants: 1) La formación basica de Bernardo. — 2) Como piensa y habla Bernardo. — 3) Como leer a Bernardo.

ABBAYE DE L'EPAU, v. *Journées Saint Bernard.*

ABBAYE SAINTE MARIE DU DÉSERT, v. *Saint Bernard et la recherche …*

ABREU P., *Bernardo de Claraval: a época e o pensamento.* — IX Centenário do nascimento..., p. 13-26.

Pour l'a. B. apparaît comme (p. 26) "um arguto psicólogo, óptimo caracterizador das manifestaçoes de doença espiritual, e bom clínico na escolha dos remédios que podem levar à cura. E esses remédios — ensina-nos ele — sao a destruiçao da soberba, da avareza, da busca de prestigo pessoal, da ambiçao; e a troca de tudo isso pela humildade, pela obediência, pela probreza, pelo reconhecimento dos próprios limites, pelo temor a Deus, pelo delicioso banquete da caridade".

A conclusione del IX centenario della nascita di san Bernardo. — LSC 120, 1992, N° 1, p. 3-5.

La Scuola Cattolica nel 1989 pubblicava un *Preludio a un nuovo centenario...* dal J. LECLERCQ. Anche la rivista, al chiudersi del centenario, dedica all'abate di Clairvaux alcuni saggi: J. LECLERCQ, I. BIFFI, C. STERCAL, C. MARABELLI.

Actas. Congreso internacional sobre san Bernardo e o Cister en Galicia e Portugal. 17 — 20 outubro 1991. Ourense / Oseira. IX Centenario de San Bernardo. — Ourense 1992, 2 vol., 1234 p., ill.

Après les allocutions de plusieurs dignitaires ecclésiastiques et laïcs (*Preliminares* p. 11-36) le volume I s'ouvre par une *Ponencia* de J. LECLERCQ, *Bernard et les débuts de l'ordre cistercien* (cfr infra). Les contributions dans les sections Historia et Arte n'entrent pas dans le domaine de ce *Conspectus bibliographicus*.
Pour celles de la section *Espiritualidad y varia* (vol. II, p. 1003-1211) voir A. LOUF, F.R. DE PASCUAL,I.M. GÓMEZ, J.M.F. GARCÍA, J. BOUTON, M.G. BONAÑO, M.P. LÓPEZ, S.F. ORDÓÑEZ, R.C. MARTINEZ, R. HERNÁNDEZ, M.D. ORTIZ, V. DE LA CRUZ.

AERDEN D., *"Liefde alleen volstaat"*. — Heiliging, 40, 1990, p. 29-38.

P. 37: "B. dient de caritas als zijn dame. Niets heeft hij haar weerhouden. Zij heeft hem vervuld. B. moet een gelukkig mens geweest zijn, uit één stuk, niettegenstaande de verscheurdheid die zijn optreden op het publieke forum bij hem achterliet".
P. 38: "Ik denk niet dat ik B. begrijp. Hij is niet te begrijpen, hoogstens na te volgen om in zijn licht het licht te zien. Zeker heeft B. fouten gemaakt en het is goed die te onderkennen. Het maakt hem als heilige niet minder dierbaar want des te menselijker. Maar in zover deze mens geworden is wat hij beminde, valt over hem niet meer te oordelen".

AFFLIGEM, v. *Uit de werken* ...

AKIN D.L., *Bernard of Clairvaux. Evangelical of the 12th century (An analysis of his soteriology).* — Criswell Theological Review 4, 1990, p. 327-350.

AKIN D.L., *Bernard of Clairvaux: evangelical of the 12th century (A critical analysis of his soteriology).* — Arlington, University of Texas Press, 1989, 247 p.

ALCOBAÇA, v. *IX Centenário* ...

ALIMONTI F.R., *Gli Apostoli nelle opere di San Bernardo di Clairvaux.* — RC 9, 1992, p. 5-85.

La costante presenza degli apostoli negli scritti bernardini è dovuta al forte legame delle spiritualità dell'autore con la Bibbia. In linea generale, gli apostoli sono un mezzo per esprimere determinati concetti e idee, sono figure che rappresentano precise realtà; sono infatti interpretabili secondo i quattro sensi delle Scrittura. Da un punto di vista letterale bisogna notare l'insistenza sull'umanità, imperfetta, má non del tutto negativa, di cui essi sono espressione. Il rapporto con Cristo, inizialmente 'carnale', si è evoluto fino alla completezza. Ma il valore degli apostoli non consiste solo in questo. Sono infatti da leggere secondo una triplice chiave: ecclesiologica, monastico-morale e monastico-mistica. Tutte sono fondamentali per il pensiero bernardino.
La dimensione ecclesiologica è ovviamente di grande importanza e lo era specialmente nel periodo in cui B. scriveva, mentre fervevano le polemiche. La funzione che i discepoli assolvono nell' opera bernardina non è certamente riconducibile soltanto ad una matrice ecclesiologica. Ogni azione dei discepoli ha un significato morale, da intendere nel senso di morale 'monastica': il modello del perfetto cristiano che viene proposto coincide infatti con il monaco.
La chiave di lettura monastico-mistica è la diretta conseguenza della precedente. Infatti colui che è monaco passa dal disprezzo dell'*usus rerum*, attraverso un *excessus*, alla contemplazione di Dio. Tutto ciò è comprensibile, in quanto il monaco vive *adhaerens Deo* e si inserisce perciò meglio di chiunque altro in una visione mistica della religiosità. Un'altra dimensione in cui gli apostoli vivono negli scritti di B. è quella agiografica: sono santi, ma hanno pure altre caratteristiche tipiche dei santi: sono operatori di miracoli e martiri.
P. 83: "Gli apostoli costituiscono quindi, in primo luogo, un modello: per il semplice fedele, per il quale essi erano coloro che avevano vissuto a fiaco del Cristo; per la gerarchia ecclesiastica, a cominciare dal papa stesso, *successor Petri* per il potere conferitogli, ma per l'unzione Cristo; per i monaci infine, che dai dodici possono imparare la vera umiltà e l'autentica sapienza.
Proporre un tale modello polivalente aveva, nel XII secolo, un significato ideologico preciso. Non solo il papato attraversava un momento di grande crisi, come autorità politica e spirituale, ma il monachesimo stesso veniva attaccato da più parti, contestando all'ideale della comunità di Gerusalemme soprattutto il possesso, pur non personale, delle ricchezze. B. ribadisce il modello apostolico, perché più consono alle possibilità umane, anche riconoscendo che ne esisteva un altro più radicale".

ALIMONTI F. R., *La Mater misericordiae nella tradizione cistercense.* — Respice stellam..., p. 203-221.

La *Mater misericordiae* est sans doute un des thèmes iconographiques les plus significatifs pour la compréhension de la figure de Marie dans la religiosité médiévale. F.R. A. esquisse en particulier la tradition cistercienne.

ALIMONTI F.R., *La visione di S. Benedetto in Gregorio Magno, Bernardo di Clairvaux e Meister Eckart: modifiche, trasposizione ed omissioni.* — B 37, 1990, p. 277-283.

In uno dei sermoni tedeschi di Meister Eckhart (*Dilectus Deo et hominibus*) è citato ed utilizzato un brano dalla cosidetta *Vita Benedicti* di Gregorio Magno, ripreso anche da B. in uno sermone *De diversis.* E interessante osservare come uno stesso episodio viene recepito ed in parte modificato nel corso del tempo e nel pensiero di due mistici, rispetto a come esso si presenta nella fonte originaria.
Nel sermone di B. il episodio è citato a proposito della comprensione delle cose invisibili e della possibilità che l'anima umana ha di poter vedere Dio. Le omissioni che nel sermone di B. erano dovute alla brevità della citazione, in quello di Meister Eckhart hanno una loro ragione d'essere. Da tali diversità si veda l'evoluzione della mistica fra il XII e il XIV secolo. Si possono allora comprendere i dubbi di eterodossia che queste dottrine suscitavano nel XIV secolo, sopratutto se si tiene sempre presente da una parte che non tutti i fideli possedovano una adeguata cultura teologica e dall'altra che circolavano non poche dottrine ereticali.

ALLCHIN A.M., *Témoins de l'expérience de l'Eglise: saint Bernard et Lancelot Andrewes.* — CC 52, 1990, p. 245-254.

L'a. essaie de voir l'utilisation qu'a faite L. Andrewes des œuvres de B., en suivant sa manière d'enseigner telle que la présente N. LOSSKY, *Lancelot Andrewes, le Prédicateur (1555-1626): aux sources de la théologie mystique de l'Eglise d'Angleterre*, Paris 1986.
P. 254: "Le but que poursuit A. dans ses sermons, c'est d'ouvrir devant nous ce chemin qui conduit à la paix, qui n'est autre que dans le cœur même de Dieu. Etablie dans le Christ, cette paix est ouverte pour accueillir tous ceux qui désirent avancer sur le chemin qui y mène. A l'instar de tous ceux dont il a cité abondamment les témoignages, A. est lui-même devenu un témoin de cette paix transcendante, cette paix à laquelle B., en son temps, a rendu témoignage par son enseignement et par sa vie".

ALTERMATT A., *1990: Ein Bernhardsjahr.* — EA 66, 1990, S. 55-56.

"Der wichtigste Beitrag des Bernardsjahres wird es sein, gerade aufgrund der neueren Forschung, endlich vom B. der Legende und dem B. der Geschichte (B. ist nicht nur Kreuzzüge und Abälard...) zum eigentlichen B. vorzudringen, nämlich zum B. der Schriften, wo jeder und jede eine ganz persönliche Botschaft finden wird: ein feuriges Wort!"

AMBROSIONI A., *Bernardo e il papato.* — Bernardo cistercense...., p. 59-79.

L.'a analyse B. dans sa relation avec la papauté. Elle souligne (p. 79) que "Sarà pertanto necessario accostare alle fonti bernardine l'esame sistematico dei documenti pontifici del tempo, per individuare con quali persone e ambienti i papi tendessero a stringere rapporti preferenziali nei vari momenti, quale tipo di solutione cercassero di adottare in relazione ai problemi più vivi a scottanti, quale sia stata l'attività dei legati, e il loro metodo di accostare le realtà religiose e sociali con cui entravano in contatto (...) Questo esame (...) dovrebbe essere particolarmente attento per gli anni attorno al 1143, quando cioè l'abate si rese conto con chiarezza di dover difendere il suo operato".

ANDERSON L., *The rhetorical epistemology in Saint Bernard's Super Cantica.* — Bernardus Magister..., p. 95-128.

Twelfth-century epistemologies replay the tensions of the Greco-Roman eras. B's epistemology is colored by Ciceronian rhetorical themes. The marriage of *ars dicendi* and *ars intelligendi* is their common ideal. Both insist that rhetoric is not subordinate to dialectics. Christian notions of *caritas, dilectio* and *amor* also influence B's epistemologies. For B. cognitive union (*intentionality*) is absolutely inadequate when separated from affective union (*tendentionality*). The bride's human psychic structure must be read in terms of the Bridegroom's divine transcendence. In the *Sermones super Cantica* knowledge is largely practical, truth usually prudential and certitudes most frequently probable. B. prefers *intellectio* to *ratio*. In his perceptions, he uses Cicero's *ingenium* and the *ars inveniendi*; in judgment he seeks contingent, not necessary connections; with 'ratio' he uses the 'rhetor's demonstration', enthymeme and epichireme. His phantasmic thinking is the root of his figurative speech.

ANDRAL M.-V., *Saint Bernard et Mère Mechtilde du Saint-Sacrement.* — CC 52, 1990, p. 318-329.

Traducción castell.: *San Bernardo e Madre Mectilde de Bar (Mectilde del SS. Sacramento).* — Ora et labora 47, 1992, p. 16-22.

L'a. a relu les anciennes *Constitutions*, avec le *Règlement des Offices* qui en est le complément plus détaillé autant pour l'esprit monastique que pour la pratique de chaque jour, et enfin les *Conférences* et *Chapitres* qui contiennent les commentaires de Catherine de Bar — ou Mère Mechtilde (M.) du Saint-Sacrement — sur les Mystères et les Fêtes, sur la *Règle de saint Benoît* et sur les observances monastiques.

C'est surtout dans les textes proprement monastiques qu'elle a trouvé B. Si l'on aborde les textes concernant la Vierge Marie, on voit que, là surtout, M. s'est impregnée des écrits de B. Elle ne le nomme pas toujours expressément.
P. 329: "Nous ne retrouvons pas chez M. les quatre degrés de l'amour selon B.; il semble que son impétuosité ait brûlé les étapes et qu'elle s'élance dès le début vers la pureté de l'amour de Dieu...".

Année Saint-Bernard. Lectures et tropaires des vigiles pour le temps de l'Avent et de Noël. — Liturgie N.S. nos 67-70 (juin-septembre 1989), p. 183-221.

La Commission Francophone Cistercienne (C.F.C.) propose aux communautés monastiques quelques lectures *de vigiliis*, au choix, tirées des œuvres de B.: des Sermons 1 et 3, pour l'Avent, du Sermon 1 pour la vigile, etc.

Année Saint-Bernard. Sermons de saint Bernard pour le carême. Neuf lectures pour les vigiles. — Liturgie NS n° 71 (décembre 1989), p. 336-361.

Traduction de P.-Y. Emery, extraite des *Sermons pour l'année*, cfr infra s.v. Emery.

<Anon.>, *¿Bernardo, a qué has venido? Evaluación ante un Centenario.* — C 42, 1990, n° 42, p. 915.

<Anon.>, *San Bernardo y las monjas de su tiempo.* — Schola caritatis 1990, n° 119, p. 47-51.

Se ofrece una síntesis de las relaciones mantenidas por B. con algunas religiosas de su época, a las cuales dirigió por los caminos de la perfección.

Aranguren I., *San Bernardo, analista esperanzado de la miseria humana.* — Nova et Vetera 15, 1990, p. 257-266.

B. offre une vision complète de l'homme, vision humaine et chrétienne, pleine de foi et d'espérance. L'a. montre un B. optimiste — malgré le climat de son temps — pour ce qui est de la connaissance de soi: l'homme face à sa misère découvre la miséricorde de Dieu.

ARANGUREN I., *Posiciones de Bernardo de Claraval ante la opción monástica de los jóvenes.* — C 42, 1990, p. 227-241.

A partir des lettres 103 à 112, 322, 382, 411 et 412 l'a. dévoile le message de B. aux jeunes du XIIe siècle choisissant la vie monastique. Ces lettres pourraient être considérées comme un "traité" sur le discernement du choix de vie monastique. L'a. étudie la pensée de B. d'un point de vue "biblico-théologique" et "psychologico-spirituel". Il envisage, dans l'introduction, le point de vue "ascético-spirituel" mais celui-ci n'est pas systématiquement traité car il se trouve mêlé aux deux autres.

AUBERGER J.-B., *La législation cistercienne primitive et sa relecture claravallienne.* — Colloque de Lyon..., p. 181-208.

S'il y eut de nettes divergences entre Clairvaux et Cîteaux, il y en eut certainement aussi entre Clairvaux et Morimond. L'ordre cistercien connut en effet une phase d'adolescence durant la deuxième quart du XIIe s., à la faveur de laquelle B. s'est révélé. Mais ce n'est qu'après le décès des fondateurs, et en particulier, d'Etienne Harding, qu'il put véritablement marquer l'ordre de son empreinte personnelle plus ascétique et mystique. Après une phase durant laquelle Clairvaux fit cavalier seul en se livrant parallèlement à la pratique officielle à plus de radicalisme en certains domaines que dans le reste de l'ordre, les normes évoluèrent en faveur des choix claravalliens. Ceux-ci s'imposèrent petit à petit à tout l'ordre, au moins dans les textes, si ce n'est dans la pratique courante, d'autant plus qu'ils se trouvaient comme 'consacrés' en quelque sorte par la canonisation de B.

AUBERGER J.B., *Les Cisterciens à l'époque de Saint Bernard.* — Bernardo cistercense..., p. 19-43.

L'a. rencontre les cisterciens, avec les rivalités entre Clairvaux et Morimond, les nombreuses filiations de Pontigny et le rayonnement très limité de La Ferté.

AUBERGER J.-B., *Esthétique et spiritualité cistercienne.* — PRESSOURE & KINDER, *Saint Bernard...*, p. 121-135.

L.'a développe la connexion étroite entre esthétique et spiritualité cistercienne. Non seulement par ce qu'il est et par ce qui s'y fait, mais encore par sa réalisation artistique, le cloître concrétise l'attitude spirituelle. Comme lieu de la rencontre, rien ne doit y distraire celui qui cherche Dieu. On pourrait en dire autant à propos des manuscrits mais sans doute faudrait-il tenir compte du fait que leur dépouillement ornemental n'a pas été réalisé aussi rapidement et aussi radicalement que dans l'architecture. L'église est évidemment l'objet d'une attention particulière: une simplicité, une adaptation au mystère dont elle est le lieu, un dépouillement des formes dénotent la rigueur et la double exigence d'authenticité et de vérité dans un cadre où la lumière exerce son attrait symbolique. B. n'a rien écrit en matière d'architecture mais la réalisation accomplie sous son influence est en pleine conformité avec les idées qu'il défend. L'évolution ultérieure montrera une rupture définitive entre l'art et la spiritualité des origines.

AUBRY L., *Rancé et saint Bernard.* — CollC. 52, 1990, p. 140-162.

Ces pages mettent en lumière ce qui a porté les gens du XVIIe siècle à voire en Rancé un nouveau B. Le premier mouvement des hommes d'aujourd'hui serait plutôt de dénier une réelle valeur au jugement de leurs ancêtres du XVIIe siècle. Les traits des deux personnages sont en effet assez contrastés. Pourtant, à y regarder de près, il faut bien reconnaître qu'il y a plus d'un point commun entre l'un et l'autre: ils ont peu de propension pour les problèmes spéculatifs; le savoir pour eux est ordonné au salut; ils ont tendance à privilégier leur expérience et à en tirer une ligne de conduite; ils reconnaissent avoir besoin d'une forte ascèse; leur sensibilité n'est pourtant pas exténuée par cette ascèse farouche. Ce sont des hommes de l'absolu, du tout de Dieu: tout à Dieu, rien à la chair. Ils recherchent le vrai, l'authentique qu'ils ne pensent trouver que dans le retour aux sources et la fidélité aux Pères; ils n'ont que de l'aversion pour les nouveautés doctrinales; ils rêvent d'instaurer un monachisme pur, socialement désengagé. Ils sont l'un et l'autre des entraîneurs, des meneurs; ils ont besoin d'exprimer leur idéal, de le faire partager.
Il y a donc finalement plus d'affinité qu'il ne paraît entre Rancé et B.: R. nous renvoie à B. dont il est, à sa manière, une vivante image.

AVERSANO M., *San Bernardo e Dante. Teologia e poesia della conversione.* — Salerno 1990, 126 p.

L'a. tratta dell'influsso esercitato dal *Canticum Ezechiae regis* di Isaia, "Ego dixi... vadam ad portas inferni", sull'inizio del I canto dell'*Inferno*. Perché Dante sceglie come modello il *Canticum* tra i tanti testi biblici? Punti di contatto tra B. e Dante, a proposito del' *iter* paradigmatico della coscienza di un vivente chiamato da Dio.
Il libro, nella seconda parte, fa l'esegesi della *compunctio cordis* fino a san Tommaso, in cui il termine è sostituito dalla *contritio*. Con la riforma

della teologia scholastica, la *compunctio* non è più considerata come fase della *conversio*, né un *gradus* della scala che dallo stato di morte sale fino a Dio, ma è parte della *poenitentia* che è, secondo B., il primo gradino della *misericordia*.

BACHL G., *Eine andere Trinität? Gedanken zu einer Predigt des Bernhard von Clairvaux.* — Uni trinoque Domino. Karl Berg, Bischof im Dienste der Einheit. Eine Festgabe Erzbischof Karl Berg zum 80. Geburtstag. Cura PAARHAMMER H. & SCHÖTZ F.M. Thaur 1989, S. 255-273.

Au sujet du *Sermo in nativitate Mariae. De aquaeductu.*

BALLANO M., *Le pain de la Parole. Bernard de Clairvaux et les Sermons divers.* — Abbaye Notre-Dame du Lac (Québec), 1991, 75 p. (Voix monastiques, 3).

= traduction de M. BALLANO, *El pan de la Palabra*, introduction aux *Obras completas de san Bernardo*, t. VI: *Sermones varios*, p. 1-35. (Biblioteca de Autores Cristianos, 497).

P. 67: "Le thème du retour à Dieu est central dans l'Ecriture et ce n'est pas surprenant que B. en fasse l'axe de ces sermons. Toutefois, bien qu'il parle à des moines, il effleure à peine les aspects concrets de la vie monastique. Il s'en tient au point essentiel du cheminement chrétien: la décision d'écouter Dieu et de se laisser interpeller par sa Parole toujours vivante et féconde".

BAMBERGER J.E., *The Influence of St Bernard.* — CS 25, 1990, p. 101-114.

L'article est divisé en deux parties: une introduction qui examine les influences reçues par B. lui-même — elles proviennent de la latinité classique représentée par Cicéron et sa doctrine de l'amour désintéressé, et de la tradition patristique — et un long développement qui prend en considération l'influence qu'il a exercée d'abord sur ses contemporains, puis dans les siècles suivants, jusque sur nos contemporains.
Cette seconde partie commence par les contemporains de B., le Nouvel Ordre cistercien auquel il contribue par ses fondations et surtout par ses écrits copiés, largement diffusés et dont on a ensuite imité le style. Les disciples et ceux qui vinrent immédiatement après lui s'en souvinrent comme d'un mystique et un homme de Dieu. La grande scolastique ne fut pas favorable à son esprit, ce qui ne fut pas le cas des franciscains qui font le lien entre B. et la *devotio moderna*.

B. est-il à l'origine de la dissociation moderne entre affectivité et sentiment d'une part, et pensée et connaissance de l'autre? Louth semble attribuer à B. cette responsabilité. L'a. préfère au contraire affirmer que dans la pensée même de B. existent les éléments capables de corriger cette tendance. Le vrai problème est que les successeurs de B. n'ont pas été à même de maintenir ce qu'il avait tenu: cette synthèse et cet équilibre entre les différentes composantes de l'homme.
L'a. poursuit son exploration au long des siècles; on reconnaît l'influence de B. soit dans les contenus de pensée, soit dans la diffusion de ses œuvres. L'a. examine les opinions des différents specialistes sur le sujet: Gilson et Leclercq en premier lieu, puis Mohrmann, Auberger, Louth... On en arrive ainsi au dernier nom de cet article: Thomas Merton.

BAMBERGER J.E., *The monastic vision of St. Bernard of Clairvaux.* — MS Nr 19, 1991, p. 46-58.

While B. does seem to have an overarching vision of the monastic life from his early years that does not deviate in essentials from his later views, there has been a very real development that can be traced out. It is in his way of presenting charity and union with God that such development can be observed. The article closes with some observations on this maturing of his experience.
P. 57: "Nothing was more characteristic of him than his "fiducia", this "parrhesia", that is based on unshakable faith in the Resurrection and in the love of the Lord Jesus, become the Spouse of the soul".

BAR-SUR-AUBE, v. *Histoire de Clairvaux.*

BANGO TORVISO I.G., *Bernardo de Clareval y el arte.* — Segovia cisterciense. Estudios de historia y arte sobre los monasterios segovianos de la orden del Císter. — Monasterio de Santa María y San Vicente el Real, 1991, p. 13-22.

BAROFFIO B., *San Bernardo e la lectio divina.* — San Bernardo e i Cistercensi..., p. 29-41.

Il a. sottolinea la familiarità di B. con la Parola di Dio in un rapporto che vivifica tutta la persona attraversando la totalità della persona.
P. 29: "Chi legge B., sopratutto nell'originale latino, si accorge come il tessuto letterario di questo Padre della Chiesa è impregnato sin nelle profondità dal linguaggio biblico: espressioni bibliche, immagini bibliche. E' difficile in certe pagine riuscire a distinguere le parole originali di B. da citazioni letterarie o da reminiscenze bibliche. E' tutto un susseguirsi

di testi in cui la Bibbia viene attualizzata. Si può dire che c'è una corsa e rincorsa tra B. e la Bibbia...".

BAROFFIO B., *San Bernardo e la musica.* — San Bernardo nel IX centenario della nascita, p. 113-116.

BÄUMER R., *Bernhard von Clairvaux und die Reform der Kirche.* — Theologisches 250, 1990, p. 588-597.

BAUER J.B., *Bibelzitate und Agrapha im mittellateinischen Schrifttum Bernhards von Clairvaux.* — Mittellateinisches Jahrbuch 27, 1992, S. 53-63.

Anspielungen und Zitate stellen stets einen Bezug auf Texte früherer Autoren dar und werfen nicht selten Licht auf die geistige Heimat und den Lektürekanon eines Schriftstellers. J.B.B. bringt Beispiele und methodische Bemerkungen bei.
Der Eifer mit dem B. Augustinus gelesen hat, erweist sich immer wieder von neuem. Beispiel: Praesumus, sed si prosumus (*Sermo* 32, 3). Patristisches Erbe verrät B. nicht selten durch die Fassung von Bibelzitaten (z.B. Sir 35,21: oratio iusti penetrat caelos (*Hohelied*-Kommentar); Röm. 7, 23: invenio aliam legem in membris meis (*De laude novae militiae*); Spr 16, 18: ante ruinam exaltatur cor (*De consideratione*).
Der Zusammenhang und die Formulierung anderer Stellen bei B. führen auf dessen Bekanntschaft mit Hieronymus, Augustinus und anderen Kirchenvätern.
In "Alioquin nisi ad fontem redeant, exsiccantur, et infideles in modico, quod maximum est accipere non meremur" (*Sermo de aquaeductu*) liegt die Anspielung auf ein bekanntes Jesus-Wort (Agraphon) vor.

BELL D.N., *Bernard in perspective.* — La dottrina... , p. 115-122.

Replica ad B. MCGINN, *Freedom, Formation...*

P. 117: "... Prof. McGinn's paper raises certain questions: not critical questions, but supplementary questions, and the most important of these is the question of B's originality. To what extent is his doctrine, however impressive it may be, a new creation? To what extent are his ideas on image and likeness, on the Incarnation and Christ's humanity, on love and experience uniquely Bernardine? It is easy to be overwhelmed by B's undoubted charisma and his superb latinity and thereby fail to give due credit to those from whom he may have derived his ideas. In this case, we must distinguish the message from the medium".

After Augustine of Hippo and Gregory the Great, the a. would point to three figures whose work cannot be ignored and in whom he discerns the seeds of the ideas that B. was to develop so fruitfully: 1. John of Fécamp who, like B., dwells on the sacred humanity and the necessity of the Incarnation, on the Passion of Christ as the most dramatic manifestation of his love for us, and has much to say on the need for an experiential knowledge of the *dulcedo Domini*. — 2. Guigo I: "... to read Guigo's *Meditations* is to read a laconic, pithy summary of the Cistercian way" (p. 119). — 3. William of Saint-Thierry.
P. 122: "These brief speculations are not intended to denigrate B. They are intended rather as a step to placing B. in perspective and to paving the way for a balanced discussion on his contributions and his originality... Just as the Cistercians are inconceivable without B., B. is inconceivable without his predecessors".

BELL D.N., *The Carthusian Connection: Guigo I of La Chartreuse and the origins of Cistercian Spirituality.* — CS 27, 1992, p. 51-62.

Studies of the thought and spirituality of Guigo (G.) I of La Chartreuse are as scarce as those of B. are abundant. Even more scarce are those studies which endeavor to determine the relationship and interdependence of the ideas of two remarkable men who were, after all, mutual friends and correspondents for more than a dozen years. This paper migth serve to draw attention to the neglected spirituality of G. and the extent to which B's ideas, whilst yet in their formative stage, were deeply influenced by those of his older contemporary.
P. 61-62: "And if we may see in B's spirituality a spirituality of charity-in-action, we may also see that spirituality being formed and constructed in collaboration with G. In the *De diligendo Deo*, which, for all its loose ends, still remains a fundamental document of Cistercian spirituality, we hear not one but two voices calling, and one of them is carthusian. It is no denigration of B. to recognize his dependence on an older spiritual master (and B. refers to himself as G's child), and it is, I think, time to bring G. out of the cell of his comparative obscurity and set him in the sunlight as one of the most important formative influences on B. and the Cistercian *schola caritatis"*.

BELL Th., *Bernardus dixit. Bernardus van Clairvaux in Martin Luthers Werken.* (Proefschrift Universiteit Amsterdam). — Delft 1989, 382 p.

BELL Th., *Divus Bernhardus. Bernhard von Clairvaux in Martin Luthers Schriften.* — Mainz, 1993, XI + 418 S. (Veröffentlichungen des Instituts für europäische Geschichte Mainz. Abteilung Religionsgeschichte, 148).

= deutsche Übersetzung einer überarbeiteten und erneut redigierten Fassung der niederländischen Dissertation *Bernardus dixit...*

Luther (L.) führt B. namentlich mehr als 500mal an. Die eigentlichen Zitate sind größtenteils dessen Predigtbestand entnommen worden. Es waren vor allem die Hoheliedpredigten, die sein Interesse schon früh auf sich gezogen haben. Trotz Kritik in einigen Punkten ist L.s Ansicht über B. bis zum Ende seines Lebens ausgesprochen positiv. Er behält nicht nur eine große Achtung für ihn als Prediger des menschgewordenen Christus, sondern er bleibt zugleich dem kultischen Bild, das im Laufe der Jahrhunderte von B. erwachsen war, verhaftet. Sogar die spätere Kritik an der Heiligenverehrung tat bei L. keinen Abbruch an diesem Bild von B. Er stellt Heilige wie B. in ihren theologischen Kontext zurück, denn es geht nicht so sehr um die großen Taten der Heiligen, sondern um die großen Taten Gottes an seinen Heiligen durch die Zeiten hindurch. In dieser Hinsicht stimmt L. teilweise noch mit dem kultischen Heiligenbild des Mittelalters überein. Zugleich wurde dieses Heiligenbild jedoch von ihm umgeprägt und reformatorisch stilisiert zum Bild eines wahren Glaubenszeugen in den dunklen Zeiten des päpstlichen Reiches. Das B.Bild L.s wird sicherlich auch von dem bestimmt, was man wohl die Bernhardrenaissance des 15. Jahrhunderts nennt. Es ist notwendig, deutliche Einsicht in das Interesse an B. im 15. Jahrhundert zu bekommen. S. 365: "Es muß überprüft werden, auf welche Weise er in den verschiedenen Kreisen rezipiert worden ist, besonders innerhalb Luthers eigenem Orden. Auch das Selbstverständnis der Orden im Spätmittelalter nach der großen Blütezeit des Mönchtums erfordert noch ein tiefergehendes Studium".
Es ist auffällig, daß der Einfluß Bs auf L. in den meisten Untersuchungen auf die *Dicta super Psalterium* (1513-1515) beschränkt wird. Dabei ist man zu leicht über die Frage hinweggegangen, ob L. B. wohl als einen mystischen Autor gelesen hat. Die meisten Zitate weisen eher hin auf B. als Führer eines christlichen Lebens und als Lehrmeister einer Christusfrömmigkeit, die sich um Krippe und Kreuz in der *humanitas Christi* zentriert. Der Höhepunkt der Begegnung L.s mit B. liegt nicht im 1. Psalmenkommentar, sondern in der Auslegung der Paulusbriefe (1515-1518). Hierin hat L. ausführlich und wiederholt eine prägnante Stelle aus Bs 1. Predigt *In annuntiatione* kommentiert.
Es ist ein Anachronismus, B. ohne weiteres zu einer Art Vorläufer der reformatorischen Theologie Luthers abzustempeln; dafür ist beider Denk- und Lebenswelt doch zu unterschiedlich. Wohl kann man aufgrund der Verwandschaft von einer Kongenialität mit dem heilshistorischen antispekulativen Denken Bs sprechen. Diese Kongenialität

läßt sich nur verstehen auf dem Hintergrund des christlichen Lebens und als dem Ort der Begegnung zwischen Gott und Mensch. Sicher bis 1519 war L. der Meinung, daß sein theologisches Denken keineswegs neu war, sondern bereits bei alten, d.h. vorscholastischen Theologen wie Augustin und B. zu finden war.

BELL Th., *Martin Luther über Bernhard von Clairvaux.* — CCC 41, 1990, p. 233-255.

Die Wertschätzung, die die Reformation durch die Jahrhunderte hindurch für B. hegte, geht großenteils auf L.s persönliche Einschätzung zurück. Im Augustinerorden stand B. in hohem Ansehen. Schon früh — als Mönch in Erfurt — lehrte L. B. kennen, u.a. über Traditionen monastischer Theologie. In seiner 1. großen Psalmenvorlesung zitiert er B. ausgiebig. Sobald es um die persönliche Aneignung des Schriftwortes geht, gilt B. für L. als *expertus*. Auch die reformatorische Wende läßt sich nicht länger mehr ohne B. als getreuen Paulusinterpreten vorstellen. Im Konflikt mit der scholastischen Theologie, der durch den Ablaßstreit zunahm, wuchs in L. die feste Überzeugung, daß er B. und Augustin an seiner Seite hatte. Durch Dispute mit katholischen Gegnern kam L. zu der Einsicht, daß auch die Väter geirrt haben; darum soll man, wie B., lieber aus derselben Quelle trinken, aus der auch die Väter geschöpft hatten. Die Diskussion über die Gelübde führte auch zu einer Rückbesinnung auf die Väter, die ein monastisches Leben geführt haben. L. verwirft zwar die ewigen Gelübde, läßt aber B. nicht fallen, denn B. wurde, genau wie alle anderen heiligen Mönche, nicht durch sein monastisches Leben, sondern durch seinen Glauben gerechtfertigt. In scharfem Kontrast zu einem verlebten Mönchtum beschreibt L. das frühe Mönchtum als einen Zustand evangelischer Freiheit. In dessen Geist lebten auch später heilige Mönche, wie B., obwohl sich die Verhältnisse in der Kirche grundlegend verändert hatten. Im Laufe der Geschichte wurde oft ein dogmatischer Gegensatz zwischen L. und B. geschaffen. Allzu oft beruht dieser jedoch auf konfessioneller Voreingenommenheit, die einer historischen Überprüfung nicht standhält. L.s Schrifttum spricht für sich selbst: sein ganzes Leben hindurch wußte er sich mit B., dem Theologen und Prediger, aufs innigste verbunden, was nicht heißt, daß damit Kritik aufgeschlossen war. Die reformatorische Theologie L.s hat aus Bs reichem Denken geschöpft, doch in welchem Maße sie dadurch beeinflußt wurde, ist bisher kaum ausgelotet.

BENKE Chr., *Unterscheidung der Geister bei Bernhard von Clairvaux.* — Würzburg 1991, xi-320 S. (Studien zur systematischen und spirituellen Theologie, 4).

Diese Dissertation (Theol. Fak. der Universität Freiburg/Br.) behandelt ein Gebiet, das in der B.Forschung bisher kaum beachtet worden ist.
In der Unterscheidung der Geister geht es darum, daß der Mensch im Spannungsfeld von Gut und Böse steht. Mit seinen geistlichen Sinnen nimmt er Gedanken, Einreden, Regungen und Anfechtungen wahr, deren Zielrichtung er herausspüren kann. Die Grundregel und das Grundkriterium ergeben sich aus den beiden Hauptpunkten der Theologie Bs: Jesusmystik als materiale Komponente und die *conformitas* als formale Komponente. Grundlage ist dabei die erkenntnistheoretische Maxime "Gleiches kann nur durch Gleiches erkannt werden". Unterscheidung der Geister hängt also eng mit der Lebenspraxis zusammen, mit der Bemühung um die Nachfolge Jesu.
Dieses speziell bernhardinische Grundkriterium wird mit Hilfe der klassischen Vorstellung von der Unterscheidung der Geister in Einzelkriterien aufgefächert. Nochmal ein eigenes Gepräge findet die geistliche Unterscheidung in Bs Hoheliedpredigten. Insgesamt zeigt sich, daß B. den traditionellen Begriff der *discretio* aufnimmt und einem neuen Verständnis den Weg öffnet. Dabei steht er der ignatianischen Unterscheidungslehre näher als der spätmittelalterlichen.

BENKE C., *Doctor caritatis — Lehrer der Liebe: Zum 90. Geburtstag von Bernhard von Clairvaux.* — Ordensnachrichten 29, 1990, S. 50-53.

A bien des égards B. appartient à une époque qui marque un tournant sur les plans politique, spirituel et théologique. Sa spiritualité affective, fondée sur une sensibilité éloignée de toute sensiblerie, s'appuie sur l'expérience fondamentale qu'est la rencontre de Dieu avec l'homme. La profondeur de sa contemplation l'amène à s'engager dans l'action. Transposer son message aujourd'hui n'est pas facile mais le primat de l'amour est toujours actuel.

BERLIOZ J., *Saint Bernard en son temps.* — PRESSOURE & KINDER, *Saint Bernard...*, p. 43-63.

L'a. décrit la vie de B. dans son époque. Les diverses étapes de son cheminement bien connu sont assez rapidement survolées. Les grandeurs et les faiblesses de l'homme de Dieu ne sont pas passées sous silence.

BERLIOZ J., *Saint Bernard en Bourgogne. Lieux et mémoire.* Avec la collaboration de P. ARABEYRE, M.-F CRANGA, J. NOËL et Ph. POIRRIER. — <Dijon> 1990, 166 p.

Après une présentation des grandes étapes de la vie de B. (*Saint Bernard, 1090-1153. Homme d'action, mystique et écrivain*), ce sont sept haut lieux où lieux de mémoire qui sont présentés: Fontaine-lès-Dijon (*Naissance et petite enfance de Bernard*), Châtillon-sur-Seine (*L'enfance studieuse de Bernard*), Grancey (*La conquête des frères de Bernard*), Cîteaux (*L'entrée de Bernard au Nouveau Monastère*), Sens 1140 (*L'affrontement entre Abélard et Bernard*), Vézelay (*La prédication de la IIe croisade, 31 mars 1146*), Prâlon (*Le poids de la tradition*).
L'action et le personnage de B. ont marqué non seulement son propre temps, mais aussi les siècles suivants: *Postérités* dans les vicissitudes de sa légende; légende dorée: deux miracles de B. en Bourgogne; légende noire: B. dans les *Balivernes des courtisans* de Gautier Map, dans la passion déchaînée autour de la dispersion de ses reliques (*Le corps éclaté*), dans le chant liturgique, dans les tourmentes soulevées par la commémoration de sa mémoire.

BERLIOZ J., *Saint Bernard dans la littérature satirique, de l'Ysengrimus aux Balivernes des courtisans de Gautier Map (XIIe-XIIIe siècles).* — Vies et légendes..., p. 211-228.

Le caractère affirmé de B., sa volonté farouche de développer l'ordre cistercien, son intervention permanente dans le fonctionnement de l'Eglise comme dans les affaires de son temps en ont fait un personnage souvent contesté. Les attaques furent particulièrement violentes dans la littérature satirique composée par des clercs, de son vivant comme après sa mort. Sont étudiés ici trois aspects de cette satire: dans l'*Ysengrimus* (vers 1148-1153) de Nivard, dans les accusations portées par Etienne d'Alinerra, disciple de Gilbert de la Porrée, et dans les *Balivernes des courtisans* de Gautier Map (mort vers 1209). B. apparaît peu dans l'*Ysengrimus*. Si la première citation met bien en scène B. comme, semble-t-il, un réformateur aux conseils vains et inutiles, la seconde qui le présenterait comme "fort en gueule" est plus douteuse; peut-être vise-t-elle le prédicateur de la Deuxième Croisade. E. d'Alinerra et G. Map montrent B. échouant dans des tentatives de miracles. Tous deux s'appuient sur des données vraisemblables pour construire des événements plausibles. Ce qui a frappé les trois auteurs est l'efficacité de la machine cistercienne. Face à ce qu'ils considéraient comme un véritable abus de pouvoir, chacun a porté le fer sur le représentant le plus prestigieux de l'Ordre, l'attaquant sans frein à propos des traits les plus marquants de son caractère et de son action.

BERLIOZ J., POLO DE BEAULIEU M.-A. & RIBAUCOURT C., *Saint Bernard dans les exempla (XIIIe-XVe siècles).* — Vies et légendes..., p. 116-140.

B. occupe une place importante dans la littérature des exempla médiévaux. L'enquête, menée par le Groupe de recherches sur les exempla médiévaux (CNRS, Paris), et reprenant une étude publiée en anglais par Dom J. Leclercq en 1979 et disponible dans sa rétroversion en francais: *Le portrait de saint Bernard dans la littérature des exempla du bas Moyen âge* (1988), a porté sur 31 recueils de récits exemplaires (XIIIe-XVe siècles). L'examen des thèmes qui se dégagent intrinsèquement des exempla fait ressortir la figure d'un B. abbé, vaillant recruteur et sourcilleux quant à l'observance, peu thaumaturge, mais néanmoins saint, bien que parfois paradoxalement, luttant modérément contre le diable mais abondamment contre les péchés, comme la luxure, l'orgueil et la gourmandise. Les exempla, loin de se cantonner à la littérature hagiographique canonique, sont créateurs de nouvelles anecdotes, de source orale d'abord, empruntées à d'autres saints personnages ensuite. Les récits mettant en scène B. ne visent plus le seul public monastique mais sont mis au service d'une catéchèse destinée aux laïcs. Chaque récit voit donc son sens infléchi, souvent de manière diverse, par les rédacteurs de recueils, et au-delà par les prédicateurs eux-mêmes: B. se voit mis au service d'une morale destinée à l'homme ordinaire. Le nombre élevé des exempla bernardins dans la littérature exemplaire prouve que pour les prédicateurs de ce temps leur emploi devait être efficace.

Bernard de Clairvaux. Eloge de la nouvelle chevalerie. Vie de saint Malachie. Epitaphe, hymne, lettres. Introductions, traductions, notes et index par P.-Y. EMERY. Paris 1990, 486 p. (Sources Chrétiennes, 367 / [n° série bernardine] Œuvres complètes, XXXI).

Mise en œuvre à la demande du Centre des Textes Cisterciens, qui dépend de la conférence des Pères abbés et Mères abbesses francophones de l'Ordre Cistercien de la Stricte Observance, la présente édition des Œuvres de B., avec traduction française, est réalisée sur les bases suivantes.
Le texte latin est repris de l'édition critique par Leclercq-Rochais-Talbot. Depuis sa parution (1957-1977), ce texte a bénéficié de corrections. L'édition des Sources Chrétiennes profite de ces amendements. L'apparat critique n'est pas reproduit. En revanche, un apparat des citations scripturaires a été mis au point sur des bases nouvelles; dans la mesure du possible, les sources des citations par rapport à la Vulgate, à la Vetus Latina, à la liturgie, à la RB ou aux Pères ont été précisées. A la fin de chacune des œuvres sont donnés les index habituels: index des citations scripturaires, index des noms de personnes et de lieux, et index des mots; celui-ci, étant donné le caractère exhaustif des relevés du *Thesaurus sancti Bernardi Claravallensis*, se limite à un choix de thèmes avec lemmes en français.

L'ensemble de l'édition est l'œuvre d'une équipe coordonnée par l'Institut des Sources Chrétiennes. Le programme de parution des diverses œuvres couvrira la période 1990-2000...
P. 49-133: *Eloge de la nouvelle chevalerie*; p. 175-377: *Vie de Saint Malachie*. Le mot "Lettres" à la page de titre réfère aux p. 432-441 où sont reprises les Lettres 341, 356-357 et 545.
Au sujet de ce volume: J.-F. HOLTHOF, *Le premier volume de la traduction française des œuvres de saint Bernard*. — CCC 43, 1992, p. 441-442; J. BERLIOZ, *La vie de saint Malachie, une traduction de haute tenue*. — CCC 43, 1992, p. 442-444.
On ajoutera aux notes infrapaginales de l'introduction à l'*Eloge de la nouvelle chevalerie*: J. LECLERCQ, *L'Ordine del Tempio: Monachesimo guerriero e spiritualità medievale*, dans *I Templari: Mito e storia*. Atti del Convegno internazionale Poggibonsi-Siena (29-31 maggio 1987) raccolti da G. MINNUCCI e Fr. SARDI, p. 1-8.

Bernard de Clairvaux. A la louange de la Vierge Mère. Introduction, traduction, notes et index par Marie-Imelda HUILLE o.c.s.o. et Joël REGNARD o.c.s.o. (Sources chrétiennes, 390 — Œuvres complètes, XX). Les éditions du Cerf, Paris 1993, 261 p.

Dans les homélies *In laudibus Virginis Matris*, qui forment un tout en elles-mêmes, toute la mariologie de B. est présente en ses points essentiels. On ne trouve pas de nouveautés importantes dans ses autres œuvres mariales (*Sermons pour le dimanche après l'Assomption*, *Sermons pour la Nativité de la Bienheureuse Vierge Marie*, et la *Lettre aux Chanoines de Lyon*) pourtant plus tardives, par rapport aux quatre homélies *A la louange de la Vierge Mère*, œuvre de jeunesse de B.
Suivant les principes adoptés pour les *Œuvres complètes* de B. publiées aux Sources chrétiennes, c'est le texte des *SBO* IV, p. 1-58) qui est réutilisé dans le volume. L'introduction fournit aux p. 25-96 des éléments renouvelés d'appréciation sur les sources bibliques et patristiques de Bernard et sur sa théologie mariale: I. *Bernard, docteur marial?* — II. *Les homélies A la louange de la Vierge Marie*. — III. *La mariologie de Bernard*.

Bernard de Clairvaux. L'amour de Dieu. La Grâce et le libre arbitre. Introductions, traductions, notes et index par Fr. CALLEROT o.c.s.o., J. CHRISTOPHE o.c.s.o., M.-I. HUILLE o.c.s.o. et P. VERDEYEN S.J. (Sources chrétiennes, 393 — Œuvres complètes, XXIX). Les éditions du Cerf, Paris 1993, 389 p.

Bernard de Clairvaux. Toi qui es en communauté. Textes choisis et traduits par Sœur A. LEMAIRE. — <Quebec> 1990, 78 p. (Voix Monastiques, 2).

"Toi qui es en communauté, tu vis bien si tu mènes ta vie avec rectitude, avec sociabilité, avec humilité". C'est autour de cet extrait du *1er Sermon pour la Solennité des Apôtres Pierre et Paul* qu'on a groupé les textes de B. relatifs à la vie communautaire: outre le sermon sus-mentionné 1,4 on y trouve, en traduction sous une forme rythmique qui correspond, autant que faire se peut, à l'original latin: Oh! si tu pouvais savoir... (*Serm. div.* 22, 5-6), A nos frères, nous devons conseil et secours... (*Serm. pour l'Avent* 3,5), Tout à tous... (*Serm. pour la Veille de Noël* 5, 6-7), Prompt à venir en aide... (*Serm. sur le Cantique* 12,1), Si tu te montres parmi nous... (*ibidem* 12,5), Il me cache... (*Serm. sur le Ps. 90 Qui habite* 4,4), Unité des esprits... (*Serm. pour la Septuagésime* 2,3), Paix... (*Serm. pour la Commémoration de saint Michel* 2,3), Soyez en paix entre vous... (*Serm. sur le Cant.* 29, 4-5); Heureux les pacifiques... (*Serm. pour la fête de tous les Saints* 1, 14), Le cloître est un paradis... (*Serm. div.* 42,4), Les trois veilles de la nuit... (*Serm. pour la vigile de Noël* 3,6), Il a ordonné en moi la charité... (*Serm. sur le Cant.* 50, 5-8), Elle est toute suave... (*Serm. dans l'Octave de l'Assomption* 2).

Bernard of Clairvaux. Early Biographies. Vol. I by WILLIAM OF ST THIERRY. Volume II by GEOFFREY OF AUXERRE and others. Centennial edition 1090-1990. Lafayette (Or., USA), 1990, 90 et 96 p.

Le texte complet, en traduction anglaise, du Livre I de la *Vita prima* (Guillaume de Saint-Thierry), ainsi que celui de la *Vita tertia* (Geoffroy d'Auxerre). Les sept autres Livres de la *Vita prima* sont représentés par des extraits parmi les plus significatifs.

Bernard of Clairvaux, Sermons for the Summer Season. Liturgical Sermons from Rogationtide and Pentecost. Translated, with an introduction, by B. M. KIENZLE, additional translations by J. JARZEMBOWSKI. — Kalamazoo (Mich.), Cistercian Publications, 1991, 166 p. (Cistercian Fathers Series, 53).

The sermons in this collection, based on vol. V of the SBO, are rich sources for studies on B's style and thought. To underscore their richness, a brief summary of each is provided, calling attention to major themes and to some remarkable images.

P. 15: "Throughout these sermons we feel the pull of B's experiential spirituality, his call to introspection and meditation. Whatever the liturgical season, scripture is intimately related to the inner life. Timeless images take on the context of monastic culture and the wider framework of introspective meditation: bread, water, wine, light and darkness, bride and bridegroom, the royal road, footsteps and the journey, the desert, the heavenly city. The audience for B's message is clearly monastic, and the sermons manifest what has been called a spiritual elitism. Yet in some cases, especially when the subject is the life of Christ, the Chistian in the world can set aside the specifically monastic context and focus on B's call to introspection and meditation".
P. 25: "As food for meditation by the faithful and as material for scholarly research, these liturgical sermons enrich our reading and make a connection between our worship and the liturgy of the early Cistercians. Rooted in the daily worship of monastic life, the sermons elucidate B's profound vision and his pressing sense of responsibility to impart to others what the Holy Spirit made known to him. The motive of the abbot, the message of the teacher, and the method of the writer become one in the voice of the preacher. He calls his audience and us to an experiential spirituality — to relate scripture to the inner life through introspection and meditation".

Bernard of Clairvaux 900 Years, 71 p.

Symposium du 29 août 1990 à la University of South Africa à Pretoria. Le texte des 4 conférences: John LAMBERT, *St. Bernard of Clairvaux: the historical background*; Hyacinth ENNIS, *Bernard as Reformer*; G.L.C. FRANK, *St. Bernard of Clairvaux and the Eastern Christian Tradition*; C. LANDMAN, *Harmonie in die sakrale ruimte: Bernardus van Clairvaux se teologie van geweld*, a été compilé par L. VILJOEN pour la Medieval Association de ladite université.

Bernardo cistercense. Atti del XXVI Convegno storico internazionale, Todi, 8-11 ottobre 1989. (Atti dei Convegni dell'Accademia Tudertina e del Centro di studi sulle spiritualità medievale, n.s. 3). Spoleto, Centro italiano di studi sull'alto medioevo, 1990, 8°, xii-384 p.

Voir C.D. FONSECA, J.B. AUBERGER, G. PICASSO, A.M. PIAZZONI, J. LECLERCQ, A. AMBROSIONI, G. FORNASARI, M. PACAUT, P. ZERBI, G. CRACCO, F. CARDINI, A. GHISALBERTI, G.M. CANTARELLA, M. OLDONI, P. TOMBEUR, L. DAL PRÀ, G. G. MERLO.

Bernardus en de Cisterciënzerfamilie in België, 1090-1990. M. SABBE, M. LAMBERIGTS et F. GISTELINCK (ed.). Leuven, 1990, xiv-614 p., ill. (Documenta libraria [de la Bibliothèque de la Faculté de théologie de la Katholieke Universiteit Leuven], 11).

Le catalogue de cette exposition (26 octobre au 8 décembre 1990), compte 151 numéros et est précédé de 26 études; pour 9 de ces études voire sous le nom de J. LECLERCQ, L. VAN HECKE, P. VERDEYEN, R. WIELOCKX, A.H. BREDERO, I. BOSSUYT, E. MIKKERS, C. LINGIER, A. HOSTE, Enumérons les autres contributions: L. BAECK, *De economische invloed van de cisterciënzerorde.* — COPPENS C., *De cisterciënzers en het boek: hun bibliotheken in België.* — DEREZ M., *Enkele geschiedkundige en architecturale aantekeningen over de Leuvense cisterciënzercolleges van Aulne en Villers.* — F. GISTELINCK, *De cisterciënzerfamilie in België door de eeuwen heen.* — Th. GLORIEUX - DE GAND, *Les manuscrits de Cambron au XIIe siècle.* — G. HENDRIX, *Een handschrift met Bernardusteksten in het bezit van de Abdij Keizersberg Leuven.* — ID., *"Religieus uyt de abdije van Baudeloo in het habijt ordinaire..."*. — M.-E. MONTULET-HENNEAU, *Les cisterciennes flamandes et wallonnes.* — D. VERHELST & E. VAN ERMEN, *De cisterciënzerinnen in het hertogdom Brabant.* — L. VERPOEST, *'Ut in omnibus servetur parcitas'. Cisterciënzerarchitectuur in België van de achttiende eeuw tot nu.* — M. LAMBERIGTS, *De cisterciënzers en Leuven.*
Ce que les cisterciens belges ont confié au parchemin et au papier est inventorié dans quatre études: M. STANDAERT, *Auteurs divers à Orval, Villers, Aulne et Cambron.* — J. BONNY, *Cisterciënzerauteurs van de Duinenabdij.* — G. HENDRIX, *Auteurs, vertalers en kopiïsten uit de abdij Boudelo en de priorij Waarschoot.* — M. ROMBAUT, *Het intellectuele leven van St.-Bernards-aan-de-Schelde. Een kort overzicht.*

Bernardus Magister. Papers presented at the nonacentenary celebration of the birth of Saint Bernard of Clairvaux. Kalamazoo, Michigan. Edited by J.R. SOMMERFELDT. — CCC 42, 1991 / Kalamazoo (Mich.), 1992, 578 p. (Cistercian Studies Series, 135).

The Nonacentenary Celebration (May 9th-12th 1991) combined the efforts of the Society for the Studies of the Crusades and the Latin East, the International Center of Medieval Art, and the Institute of Cistercian Studies. Only the papers presented in the eighteen sessions arranged by R. Elder and J.R. Sommerfeldt and sponsored by the Institute of Cistercian Studies of Western Michigan University are included in this volume, the others being published under the auspices of their sponsoring societies.

See J. LECLERCQ, P. PHILLIPS, M. CASEY, J.R. SOMMERFELDT, B. PRANGER, L. ANDERSON, E. STIEGMAN, B.M. KIENZLE, D. FARKASFALVY, F. KLINE, TH. X. DAVIS, M.L. DUTTON, E. CONNOR, M.P. CLINTON, E. OXENHAM, F.R. SWIETEK, A.H. BREDERO, H. FEISS, CHR. WADDELL, B. MCGINN, M.D. JORDAN, W.A. FRANK, J. FRANCE, R.D. DILORENZO, F. POSSET, A.N.S. LANE, A.J. KRAILSHEIMER, C. FRIEDLANDER, M.B. PENNINGTON. — BELL D.N., *Certitudo fidei: Faith, reason, and authority in the writings of Baldwin of Forde*, p. 249-275, has little or nothing to do with B.

Bernardus van Clairvaux. Maria's jawoord en Gods menswording. Vier toespraken over het evangelie "De engel Gabriël werd van Godswege gezonden". Vertaald en ingeleid door Michel COUNE. — Zevenkerken-Brugge, 1990, 72 p.

Bernardus van Clairvaux, Jezus' Hemelvaart, zegen voor de aarde. Zeven toespraken voor het feest van Hemelvaart vertaald en ingeleid door Michel COUNE. — Zevenkerken-Brugge, 1990, 60 p.

Traduction néerlandaise du traité *Super missus est* et des Homélies pour la fête de l'Ascension (*In laudibus Virginis Matris*, SBO IV, p. 1-58). Celles-ci sont au nombre de 7, le *sermo de diversis* 60 venant s'ajouter aux 6 sermons groupés et édités par Leclercq-Rochais. Les 7 homélies sont ainsi rangées dans un ordre plus systématique. La traduction du *Super missus est* indique clairement où B. introduisit un important ajout lors d'une relecture de cet admirable traité, écrit dans ses premières années monastiques. Deux opuscules qui respirent une belle et sainte christologie et où de bons conseils spirituels abondent.
Maria's jawoord... p. 6: "Wat ons, moderne lezers, pijnlijk treft, is de soms zware anti-Joodse polemiek. Deze bestond wel reeds op het niveau van het Nieuwe Testament, in de evangelies en in de Handelingen van de Apostelen, maar in de 12e eeuwse Latijnse mentaliteit wordt deze polemiek met meer bitsigheid geladen; we moeten dat kunnen en durven lezen met een kritische geest".
P. 7: "De lezer zal ook de oratorische kunst van B., die een ware Bourgondiër was, weten aan te voelen. De retoriek op niveau van deze toespraken is vooral kamer- en papierretoriek (...) Wat we hier lezen zijn herwerkte, uitgebreide toespraken met literaire pretentie...".

Bernardus van Clairvaux. Maria, genade-aquaduct van God. Vertaald en ingeleid door M. COUNE. — Zevenkerken-Brugge, 1991, 28 p.

P. 5: "Deze toespraak <*De hemel geniet de tegenwoordigheid*> van B., die niet met zekerheid gedateerd kan worden en bekend staat als zijn enige preek voor het feest van Maria-Geboorte op 8 september, is een echt Maria-tractaat".

Bernardus van Clairvaux. Christus de Heer, onze God openbaar. Negen toespraken bij het feest van Epifanie vertaald en ingeleid door M. COUNE. — Zevenkerken-Brugge, 1993, 68 p.

Nederlandse vertaling van een selectie uit de liturgische toespraken van B.: drie toespraken voor het feest van Epifanie, een toespraak voor het oktaaf van Epifanie, twee toespraken voor de daarop volgende zondag (SBO IV, Rome 1966, p. 291-326), een toespraak voor het feest van Epifanie (niet in SBO) en twee toespraken uit *De diversis* (nrs 55 en 56; SBO VI-1, Rome 1970, p. 21-27 en 280-286).

Bernhard von Clairvaux. Sämtliche Werke lateinisch / deutsch. Herausgegeben von G.B. WINKLER in Verbindung mit A. ALTERMATT, D. FARKASFALVY, P. ZAKAR. — Innsbruck, Tyrolia-Verlag. I. Band, 1990, 866 S.; II. Band, 1992, 1176 S.; III. Band, 1992, 1264 S.

Die beiden vorliegenden Bände einer von den deutschsprachigen Zisterzienserinnen und Zisterziensern besorgten lateinisch (d.h. photomechanisch aus der kritischen Ausgabe samt textkritischem Apparat und Anmerkungen von Leclercq-Rochais-Talbot übernommen) - deutschen Gesamtausgabe der Werke Bs sind als bescheidene *Xenia* (cfr L. Janauschek, *Xenia bernardina*, 1890) für das Jubiläumsjahr 1990 gedacht. Die neue Ausgabe soll einerseits ein Zeichen der Pietät setzen, andererseits aber auch den gewandelten Verhältnissen und dem Fortschritt der Forschung Rechnung tragen.
Inhalt des I. Bandes: *Einleitung* von G.B. WINKLER, eine hervorragende Kürzwürdigung. — P. DINZELBACHER, *Bs Leben in chronologischer Übersicht.* — DERS., *Bibliographie.* — *De diligendo Deo / Über die Gottesliebe.* — *De gratia... arbitrio / Über die Gnade und den freien Willen.* — *Ad milites... novae militiae / An die Tempelritter. Lobrede auf das neue Rittertum.* — *De praecepto... / Über Gebot und Entpflichtung.* — *Vita Malachiae / Leben des heiligen Bischofs Malachias.* — *De consideratione / Über die Besinnung an Papst Eugen.* — Konkordanz, Mitarbeiterverzeichnis, Register.

Inhalt des II. Bandes: *Vorwort* von G.B. WINKLER. — *De gradibus... / Über die Stufen der Demut und des Stolzes.* — *Apologia / Apologie an den Abt Wilhelm.* — *Opuscula (Einleitung* von G.B. WINKLER): *Officium de S. Victore / Offizium des heiligen Viktor.* — *Prologus in Antiphonarium... / Vorwort zum Antiphonar, das in den Kirchen der Zisterzienser gesungen wird.* — *Epitaphium... de Sancto Malachia / Grabinschrift und Hymnus des heiligen Malachias.* — *Briefe 1-180.*
Inhalt des III. Bandes: Briefe 181-551 (Briefe 181-196 und 223-551 übersetzt von SCHWARZBAUER J., Briefe 197-222 übersetzt von GIACOMELLI M.S.). Mit F. Gastaldellis chronologischer Tabelle aller Briefe. Die Anmerkungen und der historische Kommentar (S. 1062-1245) zu den Briefen sind der italienischen Ausgabe Gastaldellis (*Opere di San Bernardo* VI, 1-2) entnommen.

Bernhard von Clairvaux und der Beginn der Moderne.

Im Kloster Schöntal, einer ehemaligen Zisterze, veranstaltete die Akademie der Diözese Rottenburg-Stuttgart in Zusammenarbeit mit der katholischen Akademie Rabanus Maurus vom 14. bis 18. März 1990 eine bedeutende Tagung. Leiter der Tagung und Moderatoren waren R. Bauer und G. Fuchs; sie werden die Texte der Referate veröffentlichen. Die nachfolgende Zusammenfassung ist CC 1991, Nr 187, S. 63-65 entnommen. DINZELBACHER P., *Die bernhardinische Epoche als Achsenzeit der europäischen Geschichte.* Die Epoche Bs brachte in allen Lebensbereichen Umbruch und Aufbruch von Neuem mit sich. — RÖSENER W. zeigte auf, in einer wie intensiven und fruchtbaren Wechselwirkung die wirtschaftliche und handwerkliche Tätigkeit der frühen Zisterzienser und die wirtschaftliche Entwicklung außerhalb der Klöster zueinander standen. — ANGENENDT A. legte dar, welchen Wandel der Begriff *perfectio christiana*, bzw. das, was man sich unter ihm vorstellte, von Cluny bis zur Humiliatenbewegung hin durchgemacht hat. In einem 2. Vortrag, *Die Eschatalogie Bernhards*, zeigte er auf inwiefern B. auf dem Gebiet der Eschatalogie eigene Wege ging und z.T. Vorstellungen vertrat, die sich mit den modernen Einsichten in diesem Bereich nicht mehr decken. — KÖPF U. arbeitete die Unterschiede zwischen monastischer und scholastischer Theologie heraus. In einem weiteren Referat konnte U.K. aufweisen, daß die Kreuzestheologie Bs biblisch begründet und aus seiner Auslegung der Schrift herausgewachsen ist. — LANGER O. zeigte in seinem Referat das Zusammenspiel von Affekt und Ratio in der Mystik Bs auf. — SCHENKL M.A., *Bernhard und die Entdeckung der Liebe*, wies anhand von ausgewählten Texten nach, daß bei B. Gott nicht mehr so sehr — wie in den vorausgehenden Epochen — als der Herrschende und Richtende gesehen wird, sondern vielmehr als der Liebende und daß auch der Mensch in der Zeit Bs und nicht zuletzt eben durch Bs Wirken zu einer neuen Intensität der Gottesliebe durchstößt. — RAUCH beleuchtete anhand von Textstellen Bs Einstellung und Verhalten in Bezug auf Menschen-Gruppen, die von Bs Zeitgenossen weitgehend als "Feinde" betrachtet und behandelt wurden. Es wurde deutlich, daß B. durchaus nicht mit der allgemeinen Einstellung konform ging. — KAHL setzte sich mit Bs Kreuzzugseschatalogie auseinander, eine Hilfe für alle, denen es schwer fällt, Bs Kreuzzugspredigten und seine Liebeslehre in Einklang zu bringen. — LAUTERER K., *Bernhard und die Devotio moderna*, legte an vielen Beispielen dar, wie stark der Einfluß Bs auf diese religiöse bewegung war und wie insbesondere die *Imitatio Christi* des Thomas von Kempis von bernhardinischem Gedankengut geprägt ist.

Bernhard von Clairvaux. Rezeption und Wirkung im Mittelalter und in der Neuzeit. Herausgegeben von Kaspar ELM. Wiesbaden, 1994, [III] + 436 S. (Wolfenbütteler Mittelalter-Studien, 6).

Vorträge gehalten anläßlich des 27. Wolfenbütteler Symposions, unter der Leitung Kaspar Elms, vom 23. bis 27. Oktober 1990 in der Herzog August Bibliothek Wolfenbüttel.
Vorwort von K. ELM. Referate von KÖPF U., NILGEN U., BREDERO A.H., HOLDSWORTH C., MCGUIRE B.P., OCHSENBEIN P., STEER G., WINKLER G.B., LOHSE B., LANE A., KOCH E., WALLMANN J., MESNARD J., MELLINGHOFF-BOURGERIE V. und PACAUT M.

BERTRAND Dominique. *Littérature et Vérité. Aux clercs, sur la conversion et les textes parallèles.* — Maisons de Dieu et hommes d'Eglise. Florilège en l'honneur de Pierre-Roger GAUSSIN. (Publications de l'Université de Saint-Etienne). Centre Européen de Recherches sur les Congrégations et Ordres Religieux, Saint-Etienne, 1992; p. 73-82.

B. avait l'habitude de remanier et de corriger ses textes. Grace à cette habitude une datation des diverses étapes de l'élaboration d'une œuvre s'avère possible, notamment à partir des zones de diffusion de tel ou tel état du texte. L'idée que B. s'est fait du métier d'écrivain prend dès lors tout son relief. *Non immerito*, un sermon de B. pour la Toussaint, est une version antérieure du *Ad clericos de conversione*. D. B. étudie les *loca parallela*.

BIFFI I., *San Bernardo. Il Verbo e l'anima.* Meditazioni quotidiane, a cura di —. Milano, 1990, 376 p.

Dopo l'Introduzione (p. 7-17) di I.B., che ha curato la scelta delle preziose "scintille bernardiane", il volume offre alla lettura e alla meditazione di ogni giorno la freschezza delle parole stesse di B. secondo un itinerario che è quello dell'anno liturgico. I brevi testi vengono rubricati in temi che si adattano ai tempi liturgici: *Il mistero dell' incarnazione ossia: il Verbo si è abbreviata* (Avvento e Natale); *Il Verbo incarnato paziente e glorioso* (Quaresima e Pasqua); *San Bernardo: una guida per il popolo cristiano* (Per annum). Cui si aggiungono sezioni dedicate alla Beata Vergine, alla vita monastica e alla vita pastorale, luoghi paradigmatici della comunione sponsale della Chiesa col Verbo.

BIFFI I., *La cristologia di san Bernardo "pellegrino" in Terra Santa.* — LSC 120, 1992, p. 14-47.

Nello studio sulla cristologia del *De laude novae militiae* I.B. rileva come il riferimento a Cristo sia per B. il motivo della conversione della *militia saecularis* in *militia Christi*, ma sopratutto individua il modo con cui avviene — e i caratteri che contrassegnano — la sua teologia dei misteri di Cristo, contemplati con l'immaginazione di un pellegrino alle stazioni della Terra Santa. Ne risulta un saggio di "cristologia monastica medievale", ma l'a. nota con quanta finezza e attenzione essa vada interpretata, mostrando, da un lato che anche B. sa essere "dialettico", e dall'altro come, con risorse diverse dalla dialettica, egli renda mirabilmente il mistero di Cristo: quindi una volta ancora la necessità di une studio critico della teologia monastica.

BILLY D.J., *Redemption and the order of love in Bernard of Clairvaux's Sermon 20 on 'The Canticle of Canticles'.* — The Downside Review 112, 1994, nr 387, p. 88-102.

"What is unique to this sermon is not that B. finds in Christ the model *par excellence* of this fully integrated love (which goes without saying), but that he uses a doctrine of spiritual growth as a way of further clarifying the meaning of Christ's redemptive activity. In doing so, he not only provides his hearers with a striking synthesis of the main currents of the theology of redemption of his day, but also gives them a way of seeing its significance for their own spiritual lives". (p. 88).
"By giving pedagogical and ethical precedence respectively to the moral and satisfaction theories, he demonstrates how innovation — even when held under suspicion (as in the case of Abelard's proposal) — can enrich the Church's traditional theological understanding. This point becomes all the more clear when one realizes that the *Doctor Mellifluus* has carefully placed the centuries-old ransom theory at the dynamic centre of each hierarchy, thus ensuring stability of outlook in a time of rapid theological change" (p. 98).

BLEDNIAK S., *L'hagiographie de saint Bernard au XVIe siècle.* — Vies et légendes..., p. 91-115.

L'historien ne peut que se réjouir de l'extrême richesse de l'hagiographie de B. au 16e siècle: deux vies distinctes imprimées et une vie manuscrite. La pluralité des textes et des supports matériels tend à démontrer la constante évolution de la figure de la sainteté de B. En effet, contrairement à la transmission par l'imprimerie de certaines légendes, celle de B. s'accompagne de modifications sensibles du texte orginel: à la trame narrative de la *Vita prima*, se superposent des récits d'autres hagiographes du saint. Une telle reformulation a pour enjeu de renforcer la ferveur de l'ensemble des fidèles et d'inciter aux manifestations dévotionnelles. A rebours, la survivance de la forme manuscrite comme support privilégié de la dévotion privée, conteste l'hégémonie et l'efficacité de l'imprimerie dans la fixation de l'hagiographie bernardine.

BONAÑO M.G., *San Bernardo, maestro de la devoción mariana.* — Actas. Congreso..., p. 1095-1107.

P. 1095: "Durante siglos nadie ha discutido la primacía de B. en lo referente a la devoción a la Madre de Dios. Modernamente han aparecido trabajos que intentan disminuir esa prerogativa bernardiana, porque han conocido que en la época de B. hay otros eximios autores que han escrito mucho y óptimamente sobre la Virgen María. Esas voces, ciertamente aisladas, no tienen fundamento alguno para quitar a B. una de sus características más especiales, de modo particular con respecto a la mediación mariana". — P. 1107 "No se puede minimizar la importancia de B. en la ciencia mariológica ni en la piedad mariana. Continuá siendo el gran campeón. Es el autor que más ha influido en la posteridad con respecto a la devoción a la Madre de Dios. No tienen fundamento alguno los que intentan desplazarlo de ese primerísimo lugar que ha tenido y tiene desde hace muchos siglos".

BONOWITZ B., *The Role of experience in the spiritual life.* — La dottrina..., p. 321-325.

Replica ad U. KÖPF, *Die Rolle der Erfahrung...*

The a. points to three facets of B's teaching on experience: 1. the existence in the individual of a characteristic underlying experience of God; 2. the transformation of this characteristic experience through ongoing experiences of God and the effects of this transformation in activity; 3. the ascetical life as a methodical attempt to dispose the person to the ongoing experience of God.

P. 324-325: "Given that the maturation into a stable experiential relationship with God as loving and lovable and the parallel reordering of relations with the neighbor is proposed by B. as the goal of spiritual progress (the figure of the *sponsa / mater* who has eliminated every consideration except desire for fruitful union with her spouse), and that this goal is attained through ongoing experiences of God, the creation of optimum conditions, both exterior and interior, for such experiences will obviously be a matter of great importance. B's ascetical writings reflect this concern. A good number of his sermons begin with the image of a person blocked to the authentic experience of God...".

BOSSUYT I., *Bernardus van Clairvaux en de hervorming van de liturgische zang.* — BCF, p. 115-125.

The a. has studied the rôle of B. in the reform of liturgical chant. The Cistercians entered into the history of music as the first 'reformers' of the liturgical chant. The reformation took place during a period when, in the Gregorian repertoire, unity was not evident. The first to tackle the purification of the Gregorian chant really thoroughly and systematically, were the Cistercians, under the impulse and the personal supervision of B.
P. 125: "In vergelijking met de 'aanpassing' van het Gregoriaans op literair-humanistische gronden n.a.v. het Concilie van Trente, zijn de ingrepen van de cisterciënzer-hervorming slechts een rimpeling op een wateroppervlak. De opgezweepte golven van de nasleep van Trente waren door de geduldige arbeid van de monniken van Solesmes evenwel pas tot bedaren gebracht, toen na het Tweede Vaticaans Concilie een alles vernietigende storm het hele Gregoriaanse repertoire vezwolg. In het licht van deze historische realiteit, die echter niet onomkeerbaar hoeft te zijn, keert elke kritiek op B. en de zijnen zich onvoorwaardelijk tegen onszelf".

BOTTERILL St., *Life after Beatrice: Bernard of Clairvaux in Paradiso XXXI.* — Texas Studies in literature and language 32, 1990, p. 120-136.

What exactly was the something special in Dante's (D.) perception of B. that caused him to be selected as Beatrice's replacement for the final phase of his pilgrimage? The a. suggests that in D's culture the historical figure of B. was inseparably linked with eloquence as well as with contemplation and the Virgin Mary. The combination of these three favours must have made B. seem ideally suited to fulfill the function allowed to him. The word *sponsor* seems to best sum up B's role in *Paradiso.*

BOUCHARD M.-N., *Una lectura monastica del salmo 90 (91): Los sermones de San Bernardo sobre el salmo Qui habitat.* — CM 24, 1989, p. 27-41.

= traduction de *Une lecture monastique du Psaume 90: les sermons de saint Bernard sur le Psaume "Qui habitat"*. — CollC 49, 1987, p. 156-172.

¿El salmo 90 ha sido solamente ocasión para una obra maestra, o B. le ha dado una interpretación? Para responder a esta pregunta es conveniente entonces comparar el sentido cristiano que nosotros daríamos actualmente a este salmo, con el que está expuesto en los sermones. Este salmo, que promete al que confía en Dios en primer lugar el auxilio divino, luego la salvación, puede ser considerado como una "expresión anticipada de la gracia", según una de los fórmulas del Padre Grelot (*Sens chrétien de l'Ancien Testament*, 1962). Es cierto que la gracia y la salvación nos han venido por Jesucristo. La interpretación general que del salmo da B., así como el sentido cristológico que encuentra en él, no fuerzan el texto inspirado. Ciertas digresiones de B. pueden paracernos abusivas; ciertas concatenaciones totalmente subjetivas; no por eso es menos cierto que el sentido general del salmo, el sentido cristiano en su conjunto, son válidos. B. no traiciona el salmo — salmo de confianza: "Quoniam tu es Dominus spes mea: Altissimum posuisti refugium tuum" — que comenta: tampoco cuando percibe en él una cierta tensión entre la vida presente y la vida futura.

BOUGEROL J. G., *L'influence de saint Bernard sur la pensée franciscaine.* — CollC 52, 1990, p. 284-298.

Alexandre de Halès n'a pas manqué de se référer à B.: on compte près de 500 citations dans ses *Quaestiones*, sa *Summa* et sa *Glossa*. François lui-même avait déjà entendu les leçons de B. à travers Jean de Fécamp. Bonaventure avait à sa disposition les œuvres de B. (rapports entre le Collège Saint-Bernard de Paris et les écoles des frères mineurs!). Il a découvert en B. un théologien comme il souhaitait le devenir lui-même.
L'amour sponsal, thème cher à B., se trouve chez Bonaventure à l'état de formule et non de doctrine centrale. Car pour lui, notre divinisation commence avec la rénovation de l'image de Dieu en nous, pour s'acheminer vers la ressemblance. La doctrine de l'image est le *leitmotiv* de l'anthropologie chrétienne de Bonaventure, alors que pour B. le thème de l'image est demeuré au stade de la réflexion théologique. Et là, Guillaume de Saint-Thierry a été la source féconde de la pensée bonaventurienne.
Chez B. Bonaventure trouve des expressions comme *curva, condescensio, dignatio*, qu'il accepte avec le contexte biblique sous-jacent. B. lui

transmet, surtout, avec des aperçus nouveaux, tels ceux dont il profite sur le libre arbitre où la mariologie, une expérience spirituelle dont il met à profit la richesse et la profondeur.

BOUHOT J.-P., *La bibliothèque de Clairvaux.* — Colloque de Lyon..., p. 141-153.

P. 153: "B. n'avait pas à recourir sans cesse aux ouvrages dont s'enrichissait assez rapidement la bibliothèque de l'abbaye. Les maîtres inconnus, qui au cours de plusieurs siècles ont rassemblé les ouvrages dispersés et corrigé les textes faussés, ont également assuré l'instruction et la formation du jeune B. S'il est vrai que le fonds primitif de la bibliothèque de Clairvaux a recueilli les fruits d'un long travail d'érudition porté par d'habiles et savants copistes à un haut degré de perfection, B. lui aussi a fait briller d'un éclat merveilleux la science de Dieu, la véritable théologie, où la connaissance s'unit à la contemplation, en élevant jusqu'à un sommet de la pensée universelle, l'effort carolingien de rénovation spirituelle".

BOUREAU A., *Saint Bernard dans les légendiers dominicains au XIIIe siècle.* — Vies et légendes..., p. 84-90.

Au 13e siècle B. est connu surtout par les légendiers universels produits par l'ordre dominicain. L'a. analyse essentiellement la version donnée par Jacques de Voragine (V.) dans sa *Légende dorée* (vers 1265) dont le chapitre sur B. reproduit le chapitre de Jean de Mailly (avant 1230) en le complétant largement. Dans l'ensemble, V. choisit (plus qu'il ne condense) certains épisodes de la *Vita prima*; quatre épisodes nouveaux présentent un B. plus familier et plus simple; le choix des épisodes efface complètement les aspects politiques et ecclésiologiques de la carrière du saint. L'examen des exempla de quatre sermons de V., écrits 20 ans plus tard, confirme cette élimination du politique; l'absence des épisodes supplémentaires montre que dans le sermon, l'authenticité de la source importe. L'usage exhaustif des épisodes retenus prouve que la *Légende dorée* servait bien de trésor d'exempla pour la prédication dominicaine, qui, comme la narration des légendiers, tend à archaïser la figure de B.

BOUTON J., *Saint Bernard artisan de paix. Son action en Europe.* — Actas. Congreso..., p. 1085-1093.

L'a. résume "toute l'action de B. à travers l'Europe chrétienne. Car si l'Europe avait été toute entière évangélisée, guerres, discordes, injustices sociales et perversité morale n'avaient pas disparu, et l'Europe avait besoin d'un nouvel Apôtre" (p. 1085). — "... en prêchant la Croisade, on doit croire qu'il songeait d'abord à faire l'union de tous les chrétiens pour en constituer une forteresse face à l'Islam. Constituer une Europe unie dans une chrétienté de frères qui s'aiment et s'entr'aident au lieu de se combattre" (p. 1092).

BRAGUE R., *L'anthropologie de l'humilité.* — Saint Bernard et la philosophie..., p. 129-152.

S'il est certain, et même parfaitement évident, que B. a parlé très abondamment de l'humilité, la liaison de ce thème avec la philosophie est loin d'aller de soi, et peut même sembler paradoxale. La méditation bernardine s'avère singulièrement éclairante pour une réforme de la philosophie tout à fait actuelle. L'entreprise apparemment anti-philosophique de B. cherchait à dégager une certaine conception de la *philosophia* de ce à quoi les *philosophi* l'avaient réduite. Le contre-modèle de l'orgueil philosophique était fourni par la vertu d'humilité. Ce contre-modèle suppose lui-même un contre-modèle de la vérité. L'humilité est ce qui permet d'accepter une telle vérité, et même d'adhérer à celle-ci.
P. 152: "Il se pourrait de la sorte que la tentative bernardine puisse continuer à nous aider à repenser l'essence de la philosophie, et en particulier à accoucher la phénoménologie des possibilités dont elle reste sans doute encore grosse".

BREDERO A.H., *Bernardus van Clairvaux (1091-1153) tussen cultus en historie. De ontoegankelijkheid van een hagiografisch levensverhaal.* — Kok Agora, Kampen, DNB/Pelckmans, Kapellen, 1993, 366 p.

A.H. B., spécialiste reconnu des *vitae Bernardi*, esquisse l'inaccessibilité de la *vita prima* et situe B. entre culte et histoire. Le véritable intérêt de la *vita prima* ne se laisse découvrir que par une analyse méticuleuse et endurante du contexte historique dans lequel cet écrit fut d'abord réfléchi, ensuite rédigé et enfin révisé. Ses auteurs (Ch. IV, p. 111-163: *De auteurs van de 'Vita prima'*) — Guillaume de Saint-Thierry; Ernaud, abbé du monastère bénédictin de Bonneval; et Geoffroy d'Auxerre, jusqu'à la mort de Bernard secrétaire de celui-ci et probablement l'initiateur du projet hagiographique — convaincus eux-mêmes de la sainteté du premier abbé de Clairvaux (Ch. III, p. 79-110: *Het beeld van Bernardus als heilige in de cisterciënzer hagiografie van de twaalfde eeuw*) — se sont réalisés que leur conviction intime n'était pas partagée par tout le monde. Il était donc nécessaire, pour obtenir sa canonisation, de réfuter les objections que Bernard avait suscitées par son comportement hors de son abbaye (Ch. VI, p. 219-311: *"Jerusalem in het schijnsel der fakkels" : Bernardus in zijn monastieke 'Umwelt'*).

BREDERO A.H., *Der heilige Bernhard von Clairvaux im Mittelalter: von der historischen Person zur Kultgestalt.* — Bernhard von Clairvaux. Rezeption und Wirkung..., S. 141-159.

Zusammenfassende Darstellung des Buches *Bernardus van Clairvaux (1091-1153) tussen cultus en historie...*

BREDERO A.H., *Bernhard von Clairvaux zwischen Kult und Historie: Das Heiligkeitsbild Bernhards in der Zisterzienserhagiographie des 12. Jahrhunderts.* — Zistersiensische Spiritualität..., S. 135-151.

Deutsche Zusammenfassung von DERS., *Bernardus van Clairvaux (1091-1153) tussen cultus en historie...*

BREDERO A.H., *Bernard, ongekroond paus & keizer. Politiek optreden in kerk en wereld.* — Benedictijns tijdschrift, 51, 1990, p. 127-134.

Verslag, opgesteld door D. HOMBERGEN, van voordrachten door A.H.B. tijdens de MOST-week (monastieke studieweek) te Westmalle in het najaar 1989.

BREDERO A.H., *L'intérêt historique de la première Vie de Saint Bernard.* — Maisons de Dieu et hommes d'Eglise. Florilège en l'honneur de Pierre-Roger Gaussin. Saint-Etienne, 1992, p. 83-93.

BREDERO A.H., *La vie et la Vita prima.* — Colloque de Lyon..., p. 53-82.

BREDERO A.H., *De toegankelijkheid van het historisch leven van Sint Bernard.* — Sacris erudiri 30, 1987-1988 [i.e. 1990], p. 293-328.

BREDERO A.H., *Het oudste heiligenleven van Bernardus van Clairvaux.* — BCF, p. 67-79.

Versions différentes mais thèse identique: le véritable intérêt de la *Vita prima* ne se laisse découvrir que par une analyse consciencieuse et endurante du contexte historique dans lequel cet écrit fut d'abord réfléchi, ensuite rédigé et enfin révisé. Car il est clair que ses auteurs, convaincus eux-mêmes de la sainteté de B., se sont également réalisés que leur conviction n'était pas partagée par tout le monde et qu'ils avaient donc, pour obtenir sa canonisation, l'obligation de réfuter par avance les objections que B. par son comportement hors de son monastère avait suscitées pendant sa vie. En outre, selon une telle analyse, cette *Vita prima* nous informe non seulement des vertus de B. mais aussi des fautes qui ont en même temps marqué son séjour sur terre.

BREDERO A.H., *Saint Bernard in his relations with Peter the Venerable.* — Bernardus Magister..., p. 315-347.

The expressions of friendship and assurances of mutual devotion inserted by B. and Peter the Venerable (P.) in their letters to one another do not reflect the true character of their relationship, which was a very complex one. Since B's intervention in a controversy internal to Cluny around 1124/1125 and the adroit answer which P. sent him *c.* 1127, they remained wary of one another. The information furnished by their correspondence is not reliable unless one knows the true context of each letter. It was B's distrust which caused the failure of P's efforts to secure the backing of B. in reforming cluniac monasticism. When P. finally sought his support through his secretary Nicholas of Clairvaux, B. expelled the latter from his monastery (1152). This incident seems to have caused a final break between B. and P.

BREM H., *Die biblischen Themen der Anthropologie Bernhards.* — La dottrina..., p. 141-150.

Replica ad D. HELLER, *Die Bibel...*

Als Ergänzung zu den Ausführungen von D. Heller, *Die Bibel als Grundlage...* (cfr infra), möchte die A. die Frage in umgekehrter Form stellen; sie wird nicht von Texten, sondern von biblischen Bildern ausgehen und wenigstens aufzählen, wie B. diese verwendet.
Ein interessanter Zug der biblischen Argumentation Bs besteht darin, daß er gerne biblische Personen als Vorbilder und Typen für geistliche Handlungen verwendet. Die Verf. führt ein sehr typisches und schönes Beispiel etwas genauer aus: die Seligpreisungen der Bergpredigt. Zweimal werden die Seligpreisungen zur Grundlage für ein ganzes Werk, in *De conversione* und in der *Parabel der acht Seligkeiten.* Hier

verflicht er viele Bilder in einer großartigen Synthese miteinander. So geben die biblischen Bilder den Werken Bs Orientierung und Anschaulichkeit, er wiederum weist mit seiner Auslegung auf manche Zusammenhänge hin, die sonst leicht unbeachtet bleiben.

BROMBART A., *Echos du Colloque Saint Bernard.* — Vie consacrée 62, 1990, p. 398-402.

A propos du *Colloque de Lyon — Cîteaux — Dijon. Bernard de Clairvaux.*

BURESI C., *Témoignage.* — La dottrina..., p. 199-202.

Replica ad B. OLIVERA, *Aspectos del amor...*

CALABUIG I.M., *Presentazione. Motivi di recerca e motivi di amicizia.* — Respice stellam..., p. 7-14.

L.'a. insiste sur le fait que "Qualunque giudizio sulla sua dottrina mariologica non potrà non tener conto che san Bernardo diede — o restituì — alla teologia, al monachesimo, alla liturgia e alla pietà dei fideli un'immagine viva e familiare di Maria" (p. 9-10).

CALABUIG I.M., *L'appellativo 'Stella maris' da Girolamo a Bernardo. Schede per un repertorio.* — Respice stellam..., p. 411-428.

Al tempo di B. l'appellativo mariano *stella maris* era abbastanza diffuso e si era particolarmente affermato nell'innografia liturgica. B. tuttavia ricorre ad esso con una certa parsimonia: nel *In laudibus Virginis Matris* II, 17 e nel *Sermo de aquaeductu* 6, se pure con persuasiva efficacia. Repertorio di 47 testi, in cui compare l'espressione *stella maris.*

CALATI B., *L'esperienza di Dio in S. Bernardo.* — Vita monastica 47, 1993, p. 111-142.

Quattro punti: 1. B. maestro di esperienza spirituale grazie alla metodologia della *lectio* delle Scritture. Un primo esame semantico dell'esperienza mistica nella tradizione occidentale che risale ad Agostino ed a Gregorio Magno per collocare B. nell'ambito dell'esperienza spirituale coltivata nella *lectio.* — 2. la Chiesa, comunità pasquale, criterio ermeneutico della lettura della Sacra Scrittura. Questo è un punto fondamentale della identità ecclesiale del primo millennio che

B. conserva rispetto al mondo nuovo del sec. XII. — 3. la coscienza come luogo teologico dell'esperienza spirituale nella tradizione bernardiana, sia negli aspetti positivi che negativi. Un cenno andrà fatto dei movimenti che l'hanno preceduta, tra cui quello di Camaldoli con Romualdo e Pier Damiano, che sono antesignani del primato della coscienza, proprio attraverso la dialettica *cenobio — eremo — vangelo ai pagani*. — 4. l'esperienza della maturità spirituale nella *lectio* del Cantico dei Cantici. Dovrà emergere una spiritualità dei sentimenti, riferita pure al problema della femminilità che in quel momento culturale francese ispira sentimenti molto nobili. Perciò potremo indicare come cantore sapienzale dell'alleanza che Dio stringe con tutto l'uomo, con la stessa carnalità dell'uomo. É una lettura globale dell' opera di B. che parla della carne nel contesto del secolo XII grazie alla libertà nell'uso delle Sacre Scritture (è l'eredità agostiniana e gregoriana).
P. 112: "Queste riflessioni sulla spiritualità di B. vorrei che fossero intese come dei suggerimenti o piste per aiutare a comprendere meglio quanto il monachesimo ha espresso durante alcuni secoli di profondi cambiamenti storici quali l'XI e il XII. Intendo stimolare, in modo forse *provocatorio*, la ricerca degli aspetti positivi, e in parte negativi, presenti in una grande personalità come B., erede della tradizione monastica occidentale".

CALCAGNO G., *"Respice stellam". Maria in San Bernardo e nella tradizione cistercense.* Convegno internazionale in occasione del IX centenario della nascita di san Benardo di Chiaravalle (Roma, Marianum 21-24 ottobre 1991. — RC 8, 1991, p. 365-369 (resoconto).

CALLEROT F., *Une étude du sermon 25 "De diversis" de saint Bernard sur la prière.* — CollC 54, 1992, p. 66-79.

Bien qu'il ait reçu pour titre *Les quatre formes de la prière*, le sermon 25 *De diversis* présente, plus largement, les deux formes essentielles de la prière: l'une qu'on pourrait appeler subjective, en ce sens qu'elle est liée à l'état intérieur de chacun; l'autre, objective, concerne "le temps de la prière". Au cours du sermon, avant de passer à la seconde partie de son exposé, B. fait une rapide synthese des différents mouvements intérieurs qui animent les orants, suivant le degré de liberté qu'ils ont atteint. Quant au "temps de la prière", c'est un sujet que B. traite fort rarement. Certes, ce "temps" est désiré et on se plaint d'en manquer, mais il est subordonné aux autres réalités de la vie. Il est rarement dit que la jouissance de Dieu ait lieu "au temps de la prière". Pour B., la prière s'étend à toute la vie qui, en elle, par elle et avec elle se purifie. Mais il faudrait maintenant entreprendre l'étude du *otium monasticum* chez B., dont le cadre est plus large que celui de l'oraison moderne.

CALLEROT F., *Cinquième sermon de saint Bernard sur la Dédicace.* — CollC 54, 1992, p. 284-299.

La liturgie de la dédicace chante la sainteté de la maison de Dieu, du temple de Dieu, de la cité sainte que saint Jean a vu "descendre du ciel, préparée par Dieu, comme une épouse parée pour son époux". B. craint *non parum* de livrer son interprétation de ces textes, son expérience personnelle (*quid sentiam*). Il ne la donnera qu'à la fin du sermon, après y avoir longtemps préparé son auditoire, en le faisant descendre et monter autant de fois qu'il le faut pour découvrir enfin la vue panoramique de ces réalités.

CALLEROT F., *S. Bernard. Doxologies à la gloire de l'Epoux de l'Eglise.* — Liturgie 73, 1990, p. 140-157.

Texte latin (SBO) et traduction annotée d'à peu près 20 doxologies à la fin des *Sermons sur le Cantique des Cantiques.*

CALLEROT F., *Le symbole de Nicée dans les Sermons de saint Bernard pour l'Avent.* — Liturgie n° 78, sept. 1991, p. 189-203.

L'inspiration des sermons *per annum* de B. est liturgique en plus d'une manière, entre autres celle-ci: commenter des textes empruntés au temps du mystère célébré, reprendre des mots, des expressions chantés dans des antiennes ou des hymnes. Dans l'expression *propter nos* que B. emploie si souvent à propos du mystère du Christ, l'a. reconnaît une allusion au Credo de Nicée-Constantinople qu'on chante à la messe: "*Pour nous* les hommes et pour notre salut, il descendit du ciel...". Or cette expression *propter nos* et tous ces éléments du *credo* peuvent être considérés comme l'une des trames du *corpus* des sept sermons de B. pour l'Avent.

CALLEROT F., *La sacramentalité chez saint Bernard.* — Liturgie n° 77, 1991, p. 150-180.

En comprenant la sacramentalité comme "l'ensemble des médiations qui, au XIIe siècle, relie l'homme à Dieu", l'a. l'étudie chez B. sur la base d'un plan extrait du *Sermon pour la fête de saint Martin.* La "beauté de l'ordre" qui règne dans la création est le point de départ de la connaissance de Dieu. La grâce "salvatrice" se présente comme un "surcroît" apporté à la grâce "créatrice", pour consommer la vie d'union à Dieu. B. est ainsi conduit à esquisser les grands traits d'une théologie de l'histoire, tout entière centrée sur le Christ. C'est lui qui est le "grand sacrament de la piété", en fonction duquel B. considère les sacraments tantôt au sens large de mystères, tantôt au sens restreint de rites liturgiques.

CALLEROT F., *La Chandeleur chez saint Bernard. Esquisse des trois sermons de saint Bernard pour la fête de la Purification.* — Liturgie n° 79, déc. 1991, p. 292-303.

Trois mots résument respectivement les trois sermons de B. pour la fête de la Purification: Temple, oblation, victime (*hostia*). Ils en montrent la complémentarité et l'unité. Les applications spirituelles qu'il en donne suivent le mouvement: nous sommes le Temple du Seigneur puisqu'il habite en nos cœurs par la foi; notre oblation est celle de nos bonnes œuvres, accomplies dans la foi; le sacrifice de nous-mêmes doit rejoindre la liberté de celui du Christ.

CANNELLI Cristina, *Le immagini della glorificazione della Vergine nella cultura monastica del XII secolo. Alcuni esempi iconografici.* — Respice stellam... p. 69-91 (con 7 ill).

P. 91: "Il potente influsso della riflessione e della mistica monastica relativamente alle rappresentazioni della Vergine sembra, dunque, ampiamente documentabile, ma è indubbio che il trapasso da tale clima culturale e religioso a quello tipico delle Scolastica non manca di lasciare il suo segno anche sui portali "mariani" delle cattedrali: tale passaggio, che è comunque opportuno cogliere con una certa prudenza e delicatezza, se si manifesterà non senza rapporto con la nuova cultura elaborata dalle scuole delle cattedrali, manterrà tuttavia una fedeltà alle originarie acquisizioni religiose e teoretiche elaborate dal monachesimo".

CANTARELLA G.M., *S. Bernardo e l'ecclesiologia. Aspetti e momenti di una tensione ecclesiologica.* — Bernardo cistercense..., p. 231-290.

L'a. décrit des aspects et des moments d'une tension ecclésiologique. P. 290: "O forse resta la ricerca della perfezione nel mondo ristretto ed elitario del monastero, dove è possibile pensare ad una Chiesa che sappia esaltarsi nella propria missione di salvezza; forse resta lo smarrimento; forse la scacco, la paura...".

CANTARELLA G.M., *Dalla "necessitas" alla "dispensatio": un' indagine sul lessico in Bernardo di Clairvaux.* — Studia in honorem Eminentissimi Cardinalis Alphonsi M. Stickler. Ed. R.S. CASTILLO LARA. Roma 1992 (Pontificia studiorum universitas Salesiana Facultas Iuris Canonici. Studia et textus historiae iuris canonici, 7); p. 37-50.

The a. examines the semantic field of *necessitas*, the fundamental condition of men. Starting point is the canonistic tenet *necessitas legem non habet*. B. carefully restricted the circumstances in which *necessitas* could call forth *dispensatio*.

CAO MARTINEZ R., *Sobre la presencia de San Bernardo en Fray Luis de León*. — Actas. Congreso internacional..., p. 1137-1171.

P. 1138: "A lo largo de mi exposición hago tres cosas: primero, intento justificar la pertinencia de esta indigación a partir de dos observaciones históricas [el proceso criminal contra el hebraísta salmantino Martín Martínez de Cantalapiedra; el primer proceso del propio Fray Luis de León (F.L.), el 31 de marzo de 1572]; despues reproduzco todas las menciones a B. que he encontrado en la obra de F.L., las confronto con el texto del claravalense y las comento someramente; por fin evalúo los resultados di mi pesquisa y apunto algunas de la tareas que habría que realizar para conseguir una idea cabal de la influencia de B. sobre F.L.".
P. 1170: "Pero, si bien la técnica exegética no parece haber suscitado el entusiasmo de F.L., otras dimensiones de B. probablemente lo consiguieron: así, la acentuación cristológica, el énfasis en la humanidad de Cristo, la devoción mariana, la espiritualidad concebida como una expansión de la exégesis y de la dogmática y — en fin —, su mística, que según señaló E. Gilson, es la *mística de un exégeta*".
P. 1171: "Como final, una mirada a lo que resta por hacer. Habría que revisar las huellas no explícitas de la obra bernardiana — sean ideas, imágenes o ecos verbales -, especialmente en dos zonas de la obra de F.L.: los varios comentos al *Cantar* y los *Nombres de Christo*...
En cualquier caso, tal trabajo parece imprescindible para lograr un perfil más nítido de la originalidad de la obra de F.L., sobre el trasfondo de la tradición precedente."

CARDINI F., *Bernardo e le crociate*. — Bernardo cistercense..., p. 187-197.

Quant aux croisades, F. C. estime p. 197: "Certo è che Bernardo sta all'avvio di quel processo di estensione della crociata a campi originariamente estranei e diversi rispetto allo scopo della liberazione e della difesa del Santo Sepolchro che condurrà, nel secolo seguente, alla dottrina canonistica della *commutatio* dei voti e all' uso intensivo e generalizzato della crociata come arma anche politica del papato".

CARRÉ Y., *Le baiser sur la bouche au moyen âge. Rites, symboles, mentalités XIe-XVe siècles.* — Paris 1992.

P. 322: "Les images élaborées par B. autour du baiser s'inscrivent dans le contexte de l'apogée du geste: le *Cantique des cantiques*, qui "s'ouvre" par un baiser, est le livre biblique le plus commenté au XIIe siècle. Cette période est aussi celle des meilleurs commentaires du baiser liturgique de paix et du plein développement de la ritualisation du geste, tant "profane" (par. ex. le baiser "courtois") que sacrée (les baisers religieux). L'extraordinaire richesse imaginative et mystique suscitée par le baiser à l'âge roman force l'admiration. Cette époque nous donne là une étonnante leçon de vie: *il faut allier le charnel et le spirituel...*".

CASADO F.G., *Panorama histórico y litúrgico en tiempos de san Bernardo.* — C 42, 1990, p. 31-48.

Après une présentation générale du contexte ecclésial et monastique et une indication des premiers documents cisterciens, l'a. retrace surtout deux aspects importants de la vie de B.: la formation cistercienne qu'il a dû recevoir, et son expérience liturgique. Dans le domaine de la musique liturgique, si l'on en croit les travaux du P. Chr. Waddell, il semble inexact d'affirmer que B. y "applica inexorablement le principe de simplicité et de total détachement du monde". Cette réforme a plutôt permis un enrichissement, et elle a aussi tenu compte des sensibilités d'alors.

CASAMARI, v. *Melliflui Doctoris Opera ...*

CASEY M., *Towards a methodology for the Vita prima: Translating the First Life into biography.* — Bernardus Magister..., p. 55-70.

The daunting task of writing B's biography is further complicated by the lack of consensus about the role to be played in such an entreprise by the *Vita prima* (*VP*). Six methodological areas are discussed: the need for a critical edition of the *VP*; an appreciation of its literary genre; the necessity of assessing accurately the role of Geoffrey of Auxerre; the search for independent corroboration; the complementarity of B. as historical actor and as writer; and the necessity of calculated guesswork and the acceptance of probability in bridging the gaps in historical data.

CASEY M., *In communi vita fratrum. St Bernard's teaching on cenobitic solitude.* — La dottrina..., p. 243-261.

The possibility of radical conflict between the individual and the community was unthinkable for B. except on the supposition of vice on one side or the other. His reflections on the problem of *transitus* in *De praecepto et dispensatione* and elsewhere often address the problem of vice in the community. These are particular situations. Because B. and his contemporaries attributed less importance to individual consciousness there was no tendency to presuppose widespread alienation of persons from the group in which they lived. The community was not seen as an impersonal institutional machine ruled bureaucratically. To avoid forcing individual and community into an adversary position, it is necessary to cultivate mutuality. Where brothers are personally present to one another cumulative indifference which nurtures conflict is less likely. When monks are no longer strangers, trust and intimacy develop. In such a situation there is more satisfaction in communal living and a greater capacity to endure its imperfections. As love develops monastic life begins to yield its specific fruit: the growth of a profound and enduring sense of God. It seems that for B. a wholehearted living of community life is not only an essential of evangelical living, it is also a technique which leads to contemplation.

CASEY M., *Gertrud von Helfta und Bernhard von Clairvaux: eine neue Einschätzung.* — CC 97, 1990, S. 46-69 der Nr. 185/186.

= Originaltext in der monastischen Zeitschrift *Tjurunga* Nr. 35, Sept. 1988, S. 3-23.

Die Schlußfolgerung des Verf. lautet, daß Gertrud eine solide geistliche Schriftstellerin ist, deren Schriften die Anstrengung lohnen, nach dem durch die stilistische Ausstattung überdeckten Kern zu fahnden. Ihr Schriftcorpus verweist auf eine geistlich gewachsene Person mit reicher intellektueller Begabung, die mit der Tradition vertraut, weitgehend belesen und theologisch gebildet ist, und die genügend Zuversicht besitzt, um hinsichtlich ihres eigenen Sachbereich erfinderisch zu sein.
Da dies so ist, kann ein Vergleich mit B. nur unfair sein. Mangels weiteren Beweismaterials oder eines besseren Urteils neigt der Verf. zu der Meinung, daß eine unmittelbare literarische Beeinflussung durch B. weder in bezeichnender Weise vorhanden war, noch in auffallender Weise fehlte. Sie ist ungefähr in dem vorausgesehenen Verhältnis da. Falls es einer besonderen Quelle bedarf, würde der Verf. in Wilhelm von Saint Thierry einen hierfür besseren Kandidaten vermuten, wenngleich Gertrud seine Schriften, als sie diese las, für die Bs gehalten haben mochte.

CASEY, M., *Le spirituel: les grands thèmes bernardins.* — Colloque de Lyon..., p. 605-635.

En guise de conclusion l'a. cite trois domaines où B. peut contribuer au développement de la spiritualité contemporaine: 1. Réalité et conscience ne sont pas coextensives. Le fondement du cheminement spirituel doit se chercher au niveau de l'être. Il se trouve en ce que Dieu a fait pour nous par nature et par grâce. — 2. L'expérience spirituelle reste bénéfique, même lorsqu'elle cesse d'être agréable. Les phases négatives jouent un rôle dynamique dans le développement spirituel. — 3. L'ensemble de l'effort spirituel n'a de sens que si l'on inclut dans son domaine les réalités eschatologiques. P. 635: "La vie spirituelle, pour B., n'est rien de moins que la beauté infinie de Dieu qui s'exprime dans la vie des humbles".

CASEY M., *St Bernard of Clairvaux: A man for our times.* — CS 25, 1990, p. 254-266.

L'a. souligne la liberté toute évangélique de celui qui fut en son temps la conscience de l'Europe, le prophète qui puisait dans la Parole de Dieu l'énergie d'affronter l'avenir avec audace et créativité. Il existe bien des ressemblances entre notre temps et le sien. Si le monde doit être renouvelé aujourd'hui, ce ne sera que grâce à des hommes qui, comme B., seront capables d'en susciter de nombreux autres à son image de sorte que l'Eglise, le monde et chacun de nous réalisions pleinement le magnifique appel à devenir comme Dieu.

CASEY M., *Bernard of Clairvaux: The face behind the Persona.* — CS 27, 1992, p. 132-151.

CASEY M., *Het ware gezicht van Bernardus.* — Benedictijns tijdschrift 54, 1993, p. 98-117.

= traduction néerlandaise de CASEY M., *Bernard of Clairvaux: The face behind the Persona.*

The a. does (no more than) suggest that the key to some apparent inconsistencies may be found in the contrarieties inherent in his personality. (p. 151): "B. was a sensitive man — an artist, a mystic — whose whole life was a pursuit of spiritual realities. It was precisely this otherworldliness that gave him an ascendancy over his contemporaries and made him attractive to them. He was not one of history's many worldly churchmen. It seems probable that he was genuinely happiest inside his monastery. His forays outside were at the behest of others. It was due to their high expectations that he was forced to operate beyond the level of his competence. He was unaware that his simplicity could, at times, be simplistic and naïve or that his enthusiasm could overwhelm the better judgment of others. And so he made mistakes. It is also true that prejudice, fear, a certain imperiousness, and even petulance sometimes marred his actions. The fact remains, however, that those who knew him best remembered him as a great and holy man, who embodied some of the noblest ideals of his generation, who was a striking example of what western monasticism had set out to produce, and who, fundamentally, was an admirable human being, one who was — according to his own definition — vastly capable of receiving and returning love".

CATTIN Y., *L'Amour exilé. Saint Anselme et saint Bernard.* — CollC 52, 1990, p. 171-190 et 257-283.

Comme B., Anselme (A.), vivant un demi-siècle avant lui, est un moine amoureux de Dieu. Il enseigne la même "preférence absolue" pour Dieu. Pour l'essentiel, l'analyse anselmienne du désir amoureux est celle de B., tout en étant plus sobre et plus concise. Mais le moine A., pour des raisons historiques que B. n'avait plus, propose de ce désir une expression spéculative d'*intellectus fidei*, que B. ne privilégiera pas. Bien sûr, dans les écrits d'A. comme dans ceux de B., il y a une apologie du cloître et de la vie contemplative comme réalisation parfaite du désir amoureux. Tous les deux soulignent fortement la rupture et la conversion qui doivent accomplir le désir dans sa vérité et la transcendante gratuité de l'amour qui se donne. Mais alors que B., qui accorde une grande confiance théorique à la raison ordonnatrice de l'existence humaine, s'installera dans une sorte de méfiance pratique envers cette raison, A., lui, vit encore et pense dans une sorte de naïveté de la raison. Et il croît à un "service de la raison" dans le désir amoureux de Dieu. Alors que B. délaisse un peu le travail spéculatif de la raison pour écrire un art d'aimer, un *ars amandi*, A. croit possible de dévoiler la raison d'aimer, la *ratio diligendi*.
Avec Abélard et surtout Thomas d'Aquin va se développer une autonomie tout à fait relative de la raison par rapport à la foi et au désir amoureux, dans un équilibre de plus en plus difficile, mais réel. Comme pour A. et B., le sujet n'est connaissant qu'en tant qu'il est amoureux, mais on voit apparaître la tentation d'affirmer, sous des formes diverses, que le sujet n'est amoureux qu'en tant qu'il est connaissant. Après le XIIIe siècle et le nominalisme de Guillaume d'Occam, la rupture va s'établir progressivement entre une philosophie de la connaissance, de plus en plus précise et exigeante, et une philosophie de la volonté (et donc de l'amour), progressivement abandonnée à l'irrationnel de la liberté. Avec Descartes, l'évolution sera achevée: le sujet est connaissant *et* amoureux. Mais la coordination doit être désormais entendue au sens d'une subordination, sur le modèle de la relation entre l'âme et le corps.

Si A. et B. restent pour nous importants, ce n'est pas en ce qu'ils proposent, mais parce qu'ils dessinent pour nous les contours d'un avenir possible et nous appellent à la responsabilité de cet avenir: prendre en charge l'invention d'une intelligence contemporaine de la foi; inventer une pratique évangélique qui assume le passé de la foi dans la nouveauté de l'amour, rêver et vivre notre vie dans la plus haute lucidité, comme une unique histoire d'amour.

CÉLERIER M., *Dante et saint Bernard de Clairvaux.*

1) Mémoires de l'Académie des sciences, arts et belles-letttres de Dijon 129, 1990, p. 119-148.
2) reprise sans la bibliographie critique dans *Connaissance des religions* 6, 1991, p. 286-301.
3) reprise sans la bibliographie dans *Bernard de Clairvaux, homme de Dieu et chevalier de Marie.* Châlons-sur-Marne, 1991, p. 4-11. (Supplément à Vers la tradition n° 44).

CHRISTOPHE J., *Traduire saint Bernard.* — Saint Bernard et la recherche..., p. 101-106.

A new French translation of B's complete works is being prepared: 32 volumes of "Sources chrétiennes", with introductions and notes. It is a collective work and an enterprise with a spiritual dimension. A few examples evince the difficulties born from B's language and style as well as the researches led in order to express his thought fittingly.
This communication does not render obsolete D. BERTRAND's *Saint Bernard en français.* — CollC. 50, 1988, p. 45-56.

CÎTEAUX, v. *Colloque de Lyon ...*

CLINTON M.P., *Bernard of Clairvaux and Gilbert of Hoyland on the Song of Songs 3:1-4.* — Bernardus Magister..., p. 239-248.

B. died before completing his commentary on the *Song of Songs.* Having begun to comment on *Song* 3: 1-4 in *Sermon 75*, he was continuing on this passage in his last and incomplete *Sermon 86.* Gilbert of Hoyland (G.), who completed the sermons on the *Song of Songs*, devoted his first thirteen sermons to this same passage. Sharing a common cistercian heritage, B. and G. might be expected to expound similar doctrine when writing on the same scriptural pericope, and yet their differing *Sitz im Leben* might result in distinctive exegesis. These hypotheses are tested through an examination of the content and style of B's *Sermons Song 75-*

86 and G's *Sermons 1-13*. Pertinent passages of the *RB* are seen to be an instructive lens for examining the sermons.

Colloque de Lyon — Cîteaux — Dijon. Bernard de Clairvaux. Histoire, mentalités, spiritualité. Paris, 1992, 751 p., pl. (Œuvres complètes. I: Introduction générale. / Sources chrétiennes, 380).

Avant-propos: BERTRAND D. & LOBRICHON G., *Une introduction concertante.* — Cinq parties: 1. *L'homme en son milieu*: A. H. BREDERO, RICHARD J., LOCATELLI R., BOUHOT J.-P. — 2. *Le moine*: J.-B. AUBERGER, G. LOBRICHON, J. FIGUET, CHR. WADDELL, A. LOUF. — 3. *Le réformateur*: P. RICHÉ, M. PARISSE, P. ZERBI, J. VERGER, J. MIETHKE, H.W. GOETZ. — 4. *Le penseur*: J. LECLERCQ, P. VERDEYEN, B. MICHEL, M. CASEY. — 5. *Le saint*: J.-C. SCHMITT, P. DE LEO. — Epilogue: Cl. LEONARDI.
Voire sous les nom d'auteur.

CONNOR E., *Saint Bernard's three steps of truth and Saint Aelred of Rievaulx's three loves.* — Bernardus Magister..., p. 225-238.

In *De gradibus humilitatis* and *Speculum caritatis* B. and Aelred of Rievaulx (A.) resp. unfold their initial intuitions on the fundamental features of their monastic vision. The a. endeavors to bring out the convergences between the two treatises. Both present a spiritual itinerary by which the search for God takes place in the threefold relationship of human existence: with self, others and God. For B., three steps of truth are bound to the Beatitudes of the meek, the merciful and the pure of heart. For A., three loves are likened to three sabbaths. Some of the principal themes on this spiritual way: Christ's grace-imparting abasement, the image of God in man, the New Commandment, passing from Jesus in his humanity to Jesus in his Godhead, God's rest, contemplation as a foretaste of the life to come. Truth brings love; love flowers in truth.

COOPER A., *St Bernard and his times.* — St Bernard of Clairvaux: The Man. Department of Germanic Studies, University of Melbourne, 1991, p. 12-20.

Présentation tellement anecdotique et fragmentaire qu'elle en devient partiale; rien sur la dimension mystique de B.

COSTA A., *Forma — reforma — confirmatio. Del libre albedrío según San Bernardo.* — CM 25, 1990, p. 369-378.

Con un vocabulario de raigambre agustiniana, B. presenta en su *De gratia et libero arbitrio* el drama del libre albedrío que pugna por salir de la región de la desemejanza, donde lo sumío el pecado de Adán, para entrar en el dinamismo de la gracia que ahora le ofrece Cristo. La cual restaurará su belleza orginal, librándolo del triple cautiverio al que lo someten las tres concupiscencias que lo dominan, y que le impiden alcanzar la libertad gloriosa de los hijos de Dios, término escatológico de todo esfuerzo humano de liberación.
La trilogía *forma — reforma — confirmatio* le permite a B. presentar tanto la continuidad entre el orden de la creación y el de la redención, como la relación entrañable que vincula al hombre con Dios. Por Cristo esta relación adquiere una dimensión escatológica, que será la fuerza motriz del peregrinar hacia la Patria.

COSTA A. & SAENZ P., *Parábolas de San Bernardo.* — CM 25, 1990, p. 397-436.

Las fábulas o parábolas, piezas breves y amenas dirigidas a un público menos culto, revisten una doble finalidad: vencer la acedia de los oyentes gracias al interés que suscita su forma narrativa, y edificarlos con una enseñanza espiritual. Ellas se construyen mediante un juego de similitudines. A temas de inspiración bíblica se aplican imágines que evocan en la mayoría de los casos la literatura caballeresca de la época o del humanismo courtois. Pero su objeto principal será siempre educar la fe en la disciplina claustral.
B. utilizó también estos géneros literarios. En la edición SBO encontramos así tres series de *Sentencias* y una colección de *Parábolas.* Ya Mabillon había publicado cinco de éstas. A estas cinco primeras parábolas, el J. Leclercq añadió otras tres, las cuales guardan entre sí grandes diferencias estilísticas.
La primera de esta tríada (6ta de la édición critica) presenta una construcción peculiar; comienza con una introducción de carácter doctrinal relativa a cuatro formas de tentación y su remedio, o cuatro formas correspondientes de vigilia; sigue después la parábola propiamente dicha, que es más narrativa que escénica. La segunda parábola de este grupo es más bien un diálogo entre un monje y el Señor, sobre las ocho bienaventuranzas. La tercera y última se asemeja por su brevedad al estilo apotegmático.
P. 400-436: versión castellana de estas parábolas.

COUNE M., *"Les choses de plus grande importance...". Conrad Rudolph et l'Apologie de saint Bernard (chapitres 28-29).* — CollC 55, 1993, p. 364-372.

A propos de C. RUDOLPH, *The "Things of Greater Importance"*... (cfr infra).
P. 372: "De toute façon, c'est une étude remarquable de l'*Apologie*, de ses racines comme de ses visées spirituelles, que C.R. nous a donné dans *The Things of Greater Importance*; elle intéresse de nombreux médiévistes, les historiens de l'art aussi bien que ceux de la spiritualité, et les spécialistes de B., autant que ceux de Pierre le Vénérable. "Des choses de la plus grande importance"?, pour en revenir approximativement à notre titre de départ... Oui, certainement, pour ceux et celles qui auront assez d'intérêt, assez de temps et de courage pour plonger dans cette lecture et cette étude. La vie monastique ne cesse de vibrer au cœur de l'Eglise et, malgré les faiblesses qui ne cessent d'y apparaître, elle pose des questions et formule des exigences qui ne cesseront jamais".

COUNE M., *Sint-Bernardus en het mysterie van Jezus' Hemelvaart.* — Heiliging, 40, 1990, p. 10-24.

B. had een geestelijke voorliefde voor het feest van Jezus' hemelvaart. De zeven bewaarde toespraken van B. voor dit feest vormen een eenvoudige inleiding tot de kennis en de spiritualiteit van B.
P. 24: "Het is de moeite waard deze toespraken van B. over Jezus' hemelvaart lezend en herlezend te bemediteren... Heel de heilseconomie, in het bijzonder de nederige menswording van Gods Zoon en zijn paasmysterie, mondt uit in de Hemelvaart en krijgt aldus een definitieve kosmische dimensie." — " Al is het voor de moderne mens enigszins bevreemdend B. te lezen, toch groeit er weldra tussen de lezer en de Cisterciënzerabt een affinititeit die ons tot nieuwe gewijde lezing kan brengen, een voedzame herbronning van ons geloofsgoed en van onze godsliefde".

CRACCO G., *Bernardo e i movimenti ereticale.* — Bernardo cistercense..., p. 165-186.

Quelle attitude B. adopta-t-il vis-à-vis des mouvements hérétiques? L'a. conclut de façon lapidaire (p. 185): "In fondo, quanto agli eretici, Bernardo aveva ragione"; sa fonction consista à "unire, pacificare, difendere la Chiesa...".

DA CRUZ POLICARPO J., *Sao Bernardo e a teologia mariana.* — IX Centenário do nascimento..., p. 51-64.

L'a. démontre que B. développe abondamment le thème de la médiation de la vierge Marie. La thèse centrale est que Marie est la médiatrice entre le Christ et l'Eglise; elle est la nouvelle Eve, tout comme le Christ est le nouvel Adam.

DAL PRÀ L. *Iconografia di San Bernardo di Clairvaux in Italia*. T. II,1: *La vita*. (Bibliotheca Cisterciensis, 8/2. Corpus iconographicum Bernardinum). Roma, 1991, 8°, xxv-329 p., 200 ill.

(Exposition *Bernardo di Chiaravalle nell'arte italiana dal XIV al XVIII secolo*, à la chartreuse de Galluzzo, Florence).
Ce volume, basé sur la thèse de doctorat que l'a. a soutenue à l'université de Florence, est le premier d'une suite ambitieuse de six. Il est publié prèsque quarante ans après R. M. Duran, *Iconografía española de san Bernardo*, 1953 (réédition en 1990, v. s.v. DURAN). Outre un deuxième volume consacré à la vie, les autres volumes porteront sur l'image, B. et Marie, B. et le Christ. Un dernier volume comprendra les suppléments, conclusions et index.
Treize œuvres ou groupes d'œuvres, scènes particulières ou cycles, de l'origine jusqu'au XVIIIe siècle, conservées en Italie ou à l'étranger, sont examinées dans des notices tripartites: description iconographique; l'iconographie et l'hagiographie; l'étude historico-artistique.
Parmi les exemples les plus importants, on retiendra: les estampes dues à Antonio Tempesta (1555-1630) et gravées par divers artistes, 56 gravures illustrant la vie et les miracles de B. parues à Rome en 1587 (voire *Vita et miracula D. Bernardi*...; les fresques des Frères della Rovere dites I Fiammenghini; 44 scènes sculptées par Carlo Caravaglio.
Quelques addenda ont été signalés par G. SPINELLI dans le compte-rendu de l'ouvrage, qu'il a publié dans *Benedictina* 39, 1992, p. 274-277.

DAL PRÀ Laura, *Cronologia della vita di san Bernardo di Clairvaux*. — RC 7, 1990, p. 5-59.

= Reprise de l'article paru en 1984 dans RC 1, 1984, p. 275-328.

Traducc. castell.: *Cronologia de la vida de San Bernardo*. — Nova et vetera 15, 1990, p. 181-231.

Cette chronologie a pour but d'offrir un instrument de travail qui permette une vérification rapide de l'activité de B. à un moment donné. Elle ne peut être complète car bien des points demeurent encore problématiques. Telle quelle cette chronologie est une utile mise à jour de ce que des études historiques ont apporté en ce domaine depuis l'ouvrage de Vacandard. Pour la date d'entrée de B. à Cîteaux, l'a. suit A.H. Bredero: 1113 plutôt que 1112 (A. Dimier). A partir de cette date, le journal des voyages et des interventions de B. dans les affaires ecclésiastiques, monastiques, doctrinales et politiques est tenu d'année en année. Au cour d'une vie tellement mouvementée, on peut se demander quand B. trouvait le temps de composer son œuvre littéraire, dont il n'est d'ailleurs guère fait mention dans ces pages.

DAL PRÀ Laura, *Testi autentici ed apocrifi nell'iconografia di san Bernardo.* — Respice stellam..., p. 371-392 (con 16 ill.).

L'influenza degli scritti di B. sull'iconografia che lo riguarda è stata sempre rilevante ed è suscettibile di indagine nelle più svariate direzioni. Si presentano i resultati di una ricerca strettamente connessa a un certo numero di immagini che dipendono da precisi testi bernardini — o creduti tali fino ad oggi — e che sottolineano l'attività di B. quale scrittore e maestro di vita spirituale.
P. 391: "... la notevole varietà di spunti iconografici legati a B., alla sua produzione letteraria e a quella a lui indebitamente attribuita. Una varietà che è chiaramente supportata dalla ricchezza e profondità del pensiero e dell'operato del Santo, che hanno reso possibile in ogni tempo il ricorso a lui da parte di devoti e pensatori in cerca di esempi e di ispirazione, se non addirittura di risposte ai loro quesiti.
Speculazioni autentiche e rielaborazioni aprocrife, fama mariana e dottrina cristologica, vita vissuta e aneddoti delle raccolte di *exempla*, si trovano fusi in un insieme caotico ma vitale per secoli, che ha assunto un'importanza tale da condizionare in maniera duratura non solo l'iconografia, ma anche lo stesso modo di avvicinarsi al grande Santo cistercense".

DAMROSCH D., *Non alia sed aliter. The hermeneutics of gender in Bernard of Clairvaux.* — Images of Sainthood in medieval Europe. Ed. R. BLUMENFELD-KASINSKI, Ithaca 1991, Cornell University Press, p. 181-195.

DANIELI Silvano, *Studi sul pensiero mariano di san Bernardo. Rassegna bibliografica 1950-1990.* — Respice stellam...., p. 17-38.

143 numéros dans le domaine de la pensée mariale de B. auxquels on ajoutera M. COUNE, *Bernardus van Clairvaux. Maria's jawoord en Gods menswording.* — ID., *Bernardus van Clairvaux. Maria, genade-aquaduct van God.* — P. DA CRUZ, *Sao Bernardo e a teologia mariana.* — B. DEL COLLE, *La Madonna nel pensiero di San Bernardo e dei primi cistercensi.* — G. PICASSO, *San Bernardo di Chiaravalle, Sermoni per le feste della Madon.* — Chr. WADDELL, *Saint Bernard's second sermon on the purification of the blessed Virgin Mary.*

DAVIS Th. X., *A further study of the Brevis commentatio.* — Bernardus Magister..., p. 187-202.

The a. continues J. Hourlier's and J. Leclercq's efforts concerning the *Brevis Commentatio* (*BC*). He considers four literary categories in *BC*. (1) *BC* represents an important and significant development of William of Saint Thierry's (W.) three stages of the love of God: animal, rational, spiritual. *BC* contains an evolution of these three stages: here they are more developed than in B's *Sermo 20 super Cant. cant.* but not as developed as in W's *Epistola ad fratres de Monte Dei.* — (2) *BC* can be considered as a composite work of the two abbots: the orginal source of its thoughts and expressions come from B., with W. making his own unique contributions. The very first writing of *BC* was most likely prior to 1130. — (3) There are a small number of direct quotations from other works of B. These quotations were inserted into *BC* at various times during its different redactions. — (4) In addition to W's contributions to *BC*, especially in terms of his three stages of love, was his development of the *ratio fidei*. The basic teaching on the *ratio fidei* was most likely formulated after 1139/1140 and before the completion of his later works. *BC* contains this basic doctrine in Paragraph 2; this paragraph represents the last redaction of *BC*.

DAVY M.-M., *Bernard de Clairvaux.* — Paris 1990, 214 p.

Conclusion de l'a., élève d'Et. Gilson, p. 204: "La théologie mystique de B. soulèvera de nombreux échos, non seulement en son temps mais jusqu'à nos jours. Essentiellement contemplatif, B. apporte un enseignement qui ne cesse de relier la dimension humaine à la dimension divine, le temps à l'éternité. Surnommé "le dernier Père de l'Eglise", il a pu, en s'inspirant d'Origène, donner aux sens intérieurs toute l'ampleur qui convient à l'homme en constante nouveauté de vie".

DAVY M.M., *Constante nouveauté de vie: une introduction à la lecture de Bernard de Clairvaux.* — Sources. La revue de l'aventure intérieure, n° 28, juillet-septembre 1990, p. 17-19.

DAVY M.-M., *Introduction à la lecture de saint Bernard.* — Saint Bernard: les cisterciens..., p. 295-300.

L'a. montre l'importance du contexte historique pour une juste compréhension de la personnalité et de l'oeuvre de B. Elle souligne sa démarche d'initiation à l'amour dans un cadre trinitaire. Une telle mystique exerce son influence sur l'art et la connaissance.

DE CHAMBA B., *Bonheur dans l'espérance sainte.* — CollC 54, 1992, p. 109-131.

Analyse des textes bernardins contenant les mots *beatus, felix*, et d'autres mots du même champ sémantique.
Trois parties: *Le bonheur du moine. — Les dangers qu'il rencontre en chemin. — L'accomplissement de ce bonheur: l'eschatologie.*

DELACROIX Ph., *Vrai visage de saint Bernard abbé de Clairvaux.* — Brigne sur Layon, 1991, 202 p.

Cette biographie de B. veut livrer sa véritable histoire, son vrai visage. Elle ne veut pas tomber sous l'influence excessive des sciences humaines qui lui semble avoir parfois déformé le visage de B. Pour ce faire, l'a. utilise comme source principale la *Vita prima*. Les œuvres de B. sont abondamment citées.

DE LA CRUZ V., *San Bernardo y los reformadores del Carmelo.* — Actas. Congreso..., p. 1199-1211.

Cuatro siglos separan las biografías de B. de las de santa Teresa (T.) y de san Juan de la Cruz (J.). Cuatrocientos años parecen muchos en vidas anodinas y sin relieves de memoria, pero son pocos más que un suspiro en personalidades como las de los santos mencionados, cuyos nombres goza de la perenne juventud que mana de su comunión de fe. Al historiador le corresponde averiguar y analizar las diferencias y aproximaciones entre B. y los Reformadores del Carmelo y constata de entrada que si las primeras fueron notables, las segundas resultan más radicales. "No debemos extremar comparaciones; B. , T. y J. responden a la moción del *Cantar* tal como en sí y en sus circunstancias. Sus respuestas pueden ser y son distintas en la exigencia de esas circunstancias, pero no en la substancialidad del hecho del Amor. Fray L. en sus castigados comentarios al *Cantar* dirá que 'el Amor es un ánima en dos cuerpos'. Pero en la infinitud de Dios-Amor caben todos los cuerpos. Olvidémonos de distintas cronológicas, de ordenes de colores diversos, de cosas grandes o humildes, de silencios y de culturas distintas. B., T. y .J. fueron un ánima en diversos cuerpos" (p. 1211).

DE LA CRUZ V., *Presencia y estímulo de San Bernardo.* — C 43, 1991, p. 13-22.

L'a., après avoir brossé le tableau de la situation européenne actuelle, affirme que Cîteaux est par lui-même un signe pour l'homme qui cherche, qu'il soit du XIIe siècle ou du XXe siècle. Pour lui la fondation du *Novum monasterium* est basée sur quatre colonnes: la liberté, la fraternité, la loi, le travail. Mais on ne peut envisager de parler de Cîteaux sans mentionner B., l'homme dont l'Occident avait besoin, et qui peut aussi aider les Européens de la fin du XXe siècle.

DE LA RED A., *Discerniendo en soledad sonora a impulsos del Amor (SCant. S.1, n.11).* — C 42, 1990, p. 297-304.

P. 297: "Vivimos de la herencia de B. Su magisterio de actualidad perenne, continúa iluminándonos y sorprendiéndonos. El es corazón de afectividad efectiva, poeta de la verdad y genio siempre en vuelo, aunque nunca desentendido de lo auténticamente humano; y profeta, teólogo y místico, o quíza al revés, pero siempre fiel testificador de la Palabra en el amoroso peregrinar hacia el inmortal seguro por las veredas de la temporalidad. Por eso resulta tan sugerente. Y también tan inapresable".

DE LA TORRE J.M., *Cristo glorificado, presente y futuro. El dinamismo escatológico de la vida espiritual.* — La dottrina..., p. 343-348.

Replica ad Ch. WADDELL, *The Glorified Christ...*

Dentro de la Economía de la Salvación siempre hay una interferencia entre el hombre y Cristo, el tiempo y la eternidad (un binomio trágico de cariz agustiniano). El deseo es el primer mecanismo dinámico escatalógico de la vida espiritual.
P. 345: "Ya por el deseo Cristo se hace presente en la vida humana como preludio de la Encarnación. Se inicia la '*Kairología*' que para B. es la presencia de Cristo en el dinamismo de la vida espiritual como lucha y como garantía de victoria. Es la escatalogía orientada por la cruz y por la resurrección al mismo tiempo. Cruz y Resurrección marcan el sello dialéctico de todo el significado del texto bernardiano en una progresión ondulante...".
P. 348: "Todo lo demás es utopía, pero utopía cristiana. Y esta utopía se hace texto en la metáfora y en la fábula. B. fabula; y se sirve de la fábula porque es algo inherente a su naturaleza poética y porque sólo la poesía es el vehículo adecuado para abrir perpectivas escatológicas en dimensiones utópicas. La vida espiritual es un camino *real*. Este realismo ce concentra en una de las pocas partículas de la gramática que no admite símbolo alguno ni metáfora: el adverbio *hic*. A *hic* se opone *ibi* o sus equivalentes, el adverbio utópico por antonomasia, ya que está más allá del fin. Pero la utopiá cristiana se trueca y se expresa en el poema hecho teología. El alma de la fabulación bernardiana es la vivencia de una constante exégesis espiritual enfocada desde el ángulo de la escatología viviente".

De la Torre J.M., *La mediación de Maria en san Bernardo.* — Ephemerides mariologicae 40, 1990, p. 221-243.

De Leo P., *La postérité spirituelle.* — Colloque de Lyon..., p. 659-698.

L'a. ne s'attarde pas sur le rôle de l'*alter Benedictus*, dont l'influence réformatrice a touché toutes les formes de vie religieuse de son siècle et des siècles suivants. Il présente deux aspects, l'un tout d'intériorité, l'autre qui concerne les relations de l'Eglise et de l'Etat.
1. *B. théologien de l'union avec Dieu dans l'amour.* — Une mystique christocentrique. Omniprésence. La fin du moyen âge. Au temps de la Réforme.
2. *B. "colonne" de l'Eglise.* — Utilisation contradictoire. Au service du pouvoir papal. Contre-courants. L'opposition à Bernard. De Trente à Vatican I.
P. 698: "Tout cela pourra susciter une postérité plus attentive, exempte d'*a priori* et de conditionnements idéologiques, et en même temps bien consciente de ceci: *Si B. est difficile à connaître, à comprendre et, pour certains, à aimer, c'est à cause de la complexité de sa personne et de son œuvre. Et cette part de mystère, qui continue à l'entourer, doit stimuler, non pas décourager, une recherche aussi objective que possible du vrai saint Bernard* (J. Leclercq)".

Della Volpe M., *Maria nell'"Exordium Magnum" e nel "Dialogus Miraculorum".* — Respice stellam..., p. 255-285.

Des auteurs cisterciens tels que Konrad d'Eberbach, *Exordium magnum*, et Césaire de Heisterbach, *Dialogus Miraculorum*, ont témoigné de la médiation de Marie "come guida e pedagogia alla verità; e Maria stessa, Vergine cristallina, non solo come modello dei contemplativi, ma come luogo di contemplazione di quei misteri di Cristo e della Chiesa cui è completamente assimilata" (p. 285).

De Margerie B., *Introduction à l'histoire de l'exégèse.* Vol. IV: *L'occident latin. De Léon le Grand à Bernard de Clairvaux.* — Paris, 1990, 296 p.

P. 229-266: Ch. VII. *Le langage biblique de B., exégète mystique et liturgique. — A. Méthodologie de la lecture scripturaire. — B. Christologie d'humble compassion. — C. Bernard mystagogue: de la chair à l'esprit. — D. Les lieux mariologiques vus en fonction de la Maternité médiatrice de Marie. — E. Appréciation conclusive.*

P. 265-266: "Le souci majeur de B. est celui de dégager le ou les sens spirituels du texte. Souci qui est précisément celui d'un lien suprême avec le texte, le lien qu'a voulu son Auteur divin. Lien très réel, même s'il est, à nos yeux, aujourd'hui, souvent insuffisamment souligné.
Le langage biblique de B. nous initie à une lecture plus spirituelle des Ecritures, en contexte liturgique et sacramentel, pénitentiel et eucharistique. Il nous aide à faire de cette lecture l'exercice spirituel par excellence, supposant l'oraison et la communion sacramentelle et les rendant pleinement fructueuses pour le cheminement vers la vie éternelle.
Avec B., la lecture spirituelle des Ecritures devient lecture de la Bible comme livre inspiré, écrit sous le souffle de l'Esprit de Vérité et Amour; en sa compagnie, la Bible manifeste l'Esprit-Saint; sa lecture se mue en communion spirituelle au Christ eucharistique. Et si nous prenons la peine, comme B. et avec son aide, d'organiser notre lecture de l'Ecriture et de ses sermons en contexte liturgique, nous serons intimement transformés".

DEMURGER A., *Die Templer. Aufstieg und Untergang 1118-1314.* München, 1991, 344 S.

= deutsche Übersetzung der französischen Originalausgabe *Vie et mort de l'ordre du Temple*, Paris 1989.

In einer dem heutigen Forschungsstand weitgehend entsprechenden Weise versteht D. es, alle wichtigen Aspekte der templerischen Ordensgeschichte vor dem Leser auszubreiten, einschließlich des berüchtigten Prozesses, der den Untergang des Ordens besiegelt. Besonderes Interesse gilt dem Anteil Bs am Templertum. Einerseits bestreitet D. die Autorschaft Bs an der Templerregel, andererseits arbeitet er die vielfältigen zisterziensischen Einflüsse auf die "neue Miliz" heraus, die mehr war als eine Art christlicher Fremdenlegion, ohne deswegen gleich zu einer Truppe militarisierter Zisterzienser zu werden. Das scheinbare Spezialthema ist so vielfältig angeschnitten, daß diese deutsche Neuerscheinung weit darüber hinaus von Wichtigkeit ist und zweifelllos weitere Forschungen beflügeln könnte.

DE NICOLO M., *Bernardo nel Magistero della Chiesa dal Concilio Vaticano II in poi.* — Respice stellam..., p. 351-369.

Maria appare avere un ruolo intermedio fra Cristo e la Chiesa. É paragonata all'*acquedotto* che fa fluire fino a noi le ricchezze di Dio, oppure è chiamata il collo del nostro capo, mediante il quale tutti i doni spirituali sono comunicati al corpo mistico. É definita *Madre nostra, nostra Mediatrice, santuario dello Spirito Santo* e invocata dal cristiani quale *stella del mare* (cfr il CALABUIG) in mezzo alle travagliate vicende della vita.

P. 369: "Tuttavia nella teologia di B. non vi sono esagerazioni. Con linguaggio chiaro ed avvincente B. ci porta ad un vero amore per Maria, attraverso di essa giungiamo a capire meglio lo stesso mistero della Chiesa e ad un amore più intenso verso lo stesso Signore Gesù per il quale la Vergine Madre ha sempre vissuto e vive".

De Pascual F.R., *Un abad medieval: Bernardo de Claraval. Sueños y memorias.* — Actas. Congreso..., p. 1023-1040.

"Císter se apoya en unos movimientos renovadores anteriores y contemporáneos, y es muy probable que la causa del enfrentamiento entre Abelardo (A.) y san B. no viniera tanto desde el punto de vista teológico cuanto de que A. llevaba la renovación monástica a unos términos que non encajaban con la mentalidad radical y "exclusivista" de B. Los motivos de este enfrentamiento son constantes en la historia del monacato y sus infinitos movimientos de reforma" (p. 1040).

De Pascual F.R., *Bernardo de Claraval, portavoz de la reforma cisterciense. Historia y espiritualidad.* — Nova et Vetera 15, 1990, p. 233-256.

B. appartient à son époque et à la culture de son temps. Il fait partie du monde des lettrés, mais plus que la science, c'est la sainteté qu'il vient chercher à Cîteaux. Lors de sa conversion, il pose une démarche d'authenticité au milieu des paradoxes d'une époque riche et contrastée. B. va à la rencontre des besoins de son époque. S'il modifie parfois les structures, il demeure au service de la même cause. Il sait innover en restant dans la lignée de la Tradition. La réforme cistercienne veut redonner au monachisme bénédictin davantage d'indépendance, de pureté et de rayonnement.

De Roose G., *Sint Bernardus over de almacht van God.* — Monastieke informatie nr 125, september 1989, p. 220-224.

In brief 190 aan paus Innocentius over de dwalingen van Abelardus (A.) schrijft B. dat A. zich heeft begeven in zaken die *te hoog* voor hem zijn. Door zijn leer over de almacht van de Vader, de halve macht van de Zoon en de afwezigheid van macht bij de Geest, merkt B. ironisch op, heeft hij voor zichzelf een trap geconstrueerd die ten verderve leidt.
Hoe benadert B. zelf dit mysterie? Hij beschouwt de almacht van God niet afzonderlijk, maar legt vaak verband met andere deugden. De fundamentele houding van de mens tegenover God is het gebed.

DESSI R. M. & LAMY M., *Saint Bernard et les controverses mariales au Moyen Age.* — Vies et légendes..., p. 229-260.

Au plan théologique, la position de B. sur le privilège de l'Immaculée Conception est assez semblable à celle des grands scolastiques du siècle suivant. Depuis le début du XIVe siècle et jusqu'au XIXe le débat entre partisans et adversaires de la doctrine immaculiste fut toujours vif. Au débat proprement théologique vint s'ajouter une opposition entre Dominicains et Franciscains qui prirent un large public à témoin au moyen d'exempla et de légendes. Le poids doctrinal de B., éminent dévôt de la Vierge, embarassait les immaculistes qui n'hésitèrent pas à le mettre en scène dans une apparition post-mortem pour contredire ce qu'il avait écrit de son vivant. La première présentation de B. apparaissant à un moine de Clairvaux avec une tache sur la poitrine en signe de désaveu de ses positions anti-immaculistes semble remonter au franciscain Guillaume de Ware, et non à Nicolas de Saint-Alban. Le dominicain Henri de Langenstein prit la défense de l'abbé de Clairvaux, un des meilleurs appuis de sa propre position. Un jeu subtil de propagande et de contre-propagande se développa; son étude montre une enchevêtrement où une légende est construite en vue d'une intervention dans un débat dogmatique et utilisée également par les deux partis opposés. Une controverse en amenant une autre, B. fut même accusé par François de Meyronnes, sur la base d'une mauvaise lecture, d'avoir nié la virginité perpétuelle de la Vierge Marie.

DE VOGÜÉ A., "*Memorare novissima tua*". *Sur la pensée de la mort chez saint Bernard et ses devanciers.* — CollC 52, 1990, p. 54-65.

La mort n'est pas seulement un fait à venir dont on "se souvient". Elle est aussi objet de désir et réalité qu'on anticipe dans la "mort quotidienne", celle-ci ayant pour résultat qu'on est "déjà mort".
Richesse inépuisable d'une pensée délibérément entretenue pour ses effets libérateurs. Depuis ses origines jusqu'à B. et jusqu'à nous, la vie monastique est, comme toute véritable sagesse, dominée par le souvenir, à la fois redoutable et béatifiant, de sa fin. Maîtresse d'universel détachement, la mort est pour le moine porte de vie éternelle.

DE VRÉGILLE B., *De saint Bernard à saint Ignace.* — CC 52, 1990, p. 238-244.

Un écho de la légende de B. a passé dans les *Exercices spirituels* de saint Ignace. A propos de la vaine gloire, dont la crainte ne doit pas faire interrompre une œuvre bonne, est citée la réponse que B. aurait faite en

pareille circonstance au tentateur: *Nec propter te incepi, nec propter te finiam.* Tel est le seul texte de B. qui figure dans les *Exercices*, où les citations sont par ailleurs si rares. Il est au moins significatif des préoccupations de leur auteur.
Enfin il n'est pas indifférent de constater que plus d'une mention ou citation de B. chez les proches d'Ignace (Pierre Favre, Jacques Lainez, Jérôme Nadal) témoigne de la familiarité de tout leur groupe avec la personne et l'œuvre de B.

DIEMER P., *Love without measure.* Extracts from writings of St Bernard of Clairvaux. Edited by P.D. — Kalamazoo, Michigan, 1990, xv-154 p. (Cistercian Studies Series, 127).

The English texts of this Bernardine anthology have been well selected; where necessary, the compiler has made his own translation. *General introduction* p. xi-xv by P.D.
The texts have been set out in thirteen themes: The mystery of Christ, Love, Our Lady, Made in God's Image and Likeness, Conversion, Humility, Our need for God's help, Finding God in the Church, The Lord Jesus, The Cistercian way of life, Prayer and Thanksgiving, Living for God, and The day. Each section has a short introduction and explanation.

DIERS M., *Bernhard von Clairvaux. Elitäre Frömmigkeit und begnadetes Wirken.* Münster, 1991, VIII-436 S. (Beiträge zur Geschichte der Philosophie und Theologie des Mittelalters. N.F., 34).

Bs Selbstbezeichnung als *chimaera saeculi*, als Rätsel seines Jahrhunderts, erfährt in dieser philosophischen Inauguraldissertation der Albert-Ludwigs-Universität Freiburg eine gültige Auslegung, die Leben und Werk in ihre Einheit und Vielfalt zu verstehen lehrt. Mit dem grundlegenden Begriff des "Elitären" bindet die Verf. die vielen Gesichter des Mönches und des Heiligen, des Theologen und des Predigers, des Mystikers und des Politikers zur eindrucksvollen Einheit. In diesem Begriff wird auch deutlich, was die monastische Theologie des 12. Jahrunderts lehrte und leistete.
S. 397-398: "In B. findet die das Erdreich des Leibes überwindende Spiritualität des Klosters ihre Entsprechung im weltüberwindenden Handeln. Notwendigerweise stehen diesem Wirken in der Welt keinerlei wertschätzende Kategorien für das Objekt seiner Überwindung bereit. Vor diesem Hintergrund wird diesseitiges Leben für das jenseitige Ziel einsetz- und verfügbar. Unter Einsatz ihres Lebens werden die Ritter im Heidenkampf um ihr ewiges Leben ringen. Verfügbar ist das Leben der aggressiv aufbegehrenden Heiden. Verfügbar ist auch — wie aus der Diskrepanz

zwischen geringer Erwähltenzahl und der breiten Inaussichtstellung himmlischen Gewinns geschlossen werden muß — das Leben von Teilen der in den Kampf ziehenden Ritterschaft. Unverkennbar nimmt der in die Welt getragene Geist der Weltüberwindung die Gestalt von Todesmotiven an, in denen B. seine tiefste und drängendste Sehnsucht zum ungeduldigen Werk der gewaltsamen Zurichtung herabmindert".

DIJON — L'Association "Renaissance de l'abbaye de Clairvaux" a organisé le 22 et 23 juin 1990 un colloque sur l'histoire de l'abbaye où B. a réalisé son œuvre. Les communications étaient réparties en quatre grands thèmes: I. Histoire générale de l'abbaye de Clairvaux, e.a. M. BUR, *Le monachisme en Champagne à l'arrivée de saint Bernard de Clairvaux.* — P. RICHÉ, *La présence de saint Bernard à Clairvaux.* — B. VAN REETH, *Les grandes dates de l'histoire de Clairvaux, de saint Bernard à la Révolution française.*
II. Activités et expansion de Clairvaux, e.a. M. PACAUT, *La filiation claravallienne dans la genèse et l'essor de l'ordre cistercien.*
III. Présence de B., e.a. J. VERGER, *La question d'Abélard: Bernard de Clairvaux vu par Abélard.* — D. BERTRAND, *La spiritualité de Bernard de Clairvaux. Etat actuel de la question.*
IV. L'architecture de Clairvaux, e.a. G. LOBRICHON, *La vita prima sancti Bernardi et ses représentations à Clairvaux.*

DIJON — La Bibliothèque municipale et le Musée des Beaux-Arts de Dijon, avec le concours de l'Association "Les Amis de saint Bernard", ont présenté, du 3 mars au 30 avril 1990 une exposition consacrée à "Saint Bernard et les manuscrits de Cîteaux". La partie centrale de cette exposition était faite de quarante manuscrits, principalement du XIIe siècle, provenant en majeure partie de la bibliothèque de Dijon, mais aussi des bibliothèques de Troyes, de Chalon-sur-Saône et de la Bibliothèque de l'Arsenal. Vingt-huit de ces manuscrits venaient de l'abbaye même de Cîteaux, en commencant par les célèbres Bibles d'Etienne Harding et *Moralia in Job* de saint Grégoire le Grand. Quelques autres avaient été tirés des fonds de Saint-Bénigne de Dijon, de la Ferté-sur-Grosne, de Clairvaux, de Fontenay. On remarquait aussi une Bible du XIIe siècle, donnée aux Célestins de Paris par Louis d'Orléans, d'origine cistercienne et fortement influencée par le style monochrome de Clairvaux. Les trois derniers manuscrits rappelaient les rapports entre B. et l'Ordre de Cîteaux, sermons et autres textes de B., privilèges de l'Ordre de Cîteaux, documents divers rassemblés par J.-L. Baudot (XVIIIe siècle).
L'autre partie de l'exposition évoquait le village et le château natal de B., les variations de l'iconographie du saint, depuis la plus ancienne figure connue, la *Vera effigies*, en passant par toutes les transformations imaginées par la dévotion populaire, enfin l'historique de la place saint

Bernard à Dijon, aux XIXe et XXe siècles, autour de l'histoire mouvementée du monument érigé à la mémoire du saint.
Une plaquette accompagnée de huit planches en couleurs commentées, donnait la liste des manuscrits exposés.

DIJON, v. *Colloque de Lyon ...*

—, v. *Vies et légendes ...*

—, v. *Saint Bernard et la philosophie ...*

DI LORENZO R.D., *Dante's Saint Bernard and the theology of liberty in the Commedia.* — Bernardus Magister..., p. 497-515.

In his *Commedia* Dante (D.) creates a narrative pattern of religious experience and thought, called here his theology of liberty, that in fact reproduces the essential process of christian liberation developed by B. in *De gratia et libero arbitrio* and *De diligendo Deo.* The unexpected, surprising appearance of B. as Beatrice's replacement near the end of *Paradiso* is, the a. suggests, D's own scholarly citation of the highest theological authority of his poem. Accordingly, for anyone who would understand the theology of the *Commedia*, D's B. is a figure having decisive and comprehensive significance extending not just to B's brief business after his appearance in *Paradiso* but to the entire poem before he appears. — In these pages, the argument should be understood as initiatory, for it is meant only as a sketch of the bernardine pattern informing the liberation that is the narrative and thematic core of the *Commedia.*

DINZELBACHER P., *Zum Konzept persönlicher Heiligkeit bei Bernhard von Clairvaux und den frühen Zisterziensern.* — Zisterziensische Spiritualität..., S. 100-133.

S. 105: "Abgesehen von der bekannten Monographie von Roisin von 1947 über die zisterziensische Hagiographie in einer einzigen mittelalterlichen Diozese während eines einzigen Jahrhunderts sowie eine Reihe von Artikeln zu einzelnen Viten, namentlich der *Vita Prima* Bs, gibt es m.W. eine synthetische Darstellung der zisterziensischen Heiligenbiographik genausowenig wie eine der gesamtmittelalterlichen, mit deren Hilfe man sich über die Stellung der einzelnen Ordenshagiographien im Insgesamt der mittelalterlichen Vitentraditionen orientieren könnte".
S. 133: "Wenn das Heiligenleben [gemeint ist die *Vita S. Malachiae*], das der meistgelesene Schriftsteller des Ordens verfaßte, gerade die Elemente vermissen läßt, die für die weitere zisterziensische Hagiographie

typisch werden sollten, während andere Ordensautoren zu seiner Zeit Werke verfaßten, in denen die neue Sensibilität für die 'inneren' Wunder eine vorrangige Rolle behauptet, dann wird man von einer Pluralität von Heiligkeitskonzeptionen innerhalb des Ordens sprechen müssen.
Dieser Befund sollte Konsequenzen für unseren Gebrauch der Terminus 'zisterziensische Spiritualität' haben. Ist sie nicht eher als ein einheitlicher Block ein Syndrom dessen Komponenten bei Ordensmitgliedern häufig, aber nicht unbedingt Bedeutung haben? Vielleicht erscheint uns heute manches als typisch zisterziensisch, was eher epochentypisch war — wie die Hinwendung zum *gnothi seauton* und zur *Vita interior*. Vielleicht könnte man auch aus mancher späteren Periode und für manchen anderen Orden zeigen, daß das, was man gerne als Ordensspiritualität oder sogar -mystik anspricht, nicht vorrangig von diesem Aspekt definiert wird".
S. 133 "Vielleicht sollten wir, wenn wir von Spiritualität sprechen, uns eher die Szene vor Augen halten, da ein schwerkranker Zisterzienserabt, B., und ein schwerkranker Benediktinerabt, Wilhelm, sich, einträchtig nebeneinander liegend, über die Natur der Seele und das Lied der Lieder besprachen, als jenes Kontrovers-Schrifttum, das man als die *libelli de lite* der Clunyazenser und Zisterzienser bezeichnen könnte. Vorausgesetzt freilich, Spiritualität hat etwas mit Spiritus zu tun".

DOMINGUEZ MONTES M.A., *Relación entre gracia y libertad en san Bernardo*. — Roma, Ateneo Romano della Sancta Croce, 1991, 291 p.

Thèse de doctorat en théologie soutenue en 1990 auprès de l'Université romaine de la Sainte Croix, inspirée pour l'essentiel de la thèse soutenue en 1953 par G. Venuta, *Libre-arbitre et liberté de grace dans la pensée de S. Bernard*.
Le titre de la thèse laisse espérer une analyse ténue des relations entre grâce et liberté dans l'ensemble de l'œuvre bernardine. Or, le seul et très court ch. 5 (30 pages sur 272...) en traite explicitement.

DUBOIS G., *Liturgie cistercienne*. — Saint Bernard et la recherche..., p. 71-84.

The Cîteaux foundations were conspicuous through a thoroughgoing liturgical reform of the Divine Office, so as to come closer to Saint Benedict's Rule. B. was led to correcting that reform in some way, while preserving its principles. As regards eucharistic liturgy however, the nascent order followed the Clunisian uses, yet with more simplicity and poverty. That Cistercian liturgy held on until the council of Trent, after which a rather deep-going romanisation of the uses could be observed, especially as far as the missal is concerned. The 1689 *Rituale* remained the norm until a recent date, despite the wish of some in the XIXth century and the first half of the XXth century, to return to a liturgy closer to its origins. The reform put forward by Vatican II altered the perspectives. What can a Cistercian *rite* mean nowadays, at least for the Eucharist? There is yet a monastic way of its own to celebrate the liturgy of the Hours which legitimates a particular law: "La liturgie en langue vivante a d'autres exigences que la psalmodie grégorienne (...) nous sommes orientés vers le principe d'une loi-cadre, qui se concrétisa dans la *Présentation générale de la Liturgie des Heures* que le Saint-Siège accorda à l'Ordre le 25 juin 1974" (p. 82).

DUMONT Ch., *De mystiek van St. Bernardus volgens de Regel van St. Benedictus.* — Monastieke informatie 21, 1990, p. 197-214.

= Traduction néerlandaise de Ch. DUMONT, *Saint Bernard mystique selon la Règle de saint Benoît.* — Lettre de Ligugé 206, 1981, p. 34-46.

English translation: Ch. DUMONT, *St Bernard: A mystic according to the Rule of St Benedict.* — CS 16, 1981, p. 154-167.

Autour de quelques références cléfs (*moralisme mystique; humilité — amour; contemplation; paix*) beaucoup de choses sont simplement dites qu'il est bon de savoir. Brève et excellente initiation à l'intelligence de B.

DUMONT CH., *La spiritualité de saint Bernard.* — Nouvelle Revue Théologique 112, 1990, p. 502-515.

B. a comme jalonné tout un itinéraire spirituel. Et ce qui met en mouvement et fait progresser, c'est la quête de Dieu, cette quête qui habite tout cœur humain et qui est le plus grand des dons. La pointe de l'exposé: "Si la spiritualité de B. peut se définir par ce dépassement dans la croissance de la foi et de l'amour, si l'union à Dieu réside dans cette conformité au Verbe-Sagesse existant en nous, alors toute la vie spirituelle est une conversion de la volonté. Celle-ci ne peut se réaliser que par des actes. Il faut ordonner la charité". L'a. met en lumière la "mystique morale" de B., son "socratisme chrétien", son "moralisme de sainteté" , autrement dit l'aspect éthique de sa spiritualité, "cet appel au dépassement dans la foi, vers la plénitude de la foi dans la sainteté de vie". N'oublions cependant pas le point de départ de la recherche tel qu'il apparaît dès le *De diligendo Deo*, et qui est cité en début d'article: *Tu ne me chercherais pas si tu ne m'avais trouvé...*, c.-à-d.: si Lui, Dieu, ne t'avait cherché.

DUMONT Ch., *L'action contemplative, le temps dans l'éternité d'après saint Bernard.* — La foi et le temps 21, 1991, p. 307-324 / CollC 54, 1992, p. 269-283.

B. mériterait de figurer comme un lointain prédécesseur des penseurs "moralistes", si représentatifs de la litérature française des temps modernes, car il était aussi sensible que Pascal ou Bergson à la misère et à la grandeur de l'homme. Plusieurs textes de B. sont ici commentés dans cette perspective, pour faire ressortir comment l'action du contemplatif chrétien se situe exactement au point de jonction de l'éternité et du temps. Pour B., ce dernier n'est qu'un *interim*, un "entre-deux-éternités", racheté et pénétré d'éternité par l'action morale du croyant. L'a. étudie quelques traces de cette pénétration dans la façon dont B. présente son expérience contemplative: l'équilibre entre contemplation et action, l'égalité d'âme du contemplatif, le caractère unifiant et simplifiant de la contemplation, la puissance de rayonnement.

DUMONT Ch., *Contemplative Action: Time in Eternity according to Saint Bernard.* — CS 28, 1993, p. 145-159.

= translation of the preceding item. It reflects on the theme of the General Chapter of OCSO (September 1993): *The Contemplative Dimension of Cistercian Life.*

See on this paper: DAVIS Th. X., *Contemplative Action: A review essay on four articles by Charles Dumont.* — CS 28, 1993, p. 161-166.

DURAN R.M., *Iconografía española de San Bernardo.* — Poblet, 1990, 208 p.

Segunda edición, corregida y aumentada. A las cien láminas presentadas, en blanco y negro, de la primera edición de 1953, se añaden ahora 23 más en color, algunas de las presentadas anteriormente, otras nuevas.

DUTTON M. L., *The face and the feet of God: The humanity of Christ in Bernard of Clairvaux and Aelred of Rievaulx.* — Bernardus Magister..., p. 203-223.

A comparison of the sacred humanity of Christ in the works of B. and Aelred of Rievaulx (A.) shows that despite their essential agreement, A. espouses a more comfortably incarnational understanding of the man Jesus than does B. While B. urges the devout to love Jesus but then go beyond his flesh to the spirit it veils, A. insists that in Jesus "earthly things are joined to heavenly". B. more often presents Jesus as the manifestation of God's love, model of human behavior, and redeemer of humankind than as object of devotion. In his works the kiss of Jesus' feet draws one always onward to love God in spirit. A., however, encourages the devout to linger in meditation of the sacred humanity, saying that in kissing Jesus' feet one knows God and in anointing Jesus' feet one sees God's face.

EGRES O.J., *San Bernardo di Clairvaux.* — Casamari, 1989, 115 p.

Con *Prefazione* del'Abate Preside di Casamari, D. Ugo Gianluigi Tagni. Traduzione italiana rielaborata, arrichita e reinterpetata del testo originale *Saint Bernard. His life and teaching.*
Esso non vuole essere una biografia e tanto meno uno studio critico sulla figura et l'opera di B. quanto piuttosto la messa in luce di alcuni aspetti della sua personalità umana, monastica, ecclesiale e di scrittore spirituale di rara efficacia ed affascinante bellezza.

ELM K., *Vorwort.* — Bernhard von Clairvaux. Rezeption und Wirkung..., S. 1-3.

K.E. möchte darauf aufmerksam machen "daß es bei der Rezeptionsgeschichte gerade dieses Autors nicht allein auf seine authentische Werke, sondern auch auf die unechten, ihm unterstellten und untergeschobenen ankäme, daß man sich nicht alleine mit der lateinischen, sondern auch mit der volkssprachigen Überlieferung beschäftigen müsse, nach der von den Rezipienten getroffenen Auswahl zu fragen habe, sich über den Vorgang der Rezeption Klarheit verschaffen müsse und den Verästelungen, den ober- und unterirdischen, nachgehen solle, die den Ordensmann und Theologen des Mittelalters nicht nur mit grossen Persönlichkeiten (...), sondern auch mit den Zirkeln, Bewegungen und Strömungen verbanden, die wie im Mittelalter so auch in der Neuzeit in ihm die Verkörperung eines Frömmigkeitsstils sahen, der sich wie im konfessionell gespaltenen Deutschland so auch in den katholisch gebliebenen Ländern der Romania am Rande, wenn nicht im Gegensatz zu kirchlichen Institutionen und theologischen Denken herausbildete" (S. 2).

EMERY P.-Y., *Saint Bernard, Sermons pour l'année.* Traduction, introductions, notes et index par -, frère de Taizé. — Brepols et Presses de Taizé, 1990, 959 p.

<EMERY P.-Y.>, *Saint Bernard's Sermons for the liturgical year in a new French translation. An Interview with the Translator,*

Frère Pierre-Yves Emery, Monk of Tazié. — Liturgy 24, 1990, p. 69-71.

<EMERY P.-Y.>, *Les Sermons "Pour l'année" de Saint Bernard. Est-ce pour bientôt?* — Liturgie NS n°s 69-70, juin-septembre 1989, p. 177-182.

Après la traduction des *Sermons divers* voici que P.-Y.E. offre le fruit d'un labeur considérable: les *Sermons pour l'année* en traduction française. Citons l'Introduction générale "Chez B. l'écrivain ne se distingue pas du théologien ni le poète du maître spirituel: la beauté du style et la qualité de la pensée ne font qu'un (...) même lu en français, le langage de B. est un monde dans lequel il faut se donner la peine d'entrer, avec lequel il est nécessaire de se familiariser, et qu'il faut avoir la patience de découvrir".
L'introduction comporte d'abord des clés de lecture dont la première est la conversion de la subjectivité avec sa dominante affective, qui apparaît à la fois comme un trait majeur de la spiritualité bernardine et comme une réponse authentique à un problème actuel important. Sont encore mentionnés: la tension eschatologique, le sens de la pénitence, le drame cosmique, l'interprétation de l'Ecriture. Des remarques très judicieuses sont faites sur l'art littéraire de B.

<EMERY P.-Y.>, *Année Saint-Bernard. Sermons de saint Bernard pour le carême: 9 lectures pour les vigiles.* — Liturgie N.S. 1989, n° 71, p. 336-361.

Neuf extraits choisis des six Sermons pour le Carême.

<EMERY P.-Y. & LEMAIRE A.>, *Année Saint-Bernard. Lectures et tropaires des vigiles pour le temps de l'Avent et de Noël.* — Liturgie N.S. 1989, n°s 69-70, p. 183-221.

Treize textes tirés des Sermons 1 et 3 pour l'Avent, du Sermon 1 pour la vigile de Noël, du Sermon 1 pour Noël, du Sermon 3 *Super missus est*, du Sermon 1 pour l'Epiphanie et du Sermon 1 pour la Purification.

EMERY P.-Y., *La terre d'après les "Sermons pour l'année" de saint Bernard.* — CollC 53, 1991, p. 257-262.

En insistant fortement sur le détachement à l'égard des réalités d'ici-bas et sur l'attente ardente à l'égard de l'avenir de Dieu, B. peut donner

l'impression que la création, et plus particulièrement le visage de la terre, la "nature", n'ont point d'importance pour lui. Son regard sur ces réalités serait-il négatif, et même méprisant? Il s'en faut. P. 257: "Le thème du mépris du monde relève quelque peu du cliché, d'un langage convenu en tout cas, qui remonte aux Pères de l'Eglise et aux premiers moines; avec force il entend faire pièce à notre pente la plus spontanée, qui est de nous attacher au visible, au sensible, comme si c'était là le tout de la réalité.
Mais B. sait s'émerveiller de la création en tant qu'œuvre de Dieu, et rendre grâce à Dieu pour elle: elle recèle une puissance et une sagesse extraordinaires, tout au service d'une bonté, pour qui sait faire passer son attention des choses à leur Auteur".

EMERY P.-Y., *La consolation dans les "Sermons pour l'année" de saint Bernard.* — CollC 52, 1990, p. 191-203.

Pour B. la consolation est associée de tout près à l'intériorité et à la subjectivité. Elle implique la conversion délibérée et constante de tout l'être: de notre intelligence qui se laisse saisir et éclairer par la parole de Dieu, devenant ainsi intelligence de la foi; et de notre subjectivité, appelée à s'élancer pour rejoindre la foi. Alors l'élan du désir en nous (*affectus*) va devenir ferveur, empressement spirituel, accord de la volonté, offrande de soi; et la capacité de plaisir, la sensibilité, la vibration de l'affectivité, le sens du bonheur et de la joie (autrement dit l'*affectio*, dans la mesure où elle se distingue de l'*affectus*), donneront forme à l'engagement du cœur.

EMERY P.-Y., *Liturgy and time in the writings of Saint Bernard.* — Liturgy 27, 1993, p. 63-70.

P. 63: "It may well be that B. does not offer us a theory about the liturgy and time. But at any rate, he does have a spirituality of time, or better: the mystery of time never stops being present to his thought and in his writings. And we know to what an extent his thought and his writings are informed by Scripture. The liturgy is concerned with this, then, under two titles: directly, since the liturgy constitutes a major place in which B. experiences his spirituality of time; and indirectly, since the liturgy constitutes the place par excellence in which Scripture reveals to us the meaning of time, and in which Scripture is read, sung, serves as the source for meditation, and is preached".
The a. limits himself to the *Sermons on various themes* and to the *Sermons on the liturgical year*, which have, moreover, a more directly relationship with the liturgy than do his other works.
P. 70: "... contemplation, in B's writings, is closely bound up with the whole process of sanctification of existence, a life according to the bea-

titudes — the first three of which are the means of reconciling time, and of seeing time as oriented towards the eternity of God. This is an orientation which the liturgy expresses and gives us to experience".

FAGIOLO V., *San Bernardo e i Cistercensi.* — RC 7, 1990, p. 271-284.

I. Alcune linee del pensiero di B. — 1. Punto di partenza: miseria e grandezza dell'anima. 2. Per la via dell'umiltà alla verità. 3. La centralità (la mediazione) di Cristo, sul piano della conoscenza, sul piano dell'amore. 4. La mediazione di Maria. 5. La mediazione della Chiesa e dei santi.
II. I Cisterciensi e B. Che "Dio sia tutto in tutti" è una frase che ben esprime il fine a cui tende la vita monastica cistercense, vita di solitudine, di radicalità: Dio dev'essere "tutto", del tutto l'amore, l'amato del monaco, ma "in tutti", cioè nella comunità. 1. Vita fraterna. 2. Dio solo è "tutto": assolutezza di Dio e necessità dei mezzi per l'unione con lui. 3. L'architettura espressione della spiritualità.
Se le cose materiali del mondo riflettono le perfezioni spirituali di Dio e la natura umana ha bisogno di mezzi visibili per arrivare alle cose invisibili, rimane vero che la conoscenza di Dio fondata su ciò che si vede non arriva a cogliere la bontà e la misericordia divina e non è accompagnata dalla carità.
P. 284: "Così tutta la richiesta cistercense di povertà e semplicità, richiesta cui si vuole rispondere perfino nell'arte, ci porta ancora una volta al principio costituito dell'architettura spirituale del pensiero di B.: al corpo di Cristo. Più ci si aggrappa, spogli, a questa via, più si trova la verità che è vita, più si fa esperienza di Cristo nella sua divinità".

FARINA F., *San Bernardo e le abbazie cistercensi dell'Italia meridionale.* — RC 7, 1990, p. 91-104.

P. 97: "Se B. ed i Cistercensi sono stati gli uomini della romanità della Chiesa, fautori convinti della *plenitudo potestatis* della Santa Sede, le abbazie cistercensi sono state un segno e un presidio sul territorio cristiano, un simbolo e un sacramento, che, legate nel mutuo rapporto di filiazione, stringevano l'Europa in una capillare ramificazione a tela di ragno. Almeno fino al 1250 circa, la presenza di Roma postulava la presenza di una abbazia cistercense: sulla rotta delle crociate, nella cristianizzazione dei paesi baltici, nella civilizzazione della Prussia, nell'Impero Latino di Costantinopoli, nella riconquista spagnola".

FARKASFALVY D., *The use of Paul by Saint Bernard as illustrated by Saint Bernard's interpretation of Philippians 3:13.* — Bernardus Magister..., p. 161-168.

The a. examines the *Paulinism* of B's spiritual doctrine by focusing on the interpretation of Ph 3:13. The twenty-five occurrences of the quotation show a rich heritage of patristic exegesis which itself, since Origen and Gregory of Nyssa, heavily uses this verse when speaking about spiritual progress. B. quotes the passage rather freely and thus transforms the somewhat awkward wording of the Vulgate into a better balanced sentence. Nevertheless he pays close attention to the key-words and attaches a quasi-technical meaning to each expression, by referring them to important terms of his doctrine on spiritual life. In this way a large amount of augustinian anthropology is connected with the use of this passage. Quite special is B's understanding of the expression *se extendere*. He connects to this term his understanding of spiritual progress as self-transcendence performed under the influence of divine grace. It seems that his understanding of self-transcendence goes beyond patristic antecedents and represents B's personal insights and inner experience.

FARKASFALVY D., *The first step in spiritual life: conversion.* — La dottrina..., p. 65-84.

For B. *conversio*, never complete in this life, is to be continued by an ongoing effort of continued spiritual progress. *Conversio* should become a *spiritualis conversatio* in which we should persist until the end of our lives. This is what one of B's favorite Pauline phrases, *ambulare in spiritu*, means: leading a lifestyle in which the progress of purification, the assertion of the leadership of the spirit and the disciplining of the flesh is carried out as a permantent task. With such a future-oriented understanding of *conversio* B. ultimately succeeds in making us transcend the remembrance of past (*recogitatio in amaritudine*) and encourages us to see even the sinful past as a matter redeemed by God's mercy and therefore a source of encouragement, hope and eschatological anticipation. B's summaries of his conception of the spiritual life as a whole are solidly built about two poles: the ongoing process and the partial yet real anticipation of the vision of God, as source of joy and hope. Conversion which appears to be the first step of spiritual life is, therefore, a permanent feature of the *spiritualis conversatio*. It is false to attribute to B's spirituality a basically pessimistic outlook and say that he owes it to Augustine or the Augustinian tradition. His spirituality keeps the basically Benedictine balance according to which the steps of humility lead to the joy of love that expands over the heart. Yet in B's doctrine the spirituality of the *RB* is linked with the new sophistications of the XIIth-century's theology with its anthropological and psychological outlook. The task is a *reditus* as it is stated in the *RB*: *ut ad eum per oboedientiae laborem redeas a quo per inoboedientiae desidiam recesseras*. This *reditus* is at the same time a *reditus ad cor*, a return to the self and thus a reconstruction of our lost spiritual dignity, our dissipated reflexivity, our loss of seeing the truth and being able to love. This return to God is connected with a humanistic program: the rediscovery of the lost self, the reconstruction of the lost unity of mankind, and ultimately regaining paradise lost.

FARKASFALVY D., *Algunos aspectos de la Cristología de san Bernardo.* — Schola caritatis 1990, nº 119, p. 36-43.

El a. desarrolla el tema adentrándose en la doctrina de B. para detectar lo que fue Cristo par él, indicando algunas características de la misma, en la cual se daba una mezcla especial de humanismo y espiritualismo, que llenaba el corazón del santo, hasta el punto de llevarle a "un amor creciemente espiritual, que será completo cuando estemos plenamente unidos a Cristo en su estado espiritual de glorificación".

FASSETTA R., *Le rôle de l'Esprit-Saint dans la vie spirituelle selon Bernard de Clairvaux.* — La dottrina..., p. 349-389.

Aucun écrit de B. n'est expressément consacré à l'Esprit-Saint, mais les textes qui le concernent foisonnent en toute son œuvre. Cette présence diffuse de l'Esprit n'est pas facile à cerner. Voilà pourquoi cet aspect n'a pas encore reçu des théologiens l'attention qu'il mérite.
B. place toute la vie spirituelle de l'homme sous le souffle de l'Esprit-Saint. Il est le don par excellence que le Père désire nous prodiguer et que nous devons demander avec instance. C'est lui qui répand en nos cœurs l'amour de Dieu. C'est encore l'Esprit qui prépare l'âme à l'union mystique par le nécessaire et rude travail de la conversion. Chez B., l'union de l'âme avec le Verbe, figurée par le symbole du mariage, n'est pas le terme ultime de l'aventure spirituelle. L'union au Verbe incarné est le lieu de notre insertion dans la vie même de la Trinité. L'Esprit du Père et du Fils nous introduit dans les relations de connaissance et d'amour qui unissent entre elles les Personnes divines. La mystique de B. s'achève en communion trinitaire.

FAURE R., *Une tradition, un homme, une éthique pour notre temps.* — Sources. La revue de l'aventure intérieure, nº 28, juillet-septembre 1990, p. 8-14.

FEISS H., *Bernardus scholasticus: The correspondence of Bernard of Clairvaux and Hugh of Saint Victor on baptism.* — Bernardus Magister..., p. 349-378.

B. had considerable contact with the canons regular of Saint Victor. A no longer extant query from Hugh of Saint Victor (H.) brought about a long response from B. H. asked B. to deal with four opinions, three of which were concerned with theories on baptism associated with Peter Abelard; the fourth was a theory of B. himself. B's reply shows him to be a master of the techniques of nascent scholasticism. The analysis of B's argumentation is followed by a translation (p. 360-377: *Bernard of Clairvaux, Letter 77 to Master Hugh of Saint Victor*) of his letter-treatise, which does not seem to have appeared in English translation until now.

FEISS H., *St. Bernard's Theology of Baptism and the Monastic Life.* — CS 25, 1990, p. 79-91.

Le Christ excepté, tous naissent de parents pécheurs. La faute originelle en tant que tache est enlevée par le baptême, mais, pour B., tous retombent ensuite dans le péché en sorte que la vie du chrétien va de l'innocence recouvrée au péché personnel et au second baptême quotidien d'une vie de pénitence. Or, pour lui, il est difficile de mener une vie pénitente hors du cloître. Son pessimisme à l'égard de la possibilité de mener une vie pleinement chrétienne dans le monde est partagé par les théologiens monastiques de son temps.

FEISS H., *The spirituality of St Bernard for managers.* — CS 25, 1990, p. 267-276.

L'a. remarque qu'il y a peu de différence entre diriger une administration séculière ou une organisation d'Eglise, et qu'ainsi la même spiritualité est requise dans un cas comme dans l'autre. Il établit ce qu'elle doit être en se basant sur le *De consideratione ad Eugenium papam.*

FIGUET J., *La Bible de Bernard: données et ouvertures.* — Colloque de Lyon...., p. 237-269.

"Saint Bernard *parle Bible* au long de tous ses écrits". Connaître toutes les sources bibliques de B., tous les mouvements intérieurs qui l'ont porté vers tel choix intellectuel, affectif ou artistique, tous ses liens avec chacun de ses pairs du XIIe siècle, et aussi toute sa singularité, sans omettre les étapes de son évolution, avec causes prochaines et lointaines? N'est-on pas tenté par un projet utopique?
P. 268: "Pendant plusieurs siècles, la Bible n'a-t-elle pas, pour partie, été transmise au monde chrétien par la Bible bernardine, cette Bible latine, liturgique et patristique? La Bible n'a-t-elle pas été quelque peu perçue comme elle l'avait été par B.? Quel lecteur de B. ne serait curieux de connaître l'influence qu'a eue sa Bible sur la nôtre?"

Figuet J., *Des jeux de mots de saint Bernard... à saint Bernard.* — CollC 52, 1990, p. 66-83.

Pour connaître l'homme B. caché derrière le personnage historique de premier plan, une voie a paru possible à l'a.: observer le style et prolonger l'analyse littéraire par un recours à des données psychanalytiques; comme le lapsus, le jeu de mots nous parle de son auteur.
La connaissance de l'étrange pouvoir caché du jeu de mots peut aider à s'abandonner à lui sans crainte et à mieux savourer une page de B. Luimême ne nous a guère laissé de réflexions personnelles sur cet exercice si fréquent, au demeurant habituel à son siècle.

Firenze, v. *I Templari e san Bernardo...*

Fleckenstein J., *Die Rechtfertigung der geistlichen Ritterorden nach der Schrift "De laude novae militiae" Bernhards von Clairvaux.* — Ders., *Ordnungen und formende Kräfte des Mittelalters. Ausgewählte Beiträge.* Göttingen 1989, S. 377-392.

– Erstveröffentlichung in *Die geistlichen Ritterorden Europas.* Herausgegeben von Fleckenstein J. & Hellmann M. Sigmaringen 1980, S. 9-22 (Vorträge und Forschungen, 26).

Fonseca C.D., *La storiografia bernardina da Vacandard a Leclercq.* — Bernardo cistercense..., p. 1-18.

Dans son allocution inaugurale lors du congrès historique tenu à Todi (voire sous le titre *Bernardo cistercense*) C.D. F. parcourut l'historiographie consacrée à B., de Vacandard à Leclercq, et s'étalant sur près d'un siècle, notamment de 1895 à 1989.

Fornasari G., *Bernardo e l'Impero.* — Bernardo cisterciense...., p. 81-107.

Les conclusions de G.F. s'orientent dans de sens "dell'irrelevanza del momento politico per Bernardo, e quindi anche dell' irrelevanza dell'imperium e dei regna nella sua riflessione politica (nonostante i duo gladii e nonostante le considerazioni che si sono espresse in precedenza)..." (p. 106).

Forster G., *Three short sermons on the Ascension.* — CS 25, 1990, p. 3-8.

Translated from B's sermons *De diversis.*

FOSSIER R., *Le modèle cistercien.* — PRESSOURE & KINDER, *Saint Bernard...*, p. 65-67.

L'a. présente les cent cinquante (premières) années d'existence des moines blancs. Après une phase d'abord lente, puis accélérée d'essor, ils connurent leur apogée autour de 1175 et disparurent vers 1250. Tel est le schéma proposé ici auxquels adhèreront sans doute ceux qui n'envisagent que la dimension économique du phénomène cistercien, celle-ci étant vécue dans une fidélité étroite aux principes définis en la matière par les fondateurs.

FRACHEBOUD M.-A., *I primi spirituali cistercensi.* Roma, 1991, 153 p. (Piccola biblioteca cistercense).

= traduzzione italiana di M.-A. FRACHEBOUD, *Les premiers spirituels cisterciens*, Chambarand 1967.

Una semplice introduzione ai primi autori cistercensi che hanno risentito sia del fascino dell'ideale di riforma dei fondatori sia della forte tempra spirituale di B. tanto da costituire una vera e propria scuola di teologia e di esperienza mistica.

FRADIN E., *L'actualité de Saint Bernard.* — Journées Saint-Bernard..., p. 61-77.

P. 62: "Ce n'est pas par hasard qu'on l'à appelé *la conscience de son siècle.* Peu d'hommes ont porté en eux-mêmes à une telle profondeur les aspirations et les problèmes de leurs contemporains, si bien que son expérience exceptionnelle garde une valeur universelle et actuelle. Le monde moderne a besoin de grands témoins et de repères simples et clairs pour affronter la modernité".

FRANCE J., *From Bernard to Bridget: Cistercian contribution to a unique Scandinavian monastic body.* — Bernardus Magister..., p. 479-495.

Although separated by two centuries and from opposite ends of Christendom, B. and St Bridget of Vadstena had a great deal in common: a privileged background, a distrust of what was taught in the schools, an exceptional magnetism, and a strength of personality which found its expression in their intervention in the most important political causes of the day. Bridget's contact with the Cistercians at Alvastra, and especially with her confessor and biographer, Prior Peter Olafson, had a profound influence on her and on the Rule for her Order which she dictated to him. The role of her monks — to enable the nuns to pursue their religious duties — was modelled on the male element which had evolved at cistercian nunneries to fulfull the same function. A fervent marian cult, lack of ostentation in architecture, and uniformity and simplicity in the chant are further evidence of cistercian influence.

FRANK G.L., *St Bernard of Clairvaux and the tradition of the Christian East.* — Sobornost 14, 1992, p. 37-47.

Nederlandse vertaling: FRANK G.L., *Bernardus en het christelijk oosten.* — Benedictijns tijdschrift 54, 1993, p. 118-125.

De theologische benadering van B. en die van het orthodoxe oosten vertonen verschillen, doch zijn tevens sterk verwant. P. 125: "Beide theologieën leggen uitdrukkelijk verband tussen verstand en ervaring, ruimen een plaats in voor de logica, maar laten de ervaring vooropgaan. Beide theologieën veronderstellen het kerkelijk leven als hun geëigende milieu en niet de speculatieve en academische sfeer van de universiteit.
B. heeft zijn tegenstander Abélard verslagen, maar het onderliggende theologische conflict verloor hij: de theologie in het westen ontwikkelde zich tot een positieve en speculatieve discipline. De scholastiek zegevierde over de mystieke theologie, die wel niet helemaal verdween maar toch op een zijspoor werd geschoven. In tegengestelde richting ontwikkelde zich de theologie in het orthodoxe oosten: daar kreeg de mystieke theologie de overhand op de scholastieke tendentie. Symeon de nieuwe theoloog werd als heilige vereerd, en niet Stephanos van Nikomedia. Het orthodoxe oosten heeft de ervaringstheologie van vroegere eeuwen weten te bestendigen. Het verschil tussen oost en west komt in het westen vooral naar voren in de tanende invloed van de patristische geest, die in de vroege eeuwen beide gemeen hadden".

FRANK W.A., *Sine proprio: On liberty and Christ. A juxtaposition of Bernard of Clairvaux and John Duns Scotus.* — Bernardus Magister..., p. 461-478.

The a. first demonstrates that Duns Scotus did not hold B. as one of his *auctoritates* to any significant extent. The textual evidence shows remarkably minimal use by Scotus of bernardine texts or doctrines. The second major section of the study then undertakes a comparison of analogous doctrines from each thinker. The topics developed are: freedom and the love of God; christocentrism; the ontology of the human person. In Scotus' view, the human person is such that he can give up what is his ownmost, the very root of his independent existence, in the interest of perfect love of God, a love most perfectly manifest in the love of the Son for the Father. This scotistic spiritual movement bears interesting comparison with the better known bernardine spiritual ascent from sinful *proprium*, through freedom and Christ, to the love of God.

FRIEDLANDER C., *Saint Bernard and the Trappists in the nineteenth and twentieth centuries.* — Bernardus Magister..., p. 557-567.

The nineteenth-century Trappists' view of B. is somewhat elusive. They seem to have considered him an object of devotion and a model of observance rather than a source of doctrine, although the *Directoire spirituel à l'usage des Cisterciens Réformés vulgairement dits Trappistes* (Paris 1869) quotes him often and witnesses to some understanding of his spiritual perspective. The twentieth century turned to B. in its search for renewal, and there has been a significant development of bernardine scholarship among members of the Strict Observance. The earliest publication to evidence a perception of B. as a theologian was the work of nuns.

FRIEDLANDER C., *Le gouvernement de Cîteaux.* — PRESSOURE & KINDER, *Saint Bernard...*, p. 69-73.

C.F. montre l'originalité cistercienne en matière de droit. Par rapport à Cluny, la nouveauté ne se situe pas sur le plan local mais au niveau des relations entre les monastères. L'organisation définie par la *Charte de charité* garantit l'indépendance du supérieur et la surveillance de l'Ordre par le double jeu de la filiation et du Chapitre général. L'évolution au cours des siècles montrera que les écarts engendreront de graves préjudices pour la vitalité de l'Ordre. Quoiqu'imparfaitement, les structures adoptées au cours des deux derniers siècles se rapprochent de celles des origines.

FRISQUE X., *St. Bernard and the sung word. A reading of St Bernard's Letter to the Abbot of Montiéramey.* — Liturgy 27, 1993, p. 63-83.

Writings of Cistercian fathers relating their concrete experience of liturgical chant are rare. This is especially true in the case of B., who addressed himself intentionally to this theme in scarcely more than this Letter 398 to the Abbot of Montiéramey (M.). B's preoccupations in this letter reveal the whole of his spiritual journeing associated with liturgical chant. This journey begins with B's creative search for the St. Victor Office — a search which is also rooted in B's love for the Word of God and love for his brethren in the Church. To this end, B. wants to stress in the very life of St. Victor that experience of the sung Word which he proposes to the monks of M.

GALLEGO T., *San Bernardo. Apuntes biográficos para los primeros años.* — C 42, 1990, p. 413-433.

Plan: 1. El país y el ambiente social. — 2. La familia de B. — 3. Los primeros años. — 4. Formacción ulterior y estudios de B. — 5. La vocación.
Se ha dicho que B. era para Císter, y Císter para B. Pero podemos decir que B. es más que Císter, que aunque la afirmación contraria también es cierta. Más que Císter en el sentido de que, aunque se adhirío a Císter de todo corazón, sin embargo era una persona elegida por Dios para hacer una obra en la Iglesia y en el mundo de su tiempo que desbordaba los límites de un monasterio.
B. vivió en una época de plena renovación de la Iglesia y de profundos cambios sociales — Reforma gregoriana, renovación monástica, concilios, que se esforzaban por renovar a la Iglesia, así como el nacer de la Escolástica, la creación del gótico, el surgir de las ciudades, etc. Sin pretenderlo, B. se vio envuelto en este torbellino, e intervino decisivamente en la renovación de la Iglesia y de la vida monástico, influyendo muy notablemente en la orientación de la historia social, cultural y también política de su tiempo.

GARCIA J.M.F., *El camino de salvacíon y la orden del Císter.* — Actas. Congreso..., p. 1077-1084.

P. 1079: "La salvación en nuestro contexto es el mejoramiento, la perfección, el ascenso en el bien, la beatitud, es decir el amor intelectual de Dios a través del perfeccionamiento del entendimiento, el trabajo y la caridad, por cuyos medios se anticipa la felicidad, hasta que ésta se produzca plenamente en la unión con Dios. No se entra en ningún tipo de análisis o exégesis de la gran obra publicada de B., y su interpretación a la luz de los tiempos, sino que, sencillamente, se discurre simplemente sobre el *ora et labora* del pensamiento racional-racionalista que acotamos a continuación".

GARCIA F., *"Lo visible encuentra su explicación en lo invisible". Los sermones In dedicatione ecclesiae de San Bernardo.* — CM 25, 1990, p. 379-395.

La fiesta de la dedicación de una iglesia, o la celebración del aniversario, es una fiesta de la *ekklesia*, de la comunidad redimida por la sangre de Cristo que en el edificio de piedra se contempla a sí misma. En la dedicación de la iglesia se celebra simbólicamente, y luego se conmemora todos los años, su consagración como "esposa de Cristo" a través de los misterios de su Esposo: la iniciación por medio del bautismo, la efusión del Espíritu y la celebración de la eucaristía.
La casa que forman los fieles es un templo porque está hecha y edificada por seres consagrados, que ofrecen durante toda su vida sacrificios espirituales y han sido consagrados porque han sido llamados para construir un nuevo pueblo de Dios, una nación santa.

GARRITTY R.M., *Bernard of Clairvaux and John of the Cross: Divergent views of human affectivity in Christian spirituality.* — Dissertation Catholic University of America, Washington D.C., 1990, 321 p.

Human affectivity is a vitally important theme in Christian spirituality, as is indicated by the writings of the classical mystical theologians, B. and John (J.) of the Cross. B. and J. have quite divergent views of human affectivity, with B. seeing emotion as a reliable guide in leading us to union with God, J. remaining more suspicious and insisting that our reliance on affect must be ever transcended and purified as we ascend toward union with God. They invite contemporary readers to participate in a dialogue with the texts regarding truths about life itself, authenticity, deeper self-knowledge, and human liberation. Because of its focus on the affective roots of personal attachment and attraction, the language of addiction recovery (emphasizing the concepts of shame, sobriety, and true self) provides a useful interpretive framework for analyzing the respective theologies of affectivity of B. and J. B's theology of the human person as the wounded image of God, together with his gift of articulating and evoking the affective dynamics of the human heart in its progress toward union with God, make him a prominent theological spokesman of the kataphatic strand in Christian spirituality.

GASTALDELLI F., *Le più antiche testimonianze biografiche su San Bernardo. Studio storico-critico sui "Fragmenta Gaufridi"*. — AC 45, 1989, p. 3-80.

Argumento di questo studio è il testo tradizionalmente chiamato *Fragmenta Gaufridi* contenuto in un manoscritto di Orval, migrato nel 1909 all'abbazia di Tamié. Il testo ha avuto la mala ventura di essere stato più volte malamente pubblicato, al punto che nessuno si accorse che non si tratta di un unico testo, ma di due testi distinti, il primo (*Fragmenta-1*)

dei quali è molto breve e anonimo, il secondo (*Fragmenta-2*) molto più lungo è quello attribuito a Goffredo d'Auxerre. Pertanto l'espressione *Fragmenta Gaufridi* deve intendersi referita solo al secondo testo.
Diversi problemi sono trattati: carattere e datazione di *Fragmenta-1* e di *Fragmenta-2*, analisi di *Fragmenta-1* con una appendice sul sogno di B. fanciullo ivi contenuto, l'autore di *Fragmenta-2* e il suo destinario (che non risulta essere Guglielmo di Saint-Thierry come è sentenza comune, ma più verosimilmente Rinaldo ex-abate di Foigny) con una ipotesi sull'autore di *Fragmenta-1*, analisi di *Fragmenta-2* con un commentario ai singoli capitoli, valutazione degli elementi caratteristici di *Fragmenta-2*: miracoli (soggetti, ritualità, contestazioni), visioni e sogni, infine ricerca del significato di *Fragmenta-2* nel capitulo finale *Miracoli e santità "adhuc in proposito"*.
P. 67: "... è possibile rilevare un carattere generale di *Fragmenta-2*, che si presenta come un archivio di notizie o di memorie, di varia provenienza e natura, dove prevalgono nettamente, e si puo dire esclusivamente, i fatti sopranaturali. Un archivio provvisorio e occasionale, come opera incompleta e aperta, da essere letta per edificazione, da essere sfruttata come schedario di fatti, e da essere pure continuata: ad essa possono essere infatti collegati gli altri racconti bernardiani sparsi nel opere di Goffredo, dove è evidente che l'autore ha continuato ad arricchire il suo personale archivio e l'ha riversato a poco a poco nei suoi sermoni e nel *Super Apocalypsim*".

GASTALDELLI F., *Teologia monastica, teologia scolastica e lectio divina*. — La dottrina..., p. 25-63.

Ispirata dalla *lectio divina*, comunicata con il linguaggio simbolico, la teologia monastica descrive l'esperienza di Dio, sia quella straordinaria della contemplazione vera e propria, breve e rara, sia quella ordinaria e quotidiana del progresso spirituale. Le ricerche sul linguaggio e sull'esperienza, benché meno praticate, possono diventare molto promettenti, perché la cultura contemporanea offre su questi argomenti strumenti sempre più raffinati di ricerca. J. Mouroux (*Sur les critères de l'expérience spirituelle...*, 1953) è partito da base troppo limitativa: una definizione astratta, per non dire fumosa: *prise de conscience d'une structulr vécue, approfondissement d'une réalité structurée*, ecc. per la quale è esclusa programmaticamente l'investigazione psicologica, e sulla quale si dice possibile solo la ricerca filosofica o teologica. Gli studi successivi di Leclercq e di Dumont hanno invece messo in rilievo il carattere pratico e concreto della dottrina di B., come del resto puo vedersi dalle ricerche sul desiderio di Dio.

GASTALDELLI F., *Ricerca ed esperienza di Dio secondo san Bernardo*. — RC 8, 1991, p. 133-154.

La dottrina spirituale di B. è stata chiamata mistica da M. Grabmann (1911), teologia mistica da E. Gilson (1934), teologia monastica da J. Leclercq (1953). Oggi si preferisce quest'ultima espressione, perché richiama meglio gli elementi specifici della dottrina dei monaci medievali e di B. in particolare. La parola mistica tuttavia conserva ancora il suo valore perché richiama un altro elemento specifico, che è l'esperienza di Dio. L'esperienza di Dio nella teologia monastica si pone sulla linea generale dell'esperienza religiosa, ma in un quadro specifico di risorse e di gradi, che puo avere come culmine — non necessario anzi del tutto eccezionale — l'esperienza mistica. Nuclei fondamentali dell'esperienza di Dio, quale è eposta nell'itinerario proposto da B.: dalla conoscenza di sé alla coscienza della propria miseria, dalla riscoperta della propria originaria dignità al ricupero graduale della somiglianza con Dio in un continuo consenso alla sua grazia e in una progressiva purificazione dell'amore per il Cristo secondo la carne e secondo la sua divinità. Questa esperienza non è irrepetibile fuori dal chiostro. Essa prende avvio dalla Parola di Dio, che è rivolta a tutti; si modella sulla storia della salvezza, che è per tutti; presuppone la condizione umana, non necessariamente quella monastica. B. si rivolge al monaco in quanto uomo peccatore ma *capax Dei*. L'esperienza monastica è dunque un modello aperto, che puo essere rivissuto da tutti quelli che cercano Dio. E questo può essere il dono di B. e del monachesimo al mondo odierno.

GASTALDELLI F., *San Bernardo e l'Immacolata Concezione. Significato storico e teologica della lettera "Ad canonicos Lugdunenses"*. — Respice stellam..., p. 111-124.

GASTALDELLI F., *San Bernardo e l'Immacolata Concezione. Le ragioni teologiche della lettera 174.* — RC 7, 1990, p. 159-170.

= Reprise de l'article paru dans *Maria, Caterina e altri Roma.* Centro nazionale di studi cateriniani, 1989 (Quaderni del Centro nazionale di studi cateriniani 1988, p. 27-41. — Texte original: AC 44, 1988, p. 190-200.

L'a. se propose de considérer les thèmes théologiques de la Lettre 174, afin d'éclairer la question controversée: comment B. se situait-il par rapport à l'affirmation de l'Immaculée Conception? Il met en évidence les points d'appui doctrinaux qui soutiennent et expliquent la position de B., il en illustre les thèmes et en discerne les prémisses; en d'autres mots: il situe la logique théologique de B. dans son contexte doctrinal et historique. La thèse de l'a. est que B. n'a pas pris position par rapport à la bulle de Pie IX, mais par rapport à l'introduction d'un culte nouveau, en

désaccord avec les critères qui, à l'époque, servaient de cadre à la dévotion mariale.
Conclusion de cette reconsidération de la théologie mariale de B., "surévaluée sous l'angle de la dévotion, trop peu estimée sous celui de la réflexion" (p. 40): B. a dit bien plus qu'un "non" envers une nouvelle dévotion; sans qu'il l'ait voulu, il a fourni en effet de précieux critères pour la penser de façon correcte.

GEIBIG J., *Der hl. Bernhard und die Europa-Idee — heute.* — Privates Gymnasium Marienstatt. Schulbrief 1990, S. 59-66.

A Noël 1146 l'empereur Conrad III et B. se sont rencontrés à Spire. Ce rencontre peut être considéré comme un premier pas vers l'entente européenne. L'idée se poursuit encore aujourd'hui: l'Europe a besoin de l'esprit et de l'amour de B. pour se construire solidement.

GERMAIN Mgr, *Saint Bernard, Abélard et la rupture du XIIe siècle.* Saint Bernard: les cisterciens..., p. 311-316.

L'a. se plaît à évoquer ce moment de l'histoire où la sainteté et la théologie ne vont plus de pair, où apparaît un dualisme entre la connaissance de Dieu et la mystique.

GHISALBERTI A., *L'ascesa a Dio in San Bernardo.* — Bernardo cistercense..., p. 215-230.

Circa l'autonomia del sapere nel B., molte analisi sono già state fatte, sopratutto per demarcare l'ambito della scienza che impedisce all'uomo di giungere alla propria salveza (*scientia quae inflat*), rispetto a quella scienza che è *sapientia, sapida scientia*, e coglie unitariamente le espressioni più autentiche dell'uomo e del cosmo. E certo che B. ha giudicato utile ogni sapere, scienza o filosofia, che non pretendesse di essere quello più elevato o quello esaustivo: nella visione infatti ogni scienza sarà inutile. Cio puo essere utilmente chiarito riflettendo sul rapporto che B. stabilisce fra i tre gradi della considerazione: *consideratio dispensativa*, quella che si serve dei sensi e degli oggetti sensibili in modo da farne uso ordinato a benificio del prossimo, per meritare di giungere a Dio; *consideratio aestimativa*, la quale studia e valuta ogni cosa per giungere a conoscere Dio (*ad investigandum Deum*); *consideratio speculativa* infine si concentra tutta in se stessa e, per quanto le è concesso dall'alto, si spoglia di ogni esigenza umana per contemplare Dio.
Nei primi due livelli possiamo vedere la configurazione rispettivamente dell'azione sociale e dell'indagine filosofico-scientifica; ma circa questi due gradi B. si premura di dire che hanno una qualche validità e possono

essere perscorsi legittimi solo se si mantengono in connessione con il terzo, quello contemplativo-sapienziale.

GILSON Et., *The mystical theology of St. Bernard.* — Kalamazoo (Mich.), 1990, xxviii-266 p. (Cistercian Studies Series, 120).

Cette partie-là de la théologie de B. sur laquelle repose la mystique bernardine, sa systématique, développée en 5 chapitres: *Regula LXXIII, Regio dissimilitudinis, Schola caritatis, Paradisus claustralis, Unitas spiritus.*
Lors de la réédition de ce livre, qui compte à peine 152 p. (suivies de 7 *Appendices around St. Bernard. Men and movements*, p. 155-214) il n'a pas été tenté de procéder à une actualisation bibliographique de ce livre encore parfaitement lisible après un demi-siècle.
La *Preface* de l'édition de 1940 (p. vii-viii) est suivie aux p. xi-xxviii de *Introduction. Etienne Gilson, St. Bernard, and the History of Spirituality* par Jean Leclercq — traduction de *Etienne Gilson, San Bernardo e la storia della spiritualità.*

GLORIEUX - DE GAND Th., *Manuscrits cisterciens de la Bibliothèque Royale de Belgique.* — Bruxelles 1990, 215 p. (Catalogue C 226).

GLORIEUX - DE GAND Th., *Cisterciënzer handschriften van de Koninklijke Bibliotheek van België.* — Brussel 1990, 215 p. (Catalogus C 226).

= traduction néerlandaise du titre précédent.

Un choix important de manuscrits cisterciens de la Bibliothèque Royale de Belgique fut exposé du 22 septembre au 31 octobre 1990. Sauf dans le texte *Saint Bernard de Clairvaux* (p. 14-18) par O. HENRIVAUX, la matière est envisagée à la lumière de la codicologie et de l'histoire de l'art. Les descriptions portent sur les manuscrits dont la provenance a été établie avec certitude: Orval, Les Dunes, Villers, Nizelles, Aulne, Cambron, Beaupré et Morimond. Une impressionante *Liste des manuscrits de provenance cistercienne conservés à la Bibliothèque Royale* (p. 197-211) complète le catalogue.
Le fameux article LXXX (ou 82 selon les éditions) des Statuts de Citeaux: *Litterae unius coloris fiant et non depictae* (les lettres seront d'une seule couleur et non peintes) exprime la philosophie de B., même si ce statut ne peut lui être attribué nommément.
Compte-rendu important par Th. Falmagne dans le *Bulletin codicologique* de *Scriptorium* 45, 1991, n° 475.

GOBBI D., *Passionale de Sanctis. Textus — Index.* — Trento 1990 (Biblioteca Capuccini). Tome II. Préface de HAIDINGER A.

Dans le *Passionale de Sanctis* du doménicain Bartolomeo da Trento (Bartholomeus Tridentinus) B. figure parmi les saints évoqués. Parmi les sources mentionnées on relève sept emprunts à la prédication de B.

GOBRY I., *Saint Bernard.* — Paris 1990, 334 p.

Biographie de circonstance. Approches: B. réformateur, fondateur, serviteur de la papauté, les affaires épiscopales, défenseur de la loi, âme de la deuxième croisade, docteur, B. intime.

GOETZ H.W., *Bernard et Norbert: eschatologie et réforme.* — Colloque de Lyon..., p. 505-525.

GOETZ H.-W., *Eschatologische Vorstellungen und Reformziele bei Bernhard von Clairvaux und Norbert von Xanten.* — Zisterziensische Spiritualität..., S. 153-169.

Erweiterte deutsche Fassung des im Juni 1990 in Lyon gehaltenen Vortrags *Bernard et Norbert: eschatalogie et réforme.*

Man darf feststellen, daß eine Endzeiterwartung, in den wissenschaftlichen Traktaten eher in Distanz gesehen, in praktischen Schriften und im religiösem "Alltagsleben" durchaus eine Rolle gespielt hat. Das nahe Ende wurde immer wieder als Möglichkeit erwogen, zugleich aber durch eine typologische Ausdeutung entzeitlicht.
S. 168: "Eschatalogische Angst erweckte vielmehr den Willen zur Reform (auch um das Ende noch aufzuhalten!). In diesen Traditionen bewegt sich offenbar Norbert (N.), dessen lebenslange Suche nach der richtigen (reformierten) Lebensform von der Überzeugung des nahen Weltendes begleitet wird und möglicherweise sogar durch diese hervorgerufen worden ist. B. äussert sich da weit vorsichtiger, unzusammenhängend, ja (bewußt?) undurchsichtig, und doch ist seine Einstellung, vom Standpunkt der Reform her gesehen, durchaus damit vergleichbar. Antichrist und nahes Weltende gehören vielleicht nicht zu den zentralen Themen seiner Lehre, und in entsprechenden Erwähnungen dient der Antichrist fast durchweg als eine typologische Figur, doch treten solche Anspielungen, als Mahnungen gedacht, in bezeichnenden Zusammenhängen auf, die auf bestehende Mißstände aufmerksam machen und die Gläubigen zur Umkehr bewegen wollen. Insofern stehen die eschatologischen Erwartungen auch bei B. in einem engen Zusammenhang mit sei-

nen Gedanken zur Kirchenreform; die Endzeitgefahr dient ihm gleichsam als Aufruf zur Reform. Damit bildet sie aber einen wesentlichen Aspekt seiner Überzeugungen, und es wäre sichterlich verfehlt, in seinen Antichristanspielungen lediglich ein taktisches Mittel sehen zu wollen. Zwar belegt keine seiner Äusserungen eindeutig den Glauben an eine unmittelbar bevorstehende Ankunft des Antichrist, aber er hielt ein nahes Weltende, von den Zeichen der Zeit irritiert, wohl auch nicht für unmöglich. Ob das nun aus Angst geschah oder weil er zweifele: B. ist Zeuge der — scheinbar paradoxen — mittelalterlichen Existenz einer Ewigkeitshoffnung auf der einen und einer Endzeitfurcht auf der anderen Seite. So gesehen, sind Bs Vorstellungen gar nicht zu weit von denen Ns entfernt. In bezug auf das Verhältnis zwischen Reform und Eschatalogie scheint es mir vor solchem Hintergrund daher wenig sinnvoll, zwischen einer apokalyptischen und einer mehr reformerischen Strömung zu unterscheiden oder gar Spannungen zwischen beiden Tendenzen zu entdecken; beide waren vielmehr auch aufeinander bezogen. Man wollte die Reform freilich nicht, um das Ende vorzubereiten, sondern eher, um es aufzuhalten. Sicherheit war in dieser Frage ohnehin nicht zu erlangen. Anders als N. war B. daher vorsichtig (oder auch unsicher) genug, sich eindeutig festzulegen und sich — von späteren Forschergenerationen — eindeutig festlegen zu lassen".

GOMEZ I.M., *Los textos clave de la espiritualidad de Bernardo de Clairvaux.* — Actas. Congreso..., p. 1043-1075.

Los libros más citados son: *Sapienciales* — en ellos van incluidos los Salmos — los *Evangelios* y el *Corpus paulinum*. La espiritualidad de B. es fundamentalmente neotestamentaria y dentro de NT, esta espiritualidad habrá de calificarse como paulina y evangélica. Ocho temas clave: angelogogía, soteriología, cristología, pneumatología, escatalogía, mariología, teología mística y teología moral. "Es decir, que la cristología y la teología moral son los temas que principalmente acaparan la atención de B. Siguen la soteriología y la escatología en un discreto segundo plano" (p. 1075).

GONZALEZ L., *El hombre y la existencia en las categorias doctrinales de S. Bernardo.* — C 43, 1991, p. 735-765.

La doctrina de B. es un escalón más en la historia de la humanidad para que el hombre sea cada vez más hombre. Su doctrina no es un absoluto, y la prueba está en que desarrolla una temática que es una constante ancestral, la aspiración del hombre a encontrarse consigo mismo; ahora bien, lo hace desde el prisma de la fe.
El a. comproba también que no es posible anteponer fe y cultura, o fe y razón. La recta razón conduce a los umbrales de la fe aunque el "plus"

sea eso, un añadido, un don que es oferta universal por parte de Dios; desde esta perspectiva no se ha hecho otra cosa que, desde un plano existencial y antropológico, volver a encontrarnos con los *Preambula Fidei* en el sentido de que indirectamente la existencia del hombre postula la existencia de Dios, como existencia del *ser*.
Interpretar a B. con categorías existenciales. Resulta así que su riqueza doctrinal se abre para el hombre de nuestro tiempo siendo posible acceder a su obra sin prejuicios ni esquemas arcquetípicos previos, puesto que, fundamentalmente, ofrece su respuesta a lo que constituye la búsqueda de todo hombre. De ahí su redoblado valor, ya que adquiere una densidad y contenido nuevos que no obliga a convertirse a B. sino a encontrar lo que a cado uno le dice de sí mismo.

GRIVOT D., *Saint Bernard et Pierre le Vénérable.* — Saint Bernard et la recherche..., p. 85-99.

Cîteaux is much more than a mere reaction against Cluny. B. and Peter the Venerable (P.) stand for two spiritualities, two styles of life: "à Cluny, on chantait à longueur de journée, on éduquait des enfants, on recevait des pèlerins, on nourrissait des pauvres, quitte à se ruiner, on vénérait des reliques bonnes à faire des miracles, on s'exposait évidemment à de grands risques, mais on chantait la gloire de Dieu. A Cîteaux, on refusait les enfants, on ne faisait pas de spectacles, mais on restait joyeux, on chantait la pauvreté du Christ, son Incarnation, sa bonté; B. avait le don de faire plaisir..." (p. 98). Rather than contrasting them, we should point out that which makes B. and P. close: both entered into religion with other members of their families, who sometimes were drawn in by them — by B. especially; both are familiar with miracle. They were to clash in several circumstances, about Abelard as is well-known. Yet praises of Cluny by B. will come up, and veneration for B. is evinced by P.

GUERREAU A., *Quelques remarques statistiques sur le corpus des exempla bernardiniens.* — Vies et légendes..., p. 141-151.

L'a. a procédé à une analyse statistique du corpus des exempla retenus dans l'article de J. Berlioz, M.-A. Polo de Beaulieu et C. Ribaucourt, soit 142 occurrences distribuées entre 23 recueils et 73 types. Parmi les résultats de l'analyse se trouve mis en évidence un élément important pour l'interprétation des données littéraires sur B. Il semble bien que se trouve accentuée au cours des siècles la part du thaumaturge et de l'homme de Dieu luttant contre les péchés, alors que l'action de B. au sein du monastère tend à décroître. Mais surtout, alors que règne trop souvent l'idée que le Moyen Age, à partir du XIIIe siècle, vit sur un stock quasiment immuable de récits exemplaires, l'analyse statistique montre que, tout au moins dans le cas de B., le renouvellement est incessant.

HÄRDELIN A., *Bernhard av Clairvaux, teolog mellan patristik och skolastik. En föreläsning.* — Florilegium patristicum. En festskrift till Per Beskow. Cura G. HALLONSTEN, St. HIDAL & S. RUBENSON. Stockholm 1991; p. 107-122.

HELLER D., *Schriftauslegung und geistliche Erfahrung bei Bernhard von Clairvaux.* — Würzburg, 1990, IX-228 S. (Studien zur systematischen und spirituellen Theologie, 2).

Diese 1988 an der ev.-theol. Fakultät Heidelberg approbierte Dissertation untersucht Bs Umgang mit der Hl. Schrift, seine Theorie von der Auslegung wie seine Praxis. D.H. wählt eine Methode, die diesem Vorhaben und damit B. überhaupt angemessen ist: weder ein Denksystem noch eine Begriffsanalyse, sondern ein phänomenologischer Zugang, der Schriftauslegung und Erfahrung als ins monastische Milieu eingebettete Phänomene betrachtet. D.H. prüft Bs Schriftgebrauch und legt als Ergebnis Prinzipien der Auslegung vor: Schriftauslegung zielt auf Aktualisierung; durch die Methode der Allegorese wird der jeweilige Vers erfahrbar gemacht und existentiell interpretiert. Die inspirierte Hl. Schrift und ihre Auslegung dient B. als Nahrung auf dem Weg zu Gott und als Mittel zur Reinigung der Seele. Sie zielt in ihrer christologisch-trinitarischen Verankerung auf ein spezifisches Verstehen und auf eine spezifische geistliche Erfahrung, für die der Rahmen monastisch-geistlichen Lebens konstitutiv ist und die sich als Einzelerfahrung, die der Mönch bei Gebet, Meditation, Bußübungen und im Umgang mit seinen Brüdern macht, sowie als Wechsel von An- und Abwesenheit Gottes darstellt. M.a.W.: Verstehen von Schrifttexten ist nur in Verbindung von persönlich-praktischer Christusnachfolge, innerer Ausrichtung auf Gott in gläubiger Sehnsucht und im Nachvollzug der Liturgie möglich. Das erkenntnisleitende Prinzip der Schriftauslegung ist geistliche Erfahrenheit; Schriftauslegung setzt eine solche auch schon voraus: sie ist Leben mit Gott und will hinführen zum Leben mit Gott. Bs monastische Auffassung von der Struktur geistlicher Erfahrung in Liturgie, persönlicher Betrachtung, Askese, steckt den Rahmen seiner Exegese ab und ist ihr hermeneutischer Schlüssel. Der ursprüngliche biblische Kontext spielt für Bs Exegese keine Rolle mehr.

D.H. will zugleich einen Beitrag zur Geschichte der Exegese leisten. So ordnet sie B. in die Praxis der Schriftauslegung ein, wie diese in der Tradition (Origenes, Gregor von Nyssa, Augustinus, Hieronymus, Cassian, Gregor der Grosse) und von Bs Zeitgenossen (Rupert von Deutz, Hugo von St. Viktor, Wilhelm von St. Thierry) geübt wurde. In der Folge zeigt sie, daß B. zu Recht "der Letzte der Väter" heißt, Auslegungstraditionen kennt und äussere Methoden übernimmt, jedoch an einigen Punkten diese auch hinter sich läßt, etwa in der Erweiterung und Konkretisierung des Verständnisses von Verstehen im Hinblick auf den ganzen Menschen. Mit der Tendenz zum Subjektivismus dient Bs Exegese primär der Suche nach dem persönlichen Heil; sie ist von seelsorgerlichem Interesse geleitet. Ein Ausblick auf die in der Forschung schon mehrmals beobachtete Parallelität von B. und Luther führt zur Ausgangsfrage — dem Verhältnis von Glaube und Erfahrung — zurück und ist damit nicht nur für die protestantische Theologie von Interesse. Hellers Dissertation ist ein weiterer Schritt in der Neubewertung Bs im Gesamt der Tradition, aufgewiesen anhand einer zentralen Frage. Denn am Erfahrungsbezug der Theologie hängt ihre Überzeugungskraft, und ein Glaube, der sich nicht mehr vor der Vernunft ausweisen kann, entspricht nicht mehr dem Auftrag der Bibel.

HELLER D., *Die Bibel als Grundlage der Anthropologie Bernhards von Clairvaux. (Beobachtungen an ausgewählten Beispielen).* — La dottrina. .., p. 123- 140.

Wenn B. biblische Bilder verwendet, in denen er die Grundsituation des Menschen vor Gott ausgedrückt findet, dann findet er sich dabei in Einklang mit Gottes Wort. Nur in diesem Sinne ist Bs Anthropologie als biblisch zu bezeichnen. Es ist beeindruckend, wie aussagekräftig die biblischen Bilder in Bs Verständnis werden. Bilder sind dynamisch, sie sind offen für verschiedene Deutungen, die aber dennoch nicht nur der Willkür überlassen sind. Eine bildhafte Sprache wird dadurch sehr viel reichhaltiger und ist geprägt von einer Freiheit, die einer rein begrifflichen Sprache oft abgeht. Vielleicht kann B. uns gerade dazu führen: Die Furcht vor Mißverständnissen, die zu immer engeren Definitionen und Abgrenzungen führt, könnte abgetan werden zugunsten einer grösseren Freiheit des Geistes, in der die Liebe stärker ist als die Furcht. B. hat daher eine Bedeutung für die ökumenische Verständigung: Abgrenzung in engen dogmatischen Begriffen und Definitionen trennt, die Weite und Freiheit von Bildern aber bietet Raum, in dem sich verschiedene Meinungen wiederfinden können.
S. 140 "Ich meine damit nicht, daß wir zu einem Denken zurückkehren könnten, wie es B. zu eigen war, aber ich meine, daß wir an diesem Punkt etwas von ihm lernen können: uns vom Geist der Liebe leiten zu lassen".

HENNEAU M.E., *Bernard de Clairvaux, du classicisme aux Lumières: destin d'une œuvre, image d'un homme.* — Vies et légendes..., p. 291-305.

Après un XVIIe siècle profondément attaché à B., source inépuisable de références spirituelles, gloire de l'Eglise de France, docteur marial et melliflue, modèle d'humilité et de sagesse, guide pour la conversion des mœurs et la réforme de la vie religieuse, en un mot *saint* B., apparaît un B., homme brillant, personnage historique de premier plan, prédicateur éblouissant, conseiller des princes, défenseur de l'Eglise et de la foi, mais aussi, à cause de cela, un homme d'Eglise, jaloux de son institution et du rôle qu'il y joue, fermé au dialogue, voire même intolérant. D'autres hommes ne pêuvent supporter cette remise en cause d'un saint homme et de son Eglise, qui est la leure. Mais leurs réactions aussi vives que maladroites arrivent déjà trop tard.

HENSE E., *Ein Wort von Feuer.* — Geist und Leben 63, 1990, S. 401-405.

S. 401: "B. (...) war um Worte nicht verlegen". Poetischer Text einer literarisch begabten Authorin.

HERNANDEZ R., *San Bernardo en las fuentes de vida dominicana del siglo XIII.* — Actas. Congreso..., p. 1173-1184.

El presente trabajo e limitado al análisis de tres puntos, que manifiestan la notabilísima influencia, que ejerció B. en la Orden de Predicadores: 1. La relación que han visto los historiadores y autores espirituales entre B. y santo Domingo y sus respectivas Ordenes. — 2. Análisis de las influencias de la predicación de B. en el método de predicación adaptado por santo Domingo y su Orden. — 3. B. como fuente de vida comunitaria y esperitual para la Orden de Predicadores.

HERTH E., *Connaissance et amour de Dieu à partir du De diligendo Deo de saint Bernard.* — Rome, Séminaire pontifical français, 1990, 90 p. dactylographiées.

La première partie de cette mémoire de licence sous la direction du P. Janssens S.J. pose les fondements anthropologiques et théologiques. La deuxième partie, *Connaissance de celui que nous aimons*, se répartit en quatre chapitres: *Désir de connaître — Comprendre qu'on est aimé — Connaître l'expérience* et *Connaître en Dieu.* La troisième partie, *Amour de celui que nous connaissons*, décrit successivement: *L'ordre de la charité — La conversion de l'amour* et *Aimer en Dieu.* La conclusion reprend le rôle de la charité, l'absence de mépris pour la chair et les degrés de l'amour.

HIMMEROD, v. *Zisterziensische Spiritualität...*

Histoire de Clairvaux. Actes du Colloque de Bar-sur-Aube/Clairvaux (22 et 23 juin 1990). — Bar-sur-Aube, Mémont, 1991.

Voir J. VERGER.

HOCHREITER J., *Bernhard von Clairvaux. Geistliches Tagebuch. Das Leben des Glaubens ist die Liebe.* — St. Ottilien, 1989, 223 S.

Das Taschenbuch bietet für jeden Tag des Jahres einen zu Betrachtung und Meditation geeigneten knappen Text aus den Schriften Bs. Die zeitlos gültige Auswahl kann das Büchlein zum Lebensbegleiter auch über das Jubiläumsjahr hinaus werden lassen. Beigefügt sind ganzseitige Farbbilder unbekannter Herkunft, die sich jetzt in Schlierbach befinden und nach barocker Art Szenen aus dem Leben Bs zeigen.

HOLDSWORTH C., *Saint Bernard: what kind of saint?* — Monastic studies 1, 1990, p. 86-101.

From the *Vita prima* the a. learns that B. united two strands of holiness, that of the prayerful monk with that of the heroic holy man.

HOLDSWORTH C., *The reception of St Bernard in England.* — Bernhard von Clairvaux. Rezeption und Wirkung...., S. 161-177.

"It was, indeed, particularly among groups of anchorites and recluses and their spiritual guides that B's works were kept alive, as we can see most vividly in the works of Richard Rolle, for example, and others among the group often called the late medieval English mystical writers. Admittedly, all of them drew upon other writers besides B., upon Richard of Saint-Victor, and Denis the Areopagite especially, but nonetheless it was in their work that B. lived on perhaps most fully. The foundations of that later life of the great abbot's ideas, the framework of his 'reception' was, however, well in place by the turn of the twelfth and thirteenth centuries" (p. 176-177).

HOLDSWORTH Chr. *The early writings of Bernard of Clairvaux.* — CCC 45, 1994, p. 21-61.

D. Van den Eynde (*Les débuts littéraires de saint Bernard*, AC 19, 1963, p. 189-198 and *La correspondance de saint Bernard de 1115 à 1126* in Antonianum 41, 1966, p. 189-259) has placed the *Homilies in praise of the Virgin*, the *Steps of humility* and the *Apology* as well as about thirty letters in the years 1124 and 1125. Until recently scholars have followed this dating. This article throws doubt upon whether the church at Foigny was consecrated on 11 Novemer 1124, a date around which Van den Eynde's chronology revolved. Reasons are found for holding that *Humility* was written in 1118-1119, *Homilies* in 1119-1120, and the *Apology* early in the years 1121 to 1125, probably 1122. New light is thrown on the share of William of Saint-Thierry and Oger in stimulating B. to write the *Apology*. B's literary career began earlier, whilst his ideas about *transitus* developed between ca. 1120 and the Morimond crisis of 1124/1125. Appendix 1: *The so-called "Indulgence" of Honororius II*. — Appendix 2: *A summary chronology around B's early works* (p. 58-60).

HOLTHOF J.-Fr., *Avant-propos*. — Vies et légendes..., p. V-XII.

L'a. se demande (p. XII) "si une telle étude désespère la recherche historique sur la vie même de Bernard ou bien l'encourage". Après avoir constaté que la biographie de Vacandard, âgée de bientôt un siècle, ne semble pas encore prête à être remplacée et que les études bernardines, pour intenses et variées qu'elles soient, ne produisent guère actuellement de synthèses novatrices, le père J.-F. H. indique trois pistes sur lesquelles les Rencontres de Dijon invitent peut-être à reprendre la recherche proprement historique à propos de la vie de B.:
"Tout d'abord, reprendre la *Vita Prima* et notamment son premier Livre, la lire à nouveaux frais, non comme un assemblage de clichés hagiographiques, mais comme un témoignage de premier plan en même temps qu'une élaboration extrêmement maîtrisée théologiquement des grands thèmes qui vont se retrouver tout au long des siècles.
Ensuite, reprendre l'étude des textes de B. et la conseiller vivement aux historiens... Il s'en dégage incontestablement une pensée et la condition d'une nouvelle biographie est sans doute la perception de l'accord qui peut exister chez un grand témoin entre sa vie et sa doctrine. Faute de quoi, continueront à se multiplier les "vies de saint Bernard", petites ou grandes, qui reprendront inlassablement les mêmes éléments, avec plus ou moins d'érudition, et oscilleront dans leurs conclusions entre le critique et la panégyrique.
Enfin il est primordial ne pas occulter ni rationaliser les manifestations religieuses telles que miracles, prophéties ou visions. A les négliger ou à les rejeter du côté des "légendes", les "Vies" de B. manqueraient finalement leur objet. Pour avancer en ce sens, il ne faudra pas hésiter à recourir à ce qu'Alphonse Dupront appelle une "anthropologie de la sainteté". C'est en effet au regard de l'anthropologie que l'historique comme le légendaire sont "aussi véridiques l'un que l'autre, chacun selon sa vérité".

HOLTHOF J.-F., *Cîteaux, XIIe-XXe siècle, continuité et actualité.* — PRESSOUYRE & KINDER, *Saint Bernard...*, p. 177-197.

La constatation objective du fait que le nombre des monastères cisterciens d'aujourd'hui est sensiblement le même qu'à la mort de B. permet d'apporter quelques nuances complémentaires à l'acte de décès dressé par un médiéviste du XXe siècle, à savoir G. Duby, *Saint Bernard et l'art cistercien* (Paris 1976), p. 214: "Cîteaux, cette graine mourut donc, il le fallait. La coque seule en demeure aujourd'hui, qui nos émeut d'autant plus qu'elle est vide. La conque admirable des absides cisterciennes nous devons cependant l'imaginer remplie de toutes les germinations du futur. Et restituer à leur fécondité ces murs parfaits dont les pierres ont été jadis assemblées pour former comme le cristal d'un univers ordonné, où l'homme et tout le créé s'intégreraient au Créateur — ces bâtiments aujourd'hui dressés, toujours nus, dans la solitude et le silence". Le déroulement de la vie de l'Ordre est envisagé comme une expansion partois contrariée, parfois favorisée par les événements extérieurs plutôt qu'une suite irrégulière de hauts et de bas. Chacun des siècles offre en effet un certain nombre d'ombres et de lumières mais leur suite manifeste une continuité certaine. Il reste cependant difficile d'y apprécier avec objectivité la fidélité aux origines: elle a été néanmoins à la source des réformes, même si celles-ci se sont traduites au moins partiellement par une adaptation aux courants du moment. La culture et la vie monastique ne sont certes pas liées, il y a même entre elles une distance non négligeable: la vie monastique assure le témoignage vivant d'un Absolu.

HOLTHOF J.-F. & MICHAUX C., *Conversion et réforme.* — PRESSOUYRE & KINDER, *Saint Bernard...*, p. 165-167.

Les auteurs se livrent à un bref essai de théologie spirituelle. Ils s'appuient sur la notion de proximité dont la localisation, entre crainte et confiance, n'est ni fixe, ni définie. Ces deux notions peuvent modifier le comportement d'un individu ou d'un groupe humain de manière durable et radicale.

HOMBERGEN D., *Verslag van de M.O.S.T.-week over Bernardus (16-21 okt. '89).* — Monastieke informatie nr 127, januari 1990, p. 1-19.

Samenvatting van de conferenties door A.H. BREDERO <s.v.>, *Bernardus van Clairvaux tussen cultus en heiligheid* (p. 1-9) en L. VAN HECKE <s.v.>, hoofdstukken uit *Criteria voor het onderscheiden van een authentieke religieuze ervaring volgens Bernardus in het licht van de hedendaagse anthropologie* (p. 9-18).

HOMBERGEN D., *Bernard, leven en werk.* — Benedictijns tijdschrift, 51, 1990, p. 122-126.

HOMBERGEN D., *Bernard, mystiek schrijver.* — Benedictijns tijdschrift, 51, 1990, p. 143-155.

Monastieke geschriften staan vol met schriftcitaten en roepen een veelheid van reminiscenties op. Aan al die verwijzingen naar de Schrift ligt geen logisch plan ten grondslag; ze ontstaan door een proces van vrije associaties, waarbij de ene tekst de andere haast automatisch oproept. P. 152: "B. doet in zijn Hooglied-'commentaar' dus geen poging om de objectieve betekenis van de Hoogliedtekst uiteen te zetten. Hij wendt deze tekst aan, omdat ze hem de beelden verschaft die als geen andere voor hem geschikt zijn om de duistere realiteiten van het mystieke leven aan anderen te verstaan te geven".
Met vertaling van preek 74, 5-7 op het Hooglied.

HOSTE A., *Bernardus van Clairvaux 1090-1990.* — Steenbrugge, 1990, 77 p.

Plaquette richement illustrée contenant sept chapitres assez courts: 1. *B. van Clairvaux.* — 2. *Bernardus' rouwklacht om Gerardus.* — 3. *B. van Clairvaux in Vlaanderen.* — 4. *Inleiding tot de iconografie van B. in Vlaanderen* (voire également la référence suivante). — 5. *Homilie op Sint-Bernardus, in de Duinenabdij te Koksijde.* — 6. *Bloemlezing.* — 7. *De handschriften van Cîteaux. Commentaar bij de illustraties,* ainsi qu'une *Beknopte bibliografie van het Bernardusjaar 1990.*

HOSTE A., *De iconografie van Bernardus in Vlaanderen. Een korte inleiding.* — BCF, p. 171-179.

HOSTE A., *Bernardus en Aelred van Rievaulx.* — *Bernardus van Clairvaux. De vrijheid...,* p. 35-36.

HUFGARD M.K., *St Bernard of Clairvaux's Image of Womanhood.* — CS 24, 1989, p. 215-222.

L'a. montre par des exemples concrets que l'attitude de B. envers les femmes ne doit rien aux idées de son temps, mais est commandée uniquement par l'imitation du Christ. Entre l'homme et la femme, il s'agit d'équité plutôt que d'égalité, et les vocations féminines ne sont pas moins diverses que celles des hommes. Dans sa correspondance avec elles, B. n'hésite pas à exprimer toute la profondeur de son affection, un amour à la fois paternel et maternel, fraternel et sororal. Dans toute femme, il voit d'abord la mère, et Marie est pour lui la Femme par excellence dont tous doivent tendre à imiter les vertus: Dieu est Amour, et l'Amour ne connaît pas de genre.

HUFGARD M.K., *St Bernard of Clairvaux: From Scripture to script*. — CS 25, 1990, p. 277-286.

L'a. montre les ressemblances qui existent entre le premier sermon de B. pour l'Annonciation et une section de la Scène III intitulée *Le Parlement du Ciel* du mystère médiéval *Le mystère de la Rédemption*. L'intrigue et les principaux personnages sont identiques: les trois personnes de la Trinité, Adam et Eve, et les quatre vertus personnifiées: Miséricorde, Vérité, Justice et Paix, tandis que les figurants sont les anges, les prophètes et Lucifer, le premier rôle étant naturellement le Christ.

HUFGARD M.K., *Saint Bernard of Clairvaux. A theory of art formulated from his writings and illustrated in twelfth-century works of art*. — Lewiston, The Edwin Mellen Press, 1990, 180 p., 4 ill. (Mediaeval Studies, 2).

P. 162: "... the Early Gothic churches and their iconographic programs were conceived and executed by bishops who were close friends of B., friends who knew of his mystical theology and his zeal for the renewal of Christendom. Their remarkable works reflect his teaching: they are works 'fine' and novel, necessary and beautiful, for the spiritual, physical and aesthetic needs of the Mystical Body which is the Church. During the time in which they appeared these extraordinary works of art were necessary for charity's sake; today, they remain manifestations of a true 'creator' image and likeness".
P. 163: "B. was not an enemy of the arts; his theory of aesthetics holds within it a vision of art that provides a frame of reference for an evaluation and critique of contemporary art. His theory of art reveals a man who understands the soul of art. His anthropology, psychology, and spirituality transcend the limitations of our present culture. Correctly understood, B. enables the critic to move beyond our present fascination with technique, self-expression, and novelty as ends in themselves. He brings us closer to reality, to what is real, to 'realism' in a work of art and/or in a way of life".

HUFGARD M.K., *Saint Bernard's Third Sermon for the Feast of the Annunciation and a Play from the N-town Cycle*. — CS 28, 1993, p. 167-178.

The broad positive influence of the teaching and personality of B. upon the arts of the twelfth and following centuries either has not been widely recognized or has been misinterpreted (or possibly both) by historians of medieval art. That this influence extended to the dramatic arts, the vernacular drama of medieval England, has been less noted. However, echoes of B's teaching seem to be present in the English N-town cycle of mystery plays performed annually in celebration of Corpus Christi Day. Specifically, echoes of B's Third Sermon for the feast of the Annunciation, with its intertwining of the Old Testament narrative of Susanna and the Elders with the Gospel story of the adulteress before Jesus, resonate throughout the play of *The Woman Taken in Adultery* (*Ludus Coventriae or the Plaie Called Corpus Christi*, ed. K.S. Block, EETS 16, 1896, p. 200-209).

HUMMEL R., *Mystische Modelle im XII. Jahrhundert: "St. Trudperter Hohelied", Bernhard von Clairvaux, Willem von St. Thierry.* — Göppingen 1989 (Göppinger Arbeiten zur Germanistik, 522).

Der Vergleich mit zeitgenössischen lateinischen Werke Bs (*De diligendo Deo, Sermones super cantica canticorum*) und Wilhelm von Thierry (*Expositio altera super Cantica canticorum*) zeigt, daß St. Truperter Hohelied "primär kein mystischer Text ist, sondern dem Leser im Prozeß der ethischen Vervollkommnung auf dem Weg zum ewigen Seelenheil Hilfe leisten soll".

HUOT DE LONGCHAMP M., *Saint Bernard au secours de saint Jean de la Croix.* — CollC 52, 1990, p. 307-317.

La convergence chez Jean de la Croix, en un premier temps soupconné de quiétisme par ses propres frères, et B. sur l'essentiel, c.-à-d. sur l'essence même de la vie contemplative, a été exploitée à l'appui de l'orthodoxie du docteur carme par son disciple le plus fervent, José de Jesús María Quiroga, dans son apologie mystique en défense de la contemplation. Quiroga prétend citer sept fois B. en défense de saint Jean de la Croix. L'a. a marqué quelques abus dans l'exploitation des textes de B.

IABLCZYNSKI E., *Maria nella gloria. Assunzione e mediazione di grazia in San Bernardo.* — Respice stellam... p. 143-177.

L'a. présente des réflections sur la glorification céleste de Marie et sa médiation de la grâce, qui sont des modalités concrètes "con cui il mistero di Dio si esplicita e raggiunge l'uomo. Mario è colei che ha partecipato da vicino a questo incontro permettendo un'adesione piena dell'umanità, esule lontana da Dio, a quel Dio che ha cercato per primo chi ancora non poteva farlo. Ha cercato cioè l'uomo, rendendo se stesso accesibile in Cristo. Ora, dall'intera produzione letteraria di san Bernardo traspare con coerenza, come unico sia l'itinerario dell'uomo in cammino verso Dio. Il Santo lo descrive percorrendolo, parlandone quindi con padronanza e familiarità. Tale percorso non è in definitiva altri che il Cristo, il Figlio di Dio, incarnato per noi nel seno della Vergine Maria" (p. 176-177).

I DEUG SU, *L'"imago Dei" in San Bernardo di Clairvaux.* — Bollettino d'informazioni del Centro di Studi Bonaventuriani. Doctor seraphicus. 37, 1990, p. 73-84 (XXXVII Convegno di Studi Bonaventuriani).

B. è scettico soprattutto verso i comportamenti assunti dalle persone in nome delle virtù e trova in essi quasi sempre motivi di ipocrisia. È evidente che in B. è profonda la coscienza dei limiti dell'umanità, ma è altrettanto profonda un'altra coscienza, quella della *dignitas* umana, cosi radicale da contrassegnare costitutivamente l'uomo anche sotto l'eredità del peccato originale. Queste due opposte coscienze si riferiscono ad una medesima realtà che è esaminata in relazione al tema dell'*imago Dei.*
P. 82: "Quanto all'originalità di B., va detto almeno che, se essa è riferita al suo pensiero antropologico espresso appunto attraverso lo schema della *triplex libertas*, non può essere condizionata da questi confronti che si limatano solo alle formule assiomatiche: infatti la configurazione bernardiana dell'uomo è assai originale, per quanto ho potuto finora constatare".
P. 84: "... anche per studiare questi aspetti che apparentemente denotano un ottimismo di B. sulla prospettiva storica, non si può non prendere in considerazione la consapevolezza così profonda di B. che abbiamo cercato di delineare, consapevolezza della *libertas* espressa al massimo attraverso la situazione della ricaduta nel nulla e consapevolezza della *libertas*, che, pur inerte nell'umanità morta, riesce a restituire a questa la *similitudo Dei* e a farle vincere anche la morte".

I DEUG-SU, *Maria nella simbologia di san Bernardo.* — Respice stellam..., p. 93-109.

In tutta la sua produzione letteraria, B. no è stato mai così ottimista come qui, riguardo all'ascesi. Nel commentare la scala applicata da Benedetto ai gradi dell'umiltà, egli sottolinea di fatto che l'uomo no è capace con le sue forze di compiere nessun grado dell'ascesi, e perciò descrive, come si sa, le cadute per i gradi opposti a quelli della scala benedettina. Questa

antropologia si trova non solo nel suo trattato *De gradibus humilitatis et superbiae*, ma perdura con sempre maggiore approfondimento fino ai sermoni *Super Cantica*.
P. 108: "Possiamo considerare tale antropologia quasi come una costante, che permette di misurare l'evoluzione del pensiero di B., secondo le sue interpretazioni teologiche. Se tuttavia B. si concede qui un momento di ottimismo, questo è dovuto alla fede in Maria, nell'opera pastorale che essa conduce, e nella sua tenera e umile *misericordia* che è capace di risuscitare gradualmente l'uomo ricaduto nella nullità originaria, anche se questi normalmente ha bisogno di essere rapito in *excessus* o in *extasis*, cioè ha bisogno di potenti interventi divini, per compiere un benché minimo progresso spirituale".

I DEUG SU, *Il significato antropologico e teologico dell'amore in san Bernardo di Clairvaux: una metafisica del "nihil" e una teologia della "plenitudo"*. — La dottrina...., p. 203-231.

A livello filosofico e metafisico B. propone all'uomo l'offerta a Dio della propria impotenza e nullità che significa il tutto di sé. In questa offerta egli trova il compimento più alto del significato antropologico e teologico dell'amore: anche perché egli stesso giunge nei momenti più maturi al culmine del singolare itinerario percorso dal nihil che più si approfondisce e più strettamente si collega con la teologia della pienezza. Si tratta dell'itinerario che B. ha cercato di comprendere, in tutto l'arco della sua vita con straordinaria coerenza: è cosi infatti che a mano a mano che si radicalizza la sua constatazione negativa dell'uomo colto a livello naturale, cioè a livello antropologico, la sua dottrina dell'uomo si evolve nella prospettiva teologica sempre più verso la pienezza e la *caritas* di Dio.
In questa evoluzione si puo osservare in sostanza che una metodologia, concepita sul piano metafisico, si apre, quando giunge al massimo approfondimento, alla mistica e alla teologia che la concerne. Questa è una delle caratteristiche più originali del pensiero bernardiano che puo avere valori attuali specialmente in un'epoca, come la nostra, in cui l'ecumenismo rappresenta un'autentica esigenza spirituale e pastorale e al tempo stesso un pericolo di dispersione o disorientamento in una pura apertura demagogica.

I Templari e san Bernardo di Chiaravalle

Certosa di Firenze, 23-24 ottobre 1992 (650° anniversario della fondazione della Certosa di Firenze, iniziata nel 1342; da alora la Certosa è stata ininterrottamente abitata dai monaci, i Certosini dal 1342 al 1958 e quindi i Cistercensi dal 1958).

Convegno promosso dalla Precettoria Toscana del Priorato Italiano dei "Templari di san Bernardo". Discussione del rapporto complesso, che legò B. ai Templari già dal 1128 nel Concilio di Troyes, quando l'Ordine dei Cavalieri del Tempio fu approvato dall'autorità ecclesiastica. Successivamente, tra il 1132-1135, B. scriverà per i Templari il trattato *Liber ad milites Templi. De laude novae militiae.*
Programma (RC 9, 1992, p. 235-236): Leonardi Cl., *Il fenomeno cavalleresco nella storia e nella letteratura medievale.* — Biffi I., *La figura di Cristo e i "Loca sancta" nella vita dei Templari.* — Cardini F., *Il Liber de laude novae militiae di san Bernardo di Chiaravalle.* — Tangheroni M., *Gli Ordini cavallereschi tra il secolo XI-XII: Ospedalieri, Templari e Teutonici.* — Gregoire R., *La spiritualità templare.* — Bramato F., *Le origini dei Templari in Italia...* — Viti G., *Conclusione dei lavori.*

Izard C., *Jean Calvin à l'écoute de Saint Bernard.* — Etudes théologiques et religieuses 67, 1992, p. 19-41.

B. et Calvin (C.): deux intelligences, deux tempéraments, deux forces religieuses, et aussi deux Français. On s'est posé le problème de l'influence éventuelle du cistercien sur le réformateur. Par la confrontation des textes concernants des questions doctrinales, fondamentales pour la théologie réformée, l'a. montre que cette influence est non seulement réelle mais plus profonde qu'il n'y paraît au simple relevé quantitatif des citations. P. 41: "B. et C. nous ramènent inlassablement à l'essentiel: la transcendance absolue de Dieu; ils demandent de considérer pourquoi l'homme existe, vit et meurt... B. comme C. nous ramènent à l'essentiel, à savoir que l'homme n'est pas fait seulement pour mourir, mais qu'il est fait pour aimer; qu'il est appelé, inlassablement, à travers l'épaisseur et les obscurités du langage humain, à accéder à la Parole, au langage de Dieu qui est l'amour, selon l'étonnante sentence de saint Pierre Damien: *Mea igitur gramatica Christus est* (PL 144, 476). B. et C. ne découvraient-ils pas, au fil des psaumes et de l'Ecriture, le Verbe sous la lettre?"

Jackiewicz K. & Macharski F., *Święty Bernard, Opat z Jasnej Doliny.* — Kraków 1990, 263 p. (29 ill.).

Biographie destinée au grand public. Les a. retracent les principales étapes de la vie de B. La vie de l'Ordre en Pologne est également évoquée. La bibliographie fait connaître les principaux ouvrages imprimés en polonais et en français.

Jacqueline B., *Bernard de Clairvaux, l'Eglise et la papauté.* — Journées Saint-Bernard...., p. 49-60.

P. 60: "Parmi les hommes qui ont le mieux reflété la doctrine de B. dans l'action, il faut citer Innocent III. Et puis il y a également d'autres qui s'en sont inspirés: on retrouve sur le pouvoir temporel et sur le pouvoir spirituel l'enseignement de B. chez Dante. N'oublions pas que Port-Royal était une abbaye cistercienne et que Pascal lui doit beaucoup ainsi que saint François de Sales et Bossuet".

JASPERT B., *La devoción secular en la Edad Media.* — C 42, 1990, p. 155-184.

Durant l'automne du Moyen Age l'a. observe l'émergence conjointe d'une vie de dévotion fiévreuse et d'une forte valorisation des réalités intramondaines avec leurs engagements et leurs ambiguités. Volontiers, le dérèglement de la vie se marie avec les pratiques excessives d'une religion exubérante, tandis que l'on voit nombre d'hommes et de femmes prendre le monde à bras-le-corps comme le lieu que Dieu leur a confié, l'espace ouvert à l'annonce de l'Evangile.
Comme son titre ne le donne pas à entendre, cet article est consacré pour moitié à B. (p. 171 sv: *Sinfonía entre monasterio y mondo: la piedad de Bernardo de Claraval*) et à son influence en amont sur la piété du Moyen Age finissant. Mais l'histoire, en ses origines, du déplacement qui s'opère, est complexe: Anselme de Cantorbery, B., François d'Assise, la piété scolastique (thomiste, scotiste) et l'augustinienne, etc. Toutefois, cela ne commence vraiment qu'avec la protestation de l'homme gothique contre la "mesure" romane, contre la *schola Domini servitii* de la RB, sa stabilité, son idéal d'intériorité. Sur la fin, la diaconie des monastères elle-même s'exclaustre, sous la pression des nécessités, tandis que la piété, exacerbée, dégénère en passion pour le monde avec, pour corollaire, une prolifération d'hérésies.
Le rôle de B.? Il sera le "père" de la *Devotio moderna* substituant au "*luxe pour Dieu*" (Cluny) l'amour du Christ rencontré dans les frères où il découvre le Christ pauvre. L'un des premiers, il thématisera l'*imitatio Christi* sur le mode théologique. D'Eckart et de Suso à Luther en passant par Gertrude et Dante et leur postérité innombrable, sa ferveur amoureuse recueillera un large écho, initiant le passage d'une piété monastique à une piété laïque, ouvrant le monastère au monde et l'histoire de la spiritualité sur un nouveau chapitre.
P. 183: "Esta distinta y radical modalidad se manifestó completamente en los días de la Reforma, pero ya los movimientos de pobres, de peregrinos y de predicadores, durante la vida de Bernardo y despúes, sobre todo en el siglo XIII, fueron la expresión de una nueva conciencia cristiana del mundo, a la que el monasterio no ofrecía ya la exclusiva garantía de una *vita perfecta*".

JORDAN M.D., *Thomas Aquinas on Bernard and the life of contemplation.* — Bernardus Magister..., p. 449-460.

St Thomas Aquinas (T.) refers quite often to B. as an *auctoritas*, but analyzing these quotations does not allow us to evaluate his reception of B's thought correctly. Comparing their doctrinal positions on particular points likewise proves disappointing for lack of a sufficient common denominator between their theological systems. A third means remains, i.e. comparison between rhetorical motives: what impression does a text seek to make on its readers, and to what way of life does it call the best of them? At the very heart of the *Summa theologiae* T. has inserted a pressing exhortation to embrace religious life. B's readers are familiar with this theme; it entered the spiritual tradition which T. inherited partly due to his influence. If we are to begin to glimpse what B. and T. might say to each other, we must ask how and to what they wish to persuade us.

Journées Saint-Bernard. Abbaye de l'Epau 29-30 septembre 1990. — Le Mans, Association Signes des temps, 1991, 100 p.

M. D'AILLIERES, *Avant-propos.* — G. GILSON, *Avant-propos.* — M. NIAUSSAT, *La Piété-Dieu de l'Epau.* — G. GILSON, *Introduction au Colloque Saint-Bernard.* — G. GILSON, *Quelques réflexions conclusives.* — J. VERGER, *Saint Bernard: bibliographie sommaire.*

Voir E. FRADIN, B. JACQUELINE et J. VERGER.

KALAMAZOO, v. *Bernardus Magister ...*

KERESZTY R., *Relationship between anthropology and christology. St. Bernard, a teacher for our age.* — La dottrina..., p. 271 - 299.

B's thought contains seeds of a renewed synthesis between christology and anthroplogy for our age.
1. B. agrees with modern man who sees himself as a free, self-determining individual. But B. is no individualist. He shows that the individual can develop himself only in a twofold process of self-transcendence: by becoming one spirit with Christ and by realizing in himself the features of the unique Spouse, the Church of Christ. — 2. B. shows that self-alienation and alienation from other people is the result of alienation from God; the latter comes about when man attempts to become what he cannot be, absolute self-possession, his own god. — 3. B. views Salvation History as God's work of overcoming this threefold alienation by

appealing to the most powerful faculty in man, his ability to love. — 4. B. views the misery of man with a modern sensitivity in that he feels and describes graphically the emotional disorder of fallen man. — 5. B. succeeds in laying down the foundations for a universal and christocentric vision of all history. — 6. In emphasizing the incarnation as the manifestation of God's humility B. provides the theological context in which the lasting results of the modern "search for the historical Jesus" can find their theological meaning. — 7. B's understanding of the appearances of the risen Christ as an adaptation of a transcendent eschatological reality to our sense experience points the way out of modern theology's impasse which vacillates between the two extremes of a fundamentalist and gnostic interpretation of the appearances. — 8. God and man are mutually necessary for each other and man does contribute to God's evolving perfection. B. makes it clear that God does not need man, nor does man contribute anything to God's infinite perfection. — 9. Today's feminist theology needs B's perspective. The Word comes to us as a Bridegroom only in the sense that he is the initiator of the "love affair" and he is the source of the bride's life and love through the Holy Spirit. — 10. B. provides a neglected perspective also for liberation theology: he saw and criticized from the view-point of the Gospel ideal the "systemic" corruptions of the Church and the society of his age with more passion and theological clear-sightedness than anybody else. — 11. For modern man obsessed with the well-being of his body, B. offers both the shock and comfort of what we may call an eschatological humanism: the role of the body in earthly life is to honor the soul, help the soul to be reconciled to God and thus regain her own spiritual identity.

KIENZLE B.M., *Verbum Dei et verba Bernardi: The function of language in Bernard's Second Sermon for Peter and Paul.* — Bernardus Magister..., p. 149-159.

This sermon elucidates B's desire to perfect the sermon's language in order to fix his words in the hearts of the audience and thus to communicate more effectively to his monks what the Holy Spirit makes known to him. That message often dealt with the need for fraternal correction. The concerns of the abbot and the writer were combined in the *persona* of the preacher who strives to convey the word of God with human words.

KLINE F., *Saint Bernard and the Rule of Saint Benedict: An introduction.* — Bernardus Magister..., p. 169-183.

Status quaestionis of the influence of the RB in the works of B. (cfr both Gilson and Leclercq). Farkasfalvy has studied the latter half of *De gradibus humilitatis*, which is B's commentary on the RB. An examination of several key passages indicates his profound familiarity with the RB and the way he exegeted it for his twelfth-century audience. The opening numbers of *De gradibus...* and nrs 16 and 23 of *De praecepto et dispensatione* serve to show B's christological concern over ch. 7 of the RB and his doctrinal teaching on obedience at RB ch. 5, respectively. But the RB is not absent even from B's more speculative works. In Sermon 10 on *Cant. cant.*, there is an extended treatment (and transformation) of the abbot's role based on ch. 2 and 64 of the RB. B. clusters together from various chapters key doctrines of the RB. Sermons 1-41 on *Cant. cant.* present at least three of these doctrinal blocks, but there are more (among them: *omni hora; vana gloria; non quaerit quae sua sunt*).

KOCH E., *Die Bernhard-Rezeption im Luthertum des 16. und 17. Jahrhunderts.* — Bernhard von Clairvaux. Rezeption und Wirkung..., p. 333-351.

Für die Erforschung der B.-Rezeption im Wirkungsbereich der Wittenberger Reformation im 16. und 17. Jahrhundert bleibt noch viel zu tun. So etwa müßte der Einfluß Bs im skandinavischen Bereich, möglicherweise aber auch im ost- und südosteuropäischen Raum untersucht werden. Ferner wäre genauer nach möglichen Traditionsträgern der B.-Rezeption zu fragen. Dafür böten sich sowohl Einzelpersonen, wie der schleswig-holsteinische Theologe Wilhelm Alardus, als auch Gruppen von Theologen an. Ein weiteres Forschungsfeld wären einzelne Bibliotheken und ihre durch Randbemerkungen nachweisbare Benutzung.
S. 350-351: "In grössere Zusammenhänge würde die Einordnung der lutherischen B.-Rezeption einerseits in die Spätmittelalter und Reformation umgreifende B.-Tradition, andererseits in die Rezeption des Zisterzienserabtes in den anderen christlichen Konfessionen führen. Es wäre weit über die spezielle Frage der B.-Rezeption hinaus von großem Interesse festzustellen, wie die um 1550 einsetzende Rezeption altkirchlich-mittelalterlicher geistlicher Literatur mit dem gleichen Literaturgenus des Spätmittelalters zusammenhängt und wie es zum Abbruch dieser Tradition in der Mitte des 18. Jahrhunderts gekommen ist".

KÖPF U., *Die Rolle der Erfahrung im religiösen Leben nach dem heiligen Bernhard.* — La dottrina..., p. 307-319.

In der Sicht Bs zeigt sich das religiöse Leben als ein intensives Zusammenspiel von eigener Erfahrung und fremder Erfahrung, von Erfahrung und Verstehen. Einen besonders prägnanten Ausdruck findet diese Wechselbeziehung in Bs Gebrauch der Buchmetaphorik: *liber propriae experientiae*, das Buch der eigenen Erfahrung. Die Hohelied-Auslegung wird so zum Abbild des ganzen religiösen Lebens in seinem Wechselspiel von eigener und fremder Erfahrung. Auch wenn B. den Verlauf des religiösen Lebens in den drei traditionellen Stufen des mystischen Aufstiegs gliedert, behandelt er die Erfahrung als das Moment, das dem religiösen Leben auf allen Stufen seiner Entwicklung Bewegung verleiht. Religiöse Erfahrung läßt sich zwar vom Theologen nachträglich beschreiben und analysieren; aber im Verlauf des Lebens bleibt sie immer unverfügbar — ein Werk Gottes am Menschen.

KÖPF U., *Ein Modell religiöser Erfahrung in der monastischen Theologie: Bernhard von Clairvaux.* — Religiöse Erfahrung. Historische Modelle in christlicher Tradition. Herausgegeben von HAUG W. & MIETH D. München 1992, S. 109-123.

Leicht überarbeitete und mit weiteren Nachweisen versehene Neuveröffentlichung von KÖPF U., *Die Rolle der Erfahrung...*

KÖPF U., *Die Rezeptions- und Wirkungsgeschichte Bernhards von Clairvaux. Forschungsstand und Forschungsaufgaben.* — Bernhard von Clairvaux. Rezeption und Wirkung..., S. 5-65 (7 Abb.).

Drei Fragen beschäftigen den V.: 1. Auf welchen Wegen sind Bs Werk und Bild überliefert und rezipiert worden? — 2. Durch welche Inhalte hat B. gewirkt? — 3. Auf welchem Boden hat er gewirkt?
Inwieweit liegen direkte oder indirekte Wirkungen Bs vor? Am Material lassen sich drei Aspekte dieser Frage unterscheiden.
a. Beruht die Wirkung auf Texten Bs in der lateinischen Originalfassung oder auf Übersetzungen, auf vollständigen Werken oder auf Teilen von ihnen, auf Auszügen oder gar nur auf einzelnen Zitaten daraus? — b. Handelt es sich um echte Werke Bs oder um fremde, mehr oder weniger stark von ihm beeinflußte und ihm zugeschriebene? Liegen diese beiden Fagen auf der Ebene der Schriftlichkeit, so führt der dritte Aspekt darüber hinaus: c. Welche Wirkungen gehen vom B.-Bild in weiteren Sinne aus?
U. K. konzentriert sich im folgenden auf ausgewählte Themen der Spiritualität und Theologie Bs. 1: Die Hinwendung zum Subjekt. — 2: Die Reflexion auf die religiöse Erfahrung. — 3. Das soteriologische Interesse. — 4. Die Auffassung des Heilswegs. — 5. Die Hoheliedauslegung. — 6. Die Hermeneutik. — 7. Selbsterkenntnis und Gotteserkenntnis.
Die größte und nachhaltigste Wirkung war B. zweifellos in seinem eigenen Orden beschieden. Eine umfassende Untersuchung der Wirkungen, die von der Überlieferung der Werke B. ausgehen und alle Formen der Rezeption und Wirkung berücksichtigen müßte, steht noch aus. Die

Bedeutung Bs — seiner Passionsfrömmigkeit und -theologie, der Rolle von Affekt und Erfahrung in seinem Denken, der Aufmerksamkeit auf das religiöse Subjekt und verwandter Züge — für Spiritualität und Theologie des frühen Franziskanertums ist bekannt und wenigstens teilweise erforscht. Auf keine Weise ist die Rezeption und Wirkung Bs im Dominikanerorden geklärt. Auch für die umfangreiche Literatur, die aus dem Lehrbetrieb der Universitäten im 13. bis 15. Jahrhundert hervorgegangen ist, fehlen Untersuchungen. Besonderes Interesse verdient auch das Verhältnis des Humanismus zu B., das wohl noch nie gründlich erforscht worden ist. Der Umfang seines Einflusses in den einzelnen Abschnitten der neuzeitlichen Kirchengeschichte, bei einzelnen Personen, Gruppen und Richtungen und auf einzelnen Sachgebieten ist bisher freilich nur höchst fragmentarisch untersucht worden.

KÖPF U., *Bernhard von Clairvaux — ein Mystiker?* — Zisterziensische Spiritualität..., S. 15-32.

S. 30: "B. ist in weit höherem Maß Theologe der Mystik als ein Mensch, der von mystischen Erfahrungen heimgesucht wird und von ihnen lebt. Seine Bedeutung für die Geschichte der Mystik liegt deshalb weniger in seinen eigenen mystischen Erfahrungen als in der theologischen Verarbeitung eigener und fremder Erfahrungen. B. beruft sich viel häufiger auf fremde als auf eigene Erfahrungen; eine Hauptquelle seines Redens über Erfahrung ist die Heilige Schrift".
S. 32: "Beide Formen der Christusmystik — die worthafte Vereinigungsmystik und die worthafte Leidensmystik — stehen bei B. nebeneinander. Daß er sie nicht ausgleicht oder gar einebnet, das gehört zu den Momenten, die seinem Werk Spannung und Dynamik verleihen. Auch darin steckt Bs eigene, zurückhaltende mystische Erfahrung, die uns berechtigt, von ihm nicht nur als Theologen der Mystik, sondern zugleich als Mystiker zu sprechen. Es ist gut, daß wir ihn nicht durch eine anspruchsvolle Definition von vornherein aus dem Kreise der Mystiker ausgeschlossen haben. Gerade das Beispiel Bs zeigt, wie vielgestaltig das Phänomen *Mystik* ist".

KOPPER J., *Loi de la volonté et loi de Dieu.* — Saint Bernard et la philosophie..., p. 153-164.

L'a. aime donner une courte explication des quatre derniers chapitres du *De diligendo Deo*. P. 161: "C'est ainsi que se révèle à B. la signification temporelle de notre existence. C'est dans et par la temporalité de notre existence, et dans l'unité et la totalité d'une dynamique qui se manifeste sous la forme d'une vie en perpétuel dépassement, que s'affirme la loi éternelle du Seigneur. Il y a une intelligence théorique de la nature du temps, où — comme l'espace — il est caractérisé par l'extériorité, et est donc, dans ce sens théorique et inoffensif, la forme des choses dans la singularité et la particularité, avec leurs accidents, leurs propriétés, etc. Mais dans la réflexion intuitive, l'extériorité du temps se trouve être reprise dans l'intériorité de la loi éternelle. C'est ainsi que, dans la signification unique en soi de la temporalité, qui est une signification dynamique, nous comprenons le véritable sens de l'être humain".

KRAHMER Sh. M., *Interpreting the Letters of Bernard of Clairvaux to Ermengarde, Countesss of Brittany: The twelfth-century context and the language of Friendship.* — CS 27, 1992, p. 217-250.

In B's extant letters to Ermengarde (E.), as in all his letters of friendship, both the particular and individual relationship and a larger doctrinal concern are evident. The individual is not lost in the ideal as in Anselm, but each individual relationship finds its place in a larger reality of love. Because this is so with the letters to men, and because the letters to E. share much of the same language, we have no reason not to assume that it is also true in her case. It is possible that behind the language of Letters 116 and 117 (see below SAINT-GERMAIN C.) stands a relationship that participated in the same kind of intimacy, mutual love, and esteem that B. is known to have shared with Peter the Venerable and with William of Saint-Thierry. What makes these letters unique is that they are written to a woman and that a monk who apparently left his monastery with such great reluctance expresses particular desire to see a woman. Further, B. intentionally placed these letters of friendship, addressed to a woman, in his published collection of letters. The a. can only conclude that for B. "relationships with individual women stood squarely within the realm of friendship and that friendship itself finds its place in B's wider understanding of the mystical way. The message of the letters to E. is that, in the divine economy of Love, even the male-female relationship is capable of transforming and of being transformed" (p. 250).

KRAILSHEIMER A.J., *Bernard and Rancé.* — Bernardus Magister... p. 547-556.

As a product of the French Classical Age Rancé (R.) needed to justify his controversial monastic ideas by appealing to a recognised authority. B's personal sanctity and uniquely influential role in cistercian history made him the obvious choice. In his principal work, *De la sainteté...* (1683), R. quotes B. more than any other authority, using a wide range of his writings, but with a clear preference for the *Epistolae*. R. reveals deep and extensive knowledge of B's writings, but the emphasis on the *Epistolae* suggests an attempt to follow B. as a person and not just as an authority. The spirituality of the Desert Fathers was vital to R., but the authority of B. was supreme at La Trappe and R. constantly held out the example of Clairvaux under B. as an ideal for his own community and others.

LACKNER B., *Saint Bernard: on bishops and Rome.* — The American Benedictine Review 40, 1989, p. 380-382.

To illustrate the difference between the plenary power of the pope and the intermediate authority of the bishop, B. used the famous phrase *in partem sollicitudinis*. The pope, he explained, "is called to the fullnes of power" (*in plenitudinem potestatis*); the bishops "are called to administer part of the responsibility" (*in partem sollicitudinis*). This formula goes back to Saint Leo the Great and had originally an exclusively practical connotation. It was to remind a subordinate of the limits of his delegated powers, especially in juridical matters. Now it reappeared in the realm of theology and used to characterize the relationship between the Roman Church and the particular churches, between papal power and episcopal power. It implied that the pope possessed ecclesiastical power in its totality, the bishops possessed it in a restricted measure. But, even if in juridical matters the bishop's jurisdiction was generally seen as a delegated jurisdiction, as an "emanation" of the supreme authority, B. always emphasized that the two powers themselves derived directly from God.

La dottrina della vita spirituale nelle opere di San Bernardo di Clairvaux. Atti del convegno internazionale Roma, 11-15 settembre 1990. Roma 1991, 418 p. (= AC 46, 1990).

Ce congrès a été organisé par les deux ordres cisterciens, qui considèrent la doctrine de B. comme leur patrimoine commune, l'Ordre de Cîteaux et l'Ordre des Cisterciens de la Stricte Observance.
Fr. Jérôme Cardinal Hamer, O.P., *Préface. Saint Bernard est un moine*, p. 13-16.
Voir M. CASEY, R. FASSETTA, D. FARKASFALVY, F. GASTALDELLI, D. HELLER, I DEUG-SU, R. KERESZTY, U. KÖPF, J. LECLERCQ, B. MCGINN, B. OLIVERA, CHR. WADDELL et P. ZAKAR.

La Madonna nel pensiero di San Bernardo e dei primi cistercensi. Introduzione di B. DEL COLLE. Scelta e traduzione dei brani a cura di L. SCANU. — Milano 1989, 180 p.

Una raccolta di brani e preghiere sulla Vergine Maria, tratti dai suoi sermoni e distribuiti in dodici mesi, rispettando quando è possibile l'attuale calendario liturgico della festività mariana. Dei 66 brani in cui si articola l'antologia, 34 sono di B. (altri autori: Alano di Lilla, Adamo di Perseigne, Isacco della Stella, Oglerio di Lucedio, Elinando di Froidmont e Amedeo di Losanna).

LAMY A., *Saint Bernard à l'écoute de l'esprit.* — Paris 1989, 158 p. (Maranatha, 17).

LAMY A., *In ascolto dello Spirito con San Bernardo.* Traduzione di E. COCCIA. — Milano 1990, 164 p. (Fermenti, 44).

= traduction italienne du titre précédent.

L'a. ouvre une voie nouvelle sur l'aspect le plus profond et le plus précieux de B.: sa connaissance exceptionnelle des voies de la prière et de l'expérience de Dieu. Elle met à la portée de tout laïc le message toujours actuel de ce grand maître spirituel. Six chapitres: *Sur les pas de B. — L'Esprit vient vivre en nous. — Vivre dans l'Esprit Saint. — Jouer avec l'Esprit. — Le rayonnement de l'Esprit. — La plénitude de l'Esprit.*

LANCZKOWSKI J., *Einfluß der Hohe-Lied-Predigten Bernhards auf die drei Helftaer Mystikerinnen.* — EA 66, 1990, p. 17-28.

Die Verf. versucht, ansatzweise aufzuweisen, wo bei Mechthild von Magdeburg, Mechthild von Hackeborn und bei Gertrud der Grossen Einflüsse von Bs Hohe-Lied-Predigten vorliegen könnten und kommt zu dem Ergebnis, daß Gertrud Bs Predigten kannte und auch von diesen zumindest angeregt wurde.
"...wird deutlich, daß Gertrud von den drei Helftaerinnen am meisten durch Bs Hohe-Lied-Predigten beeinflußt war, was zweifellos schon aus dem Grund richtig ist, da sie die Texte am besten kannte. Es ist aber nicht zu übersehen (...), daß sie Bs Gedanken verinnerlicht, vertieft hat. Wenn Bs Gedankenfülle und Bilder- und Beweisreichtum sich wie ein Sturzbach über die Hörer ergießt, dann faßt Gertrud zusammen, sie zentriert, fuhrt in die Tiefe, in die Innerlichkeit, hin zum göttlichen Liebesgeheimnis" (S. 27).

LANE A.N.S., *Bernard of Clairvaux: A forerunner of John Calvin?* — Bernardus Magister..., p. 533-545.

Calvin (C.) quoted B. many times throughout most of his literary career, on a variety of topics. These include the doctrine of justification, the subject of ecumenical dialogue in C.'s time and in our own. C. claims B. as, at least in part, a forerunner of the Reformation doctrine. But how fair is this? There is a strand of B's teaching which prefigures the protestant doctrine, especially concerning the imputations of Christ's righteousness. This was recognised in the sixteenth century by those Roman Catholic theologians, before and at the Council of Trent, who were sympathetic to the protestant doctrine of justification. Their attempts at conciliation failed, but today the climate is different. B. can be a meeting ground for Catholic-Protestant dialogue on this subject.

LANE A., *Calvin's use of Bernard of Clairvaux.* — Bernhard von Clairvaux. Rezeption und Wirkung..., S. 303-332.

"Calvin's (C.) portrait of B. was selective and apologetic. But is does not follow that he was merely a ruthless polemicist culling from B. the most advantageous proof texts. His use of B. was decidedly occasional and he did not call upon him whenever he felt the need of support, nor even whenever B. had support to offer. Some of the passages which he quoted could well have been used by him for additional support in other contexts. Furthermore, even C.'s apologetic quotations are often chosen for literary as well as polemical reasons. This is even clearer in those passages which are quoted for no discernible polemical reason but purely to illustrate a point. C. began to read and quote B. for apologetic purposes, but as time went on he grew to appreciate and use him for his own inherent value" (p. 317).

LANGER O., *Affekt und ratio. Rationalitätskritische Aspekte in der Mystik Bernhards von Clairvaux.* — Zisterziensische Spiritualität..., S. 33-52.

Im Zuge zunehmender Rationalisierung innerweltlicher Bereiche beginnt sich auch die Theologie zu verändern und ein *novum docendi genus* zu entwickeln. Die einsetzende Rezeption der antiken Philosophie führt dabei zu einer Wechselwirkung, die die monastische Theologie zu immer heftigerer Kritik herausforderte. Am Beispiel dreier Kontroversen (Berengar von Tours / Eucharistielehre; die Auseinandersetzung zwischen Rupert von Deutz und Anselm von Laon; der Streit zwischen Abaelard und B.) wird die inhaltliche Seite des *novum docendi genus*, der sich anbahnende Gegensatz zwischen dialektischer und monastischer Theologie und die Entdeckung voluntativer Formen von Erschlossenheit im einzelnen erörtert.
S. 52: "Bs Stellungnahme gegen die rationale Orientierung der Schulen ist ein energischer Versuch, die Machtsansprüche der Vernunft im theologischen Bereich zu brechen. Im Spätmittelalter werden (...) analoge Versuche in einer Heteronomie der Zwecke dazu führen, den Anteil der

Theologie an der Welterklärung zu reduzieren, damit aber zugleich die *ratio* zum Organ empirisch-analytischen Wissens auszubilden."

LANGER O., *Passio und compassio. Zur Bedeutung der Passionsmystik bei Bernhard von Clairvaux.* — FUCHS G., *Die dunkle Nacht der Sinne. Leiderfahrung und christliche Mystik.* Düsseldorf 1989, S. 41-62.

Ein Bild der Passionsmystik Bs in drei Schritten. 1.: Sie wird in ihren historischen Kontext der Auseinandersetzung von scholastischer und monastischer Theologie gestellt. Für B. ist, im Gegensatz zu Abaelard, die Gotteserkenntnis kein bloß rationaler, theoretischer Vorgang, sondern eine Erfahrung. — 2.: Um dies darzustellen vergleicht der A. die griechisch-aristotelische Auffassung von Leid, Schmerz und Mitgefühl mit der Leidenslehre des Paulus, die die christliche Auffassung geprägt hat. Was die Griechen als negativ ansahen, versteht Paulus positiv: zum Heil führend. — 3. Bs zentrale Lehre von der Liebe zum Leiden Christi wird skizziert. Die *compassio*, das Mitleid mit dem gekreuzigten Christus, steht auf der untersten Stufe der Liebe, die zu Gott führt: Leiden gehört zu Nachfolge Christi hinzu und ist in der Liebesgemeinschaft mit ihm begründet. Bs Passionsmystik ist christozentrisch und durch ein affektives Verhältnis zum Gekreuzigten geprägt.

LA OLIVA, v. *San Bernardo de Claraval. Un mensaje...*

LARDREAU G., *Amour philosophique et amour spirituel.* — Saint Bernard et la philosophie..., p. 27-48.

La question de l'a. n'est pas (p. 27) "qu'en est-il du rapport de B. à la philosophie, tel que lui-même le thématise, ou tel encore qu'il joue objectivement dans son œuvre, mais celle-ci: de quel rapport entre discours philosophique et discours spirituel l'œuvre de B. témoigne-t-elle, quelle relation entre eux autorise-t-elle à construire, quelle mise en perspective de l'un sur l'autre?".
P. 48: "Mais s'il y a une folie de l'amour charnel, si le spirituel peut avoir, lui aussi, une folie pour son risque, il n'y a pas de folie de l'Un. Car le philosophe, à la différence de ses rivaux d'amour, a un *soi*: il y tient, s'en soucie, entend sur lui ne pas céder — et, de cette *décision*, se conclut. Ce n'est certes pas, à mes yeux, une imperfection — comme le fait d'avoir dû adopter, autant qu'il était en moi de le faire, le point de vue de B., a pu, peut-être, le donner parfois à penser -, moins encore une défaillance. Une limite, si l'on veut, mais qui n'est rien que la condition de son travail positif".

LATIANO, v. *Lecce ...*

LE BORGNE C., *Symboles et rites de la procession du 2 février chez Saint Bernard.* — Liturgie n° 75, décembre 1990, p. 347-359.

LE BORGNE C., *Saint Bernard and the symbols and rites of the Candlemas Procession.* — Liturgy 25, 1991, p. 29-42.

= traduction du titre précédent.

La pensée de B. est nourrie par l'Ecriture Sainte. La *Règle de Saint Benoît* est, elle aussi, constamment sousjacente. Le combat contre l'adversaire est réel; le feu de l'amour de notre Rédempteur nous sauve, et tendus de l'avant, emportés par l'Esprit de joie, l'Esprit d'amour, nous nous exposons à la miséricorde du Père.

LECCE — MARTANO — LATIANO. *I Cistercensi nel mezzogiorno medioevale.* 25-27.2.1991.

Resoconto di questo convegno internazionale di studio, organisato dal Dipartimento di Studi storici dell'Università di Lecce: RC 81, 1991, p. 105-108; communicazione di C. DI DONATO, *I Cistercensi nel Mezzogiorno medioevale*, B 39, 1992, p. 225-231.
K. ELM, *Nuovi metodi ed argomenti della ricerca storica sui Cistercensi.* — B. VETERE, *Elementi tradizionali ed aspetti nuovi nella spiritualità monastica meridionale all'epoca di S. Bernardo.* — H. HOUBEN, *Le istituzione monastiche del Mezzogiorno all'epoca di S. Bernardo.* — T. KOLZER, *La monarchia normanno-sveva e l'Ordine cistercense.* — R. COMBA, *Nuovi orientamenti nell economia monastica dei Cistercensi.* — E. ZINZI, *L'arte cistercense in Calabria: problemi di restauro.* — F. AVAGLIANO, *San Bernardo e Montecassino.* — E. PASZTOR, *Gioacchino da Fiore: un cistercense meridionale.* — P. CORSI, *I Cistercense nella Puglia medioevale.* — R. PACIOCCO, *I Cistercensi nell'Abruzzo e Molise medioevali.* — E. CUOZZO, *I Cistercensi nella Campania medioevale.* — P. DALENA, *I Cistercensi nella Basilicata medioevale.* — P. DE LEO, *I Cistercensi nella Calabria medioevale.* — S. FODALE, *I Cistercensi nella Sicilia medioevale.*

LECHARLIER R., *Réflexions sur l'enseignement de saint Bernard.* — CollC 53, 1991, p. 233-239.

P. 233: "Je ne parle qu'en tant que lecteur de B. Etonné et charmé. Etonné: frappé par l'actualité du message d'un homme dont la vie se déploie sur tous les registres. Charmé: oui, sous le charme de vérités grosses de paix".

LECLERCQ J., *Preludio a un nuovo centenario di san Bernardo.* — LSC 117, 1989, p. 366-377.

"Nous ne voulons pas ici récapituler les résultats définitifs ou provisoires... mais seulement indiquer quelques-uns des problèmes qui se posent au début de ce centenaire". La richesse de ces pages tient en effet tout particulièrement dans les séries de questions que l'a. pose, éventuel champ d'action pour de futurs *studiosi*, qui auront à vivre "cette humilité qui consiste à savoir changer d'avis, si l'étude des faits l'impose". J.L. passe en revue les recherches historiographiques (biographie de B., sa légende; son rôle dans les institutions cisterciennes, son attitude par rapport à l'art cistercien), l'étude des textes (édition; diffusion des manuscrits; traductions en cours; informatisation), les études philologiques et psychologiques, les études doctrinales (deux aspects qui ont été exagérés: sa théologie mariale, sa dévotion à l'humanité du Christ); thèmes abordés récemment et encore à poursuivre; étude des sources, en particulier bibliques. Au passage, l'a. signale l'une ou l'autre parution toute récente concernant le sujet évoqué.

LECLERCQ J., *L'écrivain.* — Colloque de Lyon..., p. 529-556.

B. a beaucoup écrit. Il a été considéré, de son temps et ensuite, comme un grand écrivain. Etudier, en lui, cette activité, c'est essayer de comprendre son caractère et son rôle. Quels motifs donnait-il, à lui-même et aux autres, pour son écriture? Et, en l'accomplissant, quels mécanismes intérieurs, quels moyens littéraires met-il enjeu?
1. Pourquoi écrivait B.? Des deux domaines sur lesquels il exerce son activité d'écrivain, le plus vaste est celui de l'exposition contemplative des mystères de Dieu; celle-ci occupe tous les sermons, qui emplissent cinq sur huit des volumes de ses œuvres, et une partie des traités et des lettres, qui figurent dans les trois autres. On ne peut donc apporter une réponse simple à la question des raisons pour lesquelles il se fait écrivain. — 2. Comment écrivait B.? "Avec soin, quant à l'art, et, quant aux sentiments, souvent avec tendresse, parfois avec ironie, voire férocité, mais toujours avec joie" (p. 554).

LECLERCQ J., *Saint Bernard et la tendresse.* — CollC 52, 1990, p. 1-15.

De la miséricorde, B. a donné une description qui équivaut à une définition: "C'est un sentiment — *affectio* — que la volonté ne peut contenir, que la raison ne peut dominer: on ne la commande point, mais c'est elle qui force, avec nécessité, les âmes bonnes à la compassion".
P. 6: "Il y a en nous, de par notre nature elle-même, une capacité d'attachement (*affectus*) et d'affection (*affectio*) qui est un bien: c'est

une participation à la réalité même de Dieu. Mais il y a aussi en nous une possibilité de désordre, du fait de notre condition de pécheurs. Notre capacité d'amour, qui est fondamentale, doit donc être "rectifiée", remise en "ordre", réorientée par le don que le Père nous a fait de son Fils et par le don que le Père et le Fils nous font de l'Esprit Saint. Cette tendresse humaine naturelle devient alors en nous une tendresse chrétienne, une tendresse de chrétiens, une tendresse du Christ en nous.

LECLERCQ J., *Women and Saint Bernard of Clairvaux*. — Kalamazoo, Cistercian Publications, 1989, 176 p. (Cistercian Studies Series, 104).

= traduction de *La femme et les femmes dans l'œuvre de Saint Bernard*. — Paris, 1982.

Evitant de poser d'avance des problèmes abstraits comme celui de l'anthropologie de la femme ou du concept théologique de la femme chez B., l'a. s'est imposé d'examiner tous les textes dans lesquels B. a parlé des femmes ou à des femmes, tous les faits, tous les symboles, toutes les images et idées qui s'y trouvent, sans négliger ni le contexte qui les éclaire, ni les sources dont ils dépendent, ni le genre littéraire dont ils relèvent, ni leur date... Il s'est donc mis à l'écoute des traités, des sermons, des lettres. Après tout cela, qui oserait encore parler d'un B. misogyne ?

LECLERCQ J., *A Second Look at Bernard of Clairvaux*. — Kalamazoo, Cistercian Publications, 1990, xv-150 p. (Cistercian Studies Series, 105).

= traduction de *Nouveau visage de Bernard de Clairvaux. Approches psycho-historiques*, Paris 1976.

Rappelons quelques titres et sous-titres de cet essai basé sur la psychologie: image maternelle et milieu familial; agressivité; mécanisme de l'ironie; ironie et affectivité dans la lettre de Foulques d'Aigremont; B. psychothérapeute; intensité des conflits intérieurs; le baiser (v. CARRÉ Y.); symbolisme et réalité.

LECLERCQ J., *San Bernardo "cuciniere di Dio"*. — Bernardo cistercense..., p. 333-344.

L'a. se base sur le texte "quorum ego quidem coquus, anima mea coquina est" (B., *In festivitate Omnium Sanctorum*, 1, 1-3) et s'appuie sur les mots-clés *coquus* et *coquina*, et sur des termes apparentés tels que *(es)coquere, decoquere, coctio*, etc.

LECLERCQ J., *Le mystère de l'Ascension dans les sermons de saint Bernard.* — *Recueil d'études...*, p. 117-124. Reprise de CollC 15, 1953, p. 81-88.

LECLERCQ J., *The Mystery of the Ascension in the Sermons of Saint Bernard.* — CS 25, 1990, p. 9-16.

= translation of the preceding number.

En tous les sermons de B. sur le mystère de l'Ascension, on admire un parfait équilibre entre toutes les exigences du dogme et de la morale. L'exhortation spirituelle découle directement de l'enseignement dogmatique. B. ne s'attarde jamais à l'exposé abstrait d'un problème spéculatif: sa théologie est concrète, parce qu'elle est biblique. Elle est pratique, toujours ordonnée à la vie. Mais elle n'est pas sans cohérence: non seulement elle est parfaitement orthodoxe, mais elle témoigne d'un sens religieux très juste. Elle témoigne surtout d'une ardente et paisible contemplation, inspirée de la contemplation même de l'Eglise.... C'est parce qu'il n'aspire qu'à l'union avec Dieu que, malgré les sollicitations de Gerhoh de Reichersberg, B. s'élève si loin au delà des querelles scolaires sur l'*homo assumptus*.

LECLERCQ J., *Cisterciennes et filles de S. Bernard. A propos des structures variées des monastères de moniales au moyen âge.* — SM 32, 1990, p. 139-156.

Les thèmes énoncés par ce titre ont de nouveau retenu l'attention quand, en 1987, on commémora le huitième centenaire de l'incorporation de l'abbaye de Las Huelgas, près Burgos, à l'Ordre cistercien. Ce fut l'occasion de constater, une fois de plus, combien le statut juridique des monastères de moniales différait d'un endroit à l'autre. A propos de Las Huelgas l'a. rappele des exemples au sujet desquels on est amené à se poser plusieurs questions. D'une part, peut-on se demander, quelle attitude l'Ordre de Cîteaux avait-il envers les moniales? D'autre part, à partir du moment où elles lui furent incorporées, quels changements cela entraîna-t-il pour elles? Par les antécédents et les rapprochements qu'ils donnent lieu d'évoquer, ces problèmes présentent un intérêt qui dépasse le cadre de l'institution cistercienne.

LECLERCQ J., *Bernard de Clairvaux.* — Paris 1989, 166 p. (Bibliothèque d'histoire du christianisme, 19).

LECLERCQ J., *Bernhard von Clairvaux. Ein Mann prägt seine Zeit.* — München, 1990, 195 p.

= deutsche Übersetzung von J. LECLERCQ, *Bernard de Clairvaux*, 1989.

LECLERCQ J., *Bernardo de Claraval.* — Valencia 1991, 237 p.

= traducción castell. J. LECLERCQ, *Bernard de Clairvaux*, 1989.

L'a. essaie de retrouver, à travers les légendes et par delà la masse de ce que l'on a écrit pour ou contre lui, le véritable B. de l'histoire. Il s'agit là d'une tâche délicate. Si B. est difficile à connaître, à comprendre et, pour d'aucuns, à aimer, c'est à cause de la complexité de sa personne et de son œuvre. Cette part de mystère qui entoure le personnage, loin de la décourager, doit au contraire stimuler la recherche, aussi objective que possible, du vrai B.

LECLERCQ J., *San Bernardo. La vita.* Introduzione *Alla ricerca di san Bernardo* di C. STERCAL. — Milano, 1989, 200 p. (Biblioteca di Cultura Medievale. Di fronte e attraverso, 240).

= traduzione italiana della prima parte di J. LECLERCQ, *Saint Bernard mystique*, 1948.

La prospettiva dell'a. è di presentare lo spirito e il dinamismo interiore di B. Questo è il significato del titolo originale dell' opera in francese. Attraverso le quattro parti in cui essa si articola: *Gli inizi, I primi frutti, Colonna della Chiesa, La consumazione*, il L. considera l'itinerario di B. dall'infanzia fino alla morte alla luce del disegno di Dio su di lui e della sua dolcissima risposta. Il a. vuole presentare non il B. della leggenda ma il B. della storia e, a questo scopo, egli si serve soltánto della *Vita prima* — da lui ritenuta in quel momento più sicura storicamente — e dei testi dello stesso B.

LECLERCQ J., *Naming the theologies of early twelfth century.* — Mediaeval studies 53, 1991, p. 327-336.

P. 327: "In the XIIth century many ecclesiastical authors wrote on matters of Christian doctrine. Who among them may rightly be considered as theologians? And is it possible to put the list of names in some sort of order? If we attempt to classify them in different categories, according to what criteria should we proceed? In particular, we may ask whether the monks as a distinct group practiced a theology that is different from other theologies, and if so, what are the distinctive characteristics?"

I. *For a sociology of theologies*. In 1957 L. discerned two sorts of theology corresponding in ecclesiastical society of the XIIth century to two different milieux which were made up by, on the one hand, the cloisters and, on the other, the cathedral schools and towns. In 1978 L. suggested to distinguish not two but three groups of theologians: apart from the contemplative theology of the cloisters and the pastoral theology of the cathedral schools where clerics were formed, there seemed to be also a speculative theology produced by the "intellectuals", that is to say, people who identified themselves neither with those living in cloisters nor with the masters teaching in the schools. Generally, the contrasting nature of their theologies did non hinder exchange of views. A particular social milieu fostered a certain psychology and language. It is therefore necessary for the psycho-sociology of theologies to be accompanied by the linguistics — and even the psycho-linguistics — of theologies.
II. *Discerning theological systems*. The systematic theology of Anselm of Laon, William of Champeaux and their schools is very different from the mystical theology of Cistercian writers such as B. and William of St. Thierry. But do the writings of Cistercians, Benedictines and canons merit being described as mystical, a word whose exact meaning is not specified? P.335: "Such distinctions are not oppositions, but if we want to put some sort of order in this immense literary production, then we must take into consideration the objective and sociological facts that, still today, offer us a very good criterion for any interpretation".
III. *Priesthood and theology*. Many monks were being ordained to the priesthood. Does that mean that they were necessarily oriented to pastoral activity requiring them to cultivate a more or less systematic catechetical or theological knowledge? Contrary to the canons regular, whose vocation entailed preaching outside the cloister, monks retained faithful to the kind of theology that was proper to their own milieu.

LECLERCQ J., *Bernhard von Clairvaux. Entschiedenheit in Demut.* Herausgegeben von A. ALTERMATT. Würzburg-Fribourg (Suisse), 1991, 200 S. (Meister des Glaubens, 3).

= deutsche Übersetzung von J. LECLERCQ, *S. Bernard et l'esprit cistercien*, Paris 1966.

Während an wissenschaftlichen Untersuchungen über B. kein Mangel ist, fehlt es an guten und für jeden ernsthaft Interessierten lesbaren Einführungen in Leben und Werk Bs, die sich vom Traktätchenstil abheben. Übersichtlich gliedert sich der Stoff in drei Hauptkapittel, denen eine Einführung vorangestellt ist: *Der Lebensweg Bs — Werk und öffentliches Wirken — Seine bleibende Bedeutung*. Es folgen ausgewählte Texte aus Briefen und Predigten, eine von A. Altermatt verfaßte chronologische Übersicht sowie eine von dems. erstellte Auswahlbibliographie. Das

Werk zeigt auch die Widersprüchlichkeit im Wesen Bs und übergeht keines der heisen Eisen wie Kreuzugspredigt oder Auseinandersetzung mit Abälard.

LECLERCQ J., *Bemerkungen zu den Predigten des hl. Bernhard für die Fastenzeit.* — CC 97, 1990, p. 1-9.

= im französ. Originaltext publiziert in CCC 18, 1967, p. 119-129 und in J. LECLERCQ, *Recueil d'études sur S. Bernard et ses écrits*, Bd. 4, Rom 1987, S. 95-106.

Die Gruppe der Predigten Bs zur Fastenzeit wurde im Hinblick auf seine aszetische Lehre bereits erforscht. Gleicherweise ist die Serie der siebzehn Ansprachen über den 90. Psalm *Qui habitat* aus dem Gesichtspunkt der Textgeschichte untersucht worden. Hier wird nun betrachtet, was sich hinsichtlich des literarischen Charakters und des geistlichen Inhalts dieser Predigten ergeben kann. Dieses Problem wird zuerst bezüglich der Predigten erörtert, welche im allgemeinen von der Fastenzeit handeln, hernach wird es in jenen angegangen, welche den Psalm 90 kommentieren.
In dieser Textgruppe verbinden sich viele Qualitäten: die des Stils und der Komposition, der Satzmelodie, der biblischen, liturgischen und patristischen Genauigkeit des Vokabulars, die Schärfe der psychologischen Beobachtung, die Intensität inbrünstiger Ermahnung, die Erhabenheit der Lehre. Es handelt sich hier um wesentlich mehr als um oberflächliche erbauliche Erwägungen. Aber nur ein aufmerksames und mit nahezu minutiösem Studium verbundenes Lesen enthüllt diese Kostbarkeiten, die unter dem äusseren Schein einer alltäglichen Predigt verborgen sind. Das ganze Werk Bs ist reich an derartigem Reiz und Geheimnis.

LECLERCQ J., *The Joy of Dying According to St Bernard.* — CS 25, 1990, p. 164-174.

= translation of J. LECLERCQ, *La joie de mourir selon saint Bernard de Clairvaux*, first published in *Dies illa. Death in the Middle Ages.* Proceedings of the 1983 Manchester Colloquium, edited by Jane H.M. TAYLOR. — Liverpool, 1984, p. 195-207. — Reprise dans *Recueil d'études...*, p. 429-442.

L'a. commence par noter que la contribution spécifique de B. sur la mort consiste sur ce point comme sur d'autres, non à fixer les attitudes spirituelles du monachisme, mais à en élaborer la théologie. Son enseignement à ce sujet, il l'a exposé à propos des saints, dans la liturgie, comme modèles, mais également à propos de certains de ses contemporains, et, enfin, à propos de lui-même quand il anticipe sa propre mort (dans la lettre 310 à Arnaud de Bonneval). Deux thèmes paraissent dominer dans sa pensée: le désir de la lumière et l'attente de la surprise: *iucunditas de novitate*.

LECLERCQ J., *Toward a sociological interpretation of the various Saint Bernards*. — Bernardus Magister..., p. 19-33.

The a. uses categories borrowed from the religious sociology of Max Weber. The distinction between personal charism and institutional charism applied to the case of B. can be useful. The influence B. enjoyed is a matter of a personal, rather than an institutional charism. B. was able very consciously to put his gifts at the service of the institution. But it is unknowingly, as it were, that he acquired that recognition on the part of those surrounding him which can be termed *canonization* in the sociological sense of the term, a recognition which unfolded even before his death and up to the present day through multiple, more or less legendary approaches. Thus the variety of interpretations of B. goes beyond the mere reality of events and cannot be explained by a lasting historical influence, for true it is that a personal charism does not survive its bearer. The number and impact of interpretations of B. indicate that he is the personal realization of a universal archetype.

LECLERCQ J., *Le Moi, la Compassion et la Contemplation*. — Saint Bernard et la recherche..., p. 39-48.

Self, compassion and contemplation. These words epitomize the stages of the "Christian way", which cause us to pass over from our finiteness to God's fullness. Thanks to Christ who reveals and gives himself over to him, the human person knows himself as he is in truth and accepts to be what he is: he becomes compassionate towards the selves of all the others; and that charity causes him to turn to contemplation lovingly. These key-notions of B's anthropology are met again in his christology and his theology of the Trinity, which chimes in with today's phenomenology. Our need to transcend ourselves is converted into a desire of God, expressed in prayer and leading to the service of all.

LECLERCQ J., *Saint Bernard et la vie religieuse*. — Vie consacrée 62, 1990, p. 296-305.

D'abord et avant tout, B. fut un formateur de moines, de supérieurs, de moniales. Même s'il a parlé de certaines coutumes de Cluny avec un art raffiné de la caricature, il n'en aime pas moins tous les Ordres religieux. B. eut une influence particulière sur les moniales. Grâce à lui, beaucoup adoptèrent coutumes et spiritualité cisterciennes, même sans appartenir canoniquement à l'Ordre. B. qui ne fut pour rien dans la fondation de Cîteaux, fut pour tout dans sa propagation. C'est pourquoi le *vox populi* le regarde souvent comme le "Père" de l'Ordre.

LECLERCQ J., *Das Leben des heiligen Bernhard.* — BCF, p. 1-13.

Rapide parcours de la vie de B. comportant un prologue (B. lui-même n'a laissé aucun souvenir des années qui ont précédé son entrée à Cîteaux) et quatre étapes principales. Les quinze premières années de son abbatiat le voient œuvrer surtout en France et dans le milieu monastique. De 1130 à 1138 son influence s'accroît à l'occasion du schisme d'Anaclet et à cause de l'expansion de Clairvaux. Au cours des dix années suivantes (*Spätere Scharmützel 1139-1148*) ses rapports avec l'Eglise tout entière prennent une importance encore plus grande. Les cinq dernières années de sa vie (*Lichter Lebensabend und freudvolles Ende. Abriß eines Lebens*) sont marquées par de pénibles souffrances morales et physiques. P. 13: "Aber der wahre, geschichtliche B. ist nicht minder groß als der legendenhafte".

LECLERCQ J., *Une doctrine spirituelle pour notre temps?* — La dottrina..., p. 397-410.

Tous les problèmes abordés par l'a. concernent à la fois la connaissance théologique et la façon dont elle anime la vie spirituelle. Quelques citations. P. 401: "Il fut naguère nécessaire de rappeler que peu élevé est le nombre de ses textes qui soient explicitement consacrés à Marie (...) Est-ce dire que B. ait 'marginalisé' Marie, qu'il ne se soit pas rendu compte suffisamment de son rôle? Nullement: elle est intégrée à tout l'ensemble du mystère du salut". — P. 402: "Il semble bien que cette immense production d'homéliaires a dû servir d'intermédiaire entre les Pères antiques et le dernier des Pères. Il y a là tout un champ d'investigation qui reste à exploiter. Car on ne peut séparer les trois sources qui constituent, pour ainsi dire, la base triangulaire de toute la culture chrétienne: la Bible, la liturgie, la littérature patristique". — P. 409: "... ce que l'on peut attendre de B., comme de toute source chrétienne, ce ne sont pas des théories élaborées, mais des suggestions stimulantes, des aperçus, des pistes de recherche, des images et des formules qui font penser ou qui illustrent et confirment les progrès que la théologie accomplit aujourd'hui. Que son sens de l'Eglise, selon une formule de son dernier ouvrage, cette *Considération* tout à la fois si libre et si constructive, que son sens de l'Eglise nous aide à discerner ce que notre temps requiert — *quod tempus requirit* (*De cons.* II, 9) — et à y répondre".

LECLERCQ J., *Sur la tradition manuscrite de deux lettres-traités de Saint Bernard.* — Recueil d'études..., p. 69-78.

= reprise de *Miscellanea codicologica F. Masai dicata.* Ed. par P. COCKSHAW, M.C. GARAND, P. JODOGNE. Gand 1979, p. 265-272.

Du registre authentique des Epîtres de B., tel qu'il fut constitué par lui-même, Mabillon avait extrait deux textes que, à cause de leur longueur, il fit figurer dans une série artificielle de *traités et opuscules.* L'une d'elle est la lettre 77, rédigée en réponse à des questions posées par Hugues de Saint-Victor et qui devint alors l'Opuscule X. Mabillon l'a intitulée *Tractatus de baptismo aliisque quaestionibus.* B. y parle de théologie dogmatique. Cette lettre est transmise soit parmi d'autres lettres, soit à part. Suit une liste des manuscrits dont l'a. a pu avoir connaissance, avec, pour chacun, sa date approximative et l'indication de sa provenance ou de ses possesseurs.
La lettre 42 est devenue, dans l'édition de Mabillon l'Opuscule II, intitulé *Tractatus de moribus et officio episcoporum* (v. B. LACKNER). Elle a été écrite à la demande d'Henri le Sanglier, archevêque de Sens. B. s'y livre à une critique très vive de la conduite de beaucoup d'évêques; il y propose aussi un programme positif de la façon dont ils devraient se comporter. Cette lettre est transmise soit dans des collections d'autres lettres de B., soit en d'autres contextes, comme un *Tractatus.*
P. 78: "Cette tradition immense confirme l'intérêt que présentent de telles statistiques dans le domaine de la *Kommunikationsgeschichte*, ainsi que parle R. Goy. Tant que l'on ne disposera point, au sujet d'autres œuvres — textes canoniques, chroniques, romans etc... — d'inventaires raisonnés du genre de celui que cet érudit a donné à la science, il sera difficile que l'on se fasse une idée exacte des courants culturels qui s'entrecroisaient à une époque donnée. Un vaste champ d'investigation demeure donc ouvert".

LECLERCQ J., *La doctrine des sermons sur le cantique.* — Recueil d'études...., p. 101-115.

A paraître en italien comme introduction aux sermons sur le cantique... dans les *Opere di S. Bernardo.*

P. 101: "Cette série de quatre-vingt-six sermons consitue l'œuvre la plus déconcertante de B., la plus difficile à lire, et c'est pourtant sans doute la plus belle. C'est certainement celle à laquelle il a travaillé le plus longtemps et avec le plus de soin, comme l'atteste l'histoire de son texte: pendant les vingt dernières années de sa vie, de 1135 à sa mort, survenue en 1153, il n'a cessé de la rédiger, puis de l'améliorer en la corrigeant.

On n'en comprendra la doctrine, la cohérence de la façon dont elle est exposée, que si l'on en saisit d'abord l'intention et, s'il y en a un, le plan".
L'a. aide le lecteur à aborder l'ouvrage, et à persévérer dans sa lecture, en essayant de lui en indiquer, pour ainsi dire, le fil conducteur, s'il en est un. Il importe donc d'abord d'en marquer le caractère général, puis d'en discerner l'ordonnance, toute centrée sur les deux personnages dont elle parle, le Christ et son Epouse.
P. 115: "Mais du fait que B. ne séparait jamais l'aspect contemplatif de l'aspect pastoral, la meilleure preuve est en ce qu'il ait tenu à écrire tous les *Sermons sur le Cantique*. Pourquoi, si non pour partager avec toute l'Eglise-épouse les lumières qu'en lui avait reçues l'âme-épouse? Il a voulu remédier à l'ignorance, à la *nuit* de beaucoup. Ses dernières paroles pouvaient être: *Marchez comme des enfants de la lumière* (85,4)".

LECLERCQ J., *Lettres de S. Bernard. Introduction.* — Recueil d'études..., p. 37-67.

= Original français, traduit en italien pour l'édition italienne des *Opere di San Bernardo* VI/1 *Lettere*, a cura di F. Gastaldelli. Milano 1986, p. ix-xxxvii.

Avant d'examiner le contenu de ses lettres, il faut les replacer dans son existence, en essayant de voir comment ces documents ont été, pour ainsi dire, fabriqués, puis conservés, rassemblés en des recueils et des manuscrits qui ont été transmis jusqu'à nous. Tout l'essentiel, sur cette histoire du texte des Epîtres, a été exposé dans les *Introductions* à chacune des séries que comportent les t. VII et VIII de l'édition des *SBO*, Rome 1974 et 1977.
Ce qu'ont fait les contemporains de B., puis les générations, et même les siècles qui suivirent, fut de discerner en ces textes un enseignement qui nourrissait leur foi et orientait leur conduite chrétienne. De toutes ces lettres, on pourrait presque extraire un vaste exposé de doctrine. L'a. en signale ici brièvement les thèmes principaux, selon un ordre systématique allant du mystère de Dieu même, à la façon dont B. le rend présent, dans la pratique, en l'existence humaine. Il a, bien sûr, parlé de Dieu en toutes ses épîtres. Il en est deux, pourtant, dans lesquelles il traite explicitement de la connaissance que nous avons de lui et de ce que la foi enseigne à son sujet. L'exposé le plus développé se trouve dans sa lettre-traité sur les erreurs d'Abélard (190). A la Mère de Dieu, B. a consacré une lettre importante (174), adressée aux chanoines de Lyon qui commençaient à célébrer une fête en l'honneur de sa conception.

LECLERCQ J., *Art littéraire et théologie dans les sermons de Bernard sur le Cantique*. — Recueil d'études..., p. 25-36.

= reprise de *Monachisme d'Orient et d'Occident. Cîteaux, ses origines, ses fondateurs*. Congrès de Sénanque, 10-12 septembre 1985. — Abbaye de Lérins <1987>, p. 105-126.

L'a. veut montrer la façon dont on fabrique un chef-d'œuvre littéraire en France au XIIe siècle, dans le cas de B., d'après des images parlantes. Ce qui est dit, complète et confirme un certain nombre d'hypothèses et d'idées sur l'histoire des textes de B., mais aussi sur l'histoire de l'Ordre Cistercien et de sa diffusion.

LECLERCQ J., *Genèse d'un chef-d'œuvre*. — Recueil d'études..., p. 11-23.

= reprise de CollC 47, 1985, p. 99-109.

English translation: *The making of a masterpiece*. Preface in *Bernard of Clairvaux, On the Song of Songs* IV. Translated by I. EDMONDS, Kalamazoo (Mich.), 1980, p. ix-xxiv (Cistercian Fathers Series, 40).

Traduz. ital.: *Genesi di un capolavoro*. — ID., *Esperienza spirituale...*, p. 169-183.

B. retravailla une ou plusieurs fois presque tous ses textes, ce qui confère à ses textes *édités* un style extrêmement différent de celui des sermons qu'il prononça sans les *dicter* et les faire mettre par écrit. Son style littéraire apparaît dans les *Sermons sur le Cantique* de façon d'autant plus éclatante que ceux-ci ont fait l'objet, de sa part, d'une *emendatio* qui s'étendit sur un plus grand nombre d'années.
P. 18: "Pourquoi cet homme si occupé s'est-il livré à une activité de révision aussi exigeante? A cette question, une première constatation impose une réponse étonnante: sauf dans le cas du passage *Denique — Consensio* du sermon 71, les corrections d'auteur ne portent pas sur la doctrine. Encore, même en ce cas, la nouvelle rédaction consiste-t-elle à préciser et développer l'enseignement déjà donné, sans en modifier le contenu. La seule raison des changements apportés ne peut donc être que le souci d'améliorer le style, autrement dit un souci de beauté. Cette esthétique de B. comporte une doctrine et une pratique".

LECLERCQ J., *S. Bernard et la Règle de S. Benoît*. — Recueil d'études..., p. 181-194.

= reprise de CollC 35, 1973, p. 173-185.

Conférence lors du Cistercian Symposium 1970 à l'abbaye cistercienne "Our Lady of the Holy Spirit", Georgia, USA.

English translation: *St Bernard and the Rule of St Benedict.* — Rule and Life. An interdisciplinary symposium. Ed. PENNINGTON M.B. Spencer (Mass.) 1971, p. 151-168 (Cistercian Studies Series, 12).

Traducc. cast.: *San Bernardo y la Regla de San Benito.* — CM 25, 1990, p. 307-322.

Deutsche Übersetzung: *Der hl. Bernhard und die Regel des hl. Benedikt.* — CC 97, 1990, S. 1-16 der Nr. 185/186.

Le thème indiqué par ce titre est immense et peu étudié. Il ne s'agit pas ici de l'épuiser, mais simplement d'attirer l'attention sur l'intérêt qu'il offre et sur la méthode qui permettrait de le traiter.
Plus souvent encore qu'un enseignement *sur* la Règle, B. a simplement transmis l'enseignement *de* la Règle. Et il a pu le faire parce qu'il a reçu un enseignement *par* la Règle. Aussi son style, reflet de sa mémoire et de toute sa psychologie, est-il, en grande partie, façonné par la Règle: après la Bible, c'est elle qu'il doit le plus grand nombre de réminiscences. C'est sur ce point que ses écrits sont interrogés ici.
Ce sont les textes de caractère plus nettement monastique où les citations et les réminiscences de la RB sont les plus nombreuses. B. a voulu faire de son *registre* un ouvrage doctrinal beaucoup plus qu'un recueil de documents historiques, et le premier domaine dans lequel il a tenu à enseigner est celui de la vie monastique.
P. 193: "Deux caractéristiques générales se dégagent de toute son attitude à l'égard de la Règle. La première est cette insistance sur la modération et la discrétion, sur la bonté, l'indulgence, la largeur, qui a déjà été marquée. La seconde est la liberté qu'il garde envers le texte de la Règle dans les rares cas où une prescription particulière de celle-ci va à l'encontre d'une conduite qu'il croit devoir adopter pour être fidèle à ce que lui suggère le Saint-Esprit".
P. 194: "C'est à la Règle de S. Benoît, prise dans son ensemble, et surtout en sa doctrine spirituelle, que B. doit le caractère équilibré de son enseignement monastique. Rien de plus étranger à sa mentalité que le littéralisme qui s'est développé aux époques suivantes. Le véritable esprit de la Règle — en d'autres paroles: le Saint-Esprit — ne peut conduire ni à la tiédeur, ni à une vie plus sévère que celle de chaque endroit où l'on est moine; céder à l'une ou l'autre de ces tentations serait accepter une mauvaise pensée. Mais, au contraire, garder en tout une juste mesure, ne point séparer le texte de S. Benoît de la réalisation que lui a donnée la tradition vivante, c'est le moyen d'éviter tout excès. B. le rappelle au moyen

d'expressions tirées du passage où la Bible avait parlé de la voie royale: *car il y des périls du côté de la gauche comme du côté de la droite*".

LECLERCQ J., *Die Ansprachen des hl. Bernard zum Psalm "Qui habitat"*. — CC 99, 1992, p. 27-38.

= deutsche Übersetzung von *Les sermons de Bernard sur le psaume "Qui habitat"* in *Bernard de Clairvaux*. Commission d'histoire de l'ordre de Cîteaux 3, Paris 1953, p. 435-466 und in J. LECLERCQ, *Recueil d'études sur S. Bernard et ses écrits*, vol. 2, Rome 1966, p. 3-18.

LECLERCQ J., *S. Bernard de Clairvaux et la communauté contemplative*. — Recueil d'études..., p. 193-242.

= reprise de CollC 34, 1972, p. 36-84.

English translation: *Saint Bernard of Clairvaux and the Contemplative Community*. — CS 7, 1972, p. 97-142.

La recherche est limitée à Clairvaux et au temps où B. en fut l'abbé; rien n'est dit de ce qui concerne d'autres lieux et d'autres temps; mais le cas de Clairvaux illustre, sur un exemple bien connu, ce qui se vérifierait à propos d'autres monastères, si l'on disposait de sources documentaires aussi nombreuses que pour Clairvaux. Rien n'est dit non plus du rôle politique ou ecclésiastique, ou même doctrinal, de B.: en effet, ses interventions en ces domaines lui furent personnelles et, par conséquent, exceptionnelles, et non révélatrices de son milieu. L'a. tâche de saisir les conditions concrètes, les circonstances réelles et quotidiennes, au milieu desquelles il élabora son enseignement monastique.
P. 242: "Or ni B. ni ses disciples n'ont dissimulé les difficultés que comporte et les problèmes que soulève le fait de mener ensemble une existence dont la raison d'être est la recherche contemplative de Dieu dans la prière et dans l'ascèse. En chacun de ces hommes, et entre eux, que de conflits possibles, dont nous savons qu'ils furent réels! Mais de la part de Dieu, que de moyens de vaincre ces obstacles!"

LECLERCQ J., *Imitation du Christ et sacrements chez saint Bernard*. — Recueil d'études.., p. 151-170.

= reprise de CollC 38, 1976, p. 263-282.

Deutsche Fassung: *Christusnachfolge und Sakrament in der Theologie des heiligen Bernhard*. — Archiv für Liturgiewissenschaft 8, 1963, p. 58-72.

English translation: *The imitation of Christ and the Sacraments in the teaching of St Bernard.* — CS 9, 1974, p. 36-54.

Le désir d'imiter le Christ a toujours été l'un des thèmes privilégiés de la spiritualité monastique en Occident. On pourrait le montrer au moyen d'innombrables pages puisées dans cet ensemble extrêmement riche de documents que constituent les Vies de saints. A propos de B. lui-même, il y aurait bien des choses à dire. Sans parler de sa théologie de l'image de Dieu, on pourrait recueillir, en son œuvre, tout ce qu'il dit de l'imitation de Jésus-Christ, et éclairer chacun des différents aspects de son enseignement sur ce point. Dans cet exposé bref, l'a. préfère de limiter l'enquête de deux façons: d'abord en n'envisageant que l'un des problèmes soulevés, ensuite en ne faisant point porter l'enquête sur tous les textes. Le point de vue adopté est celui du rapport qui existe entre le thème de l'*imitatio Christi* et les mystères célébrés dans la liturgie, les *sacramenta*. Le domaine exploré est restreint aux sermons liturgiques, à l'exception d'un tout petit nombre de textes fondamentaux qui figurent ailleurs.
P. 170: "Entre tous les éléments de cette doctrine, il y a une cohérence interne qui vient des sources dont elle dépend: l'Ecriture, en particulier les épîtres de saint Paul, la liturgie, où se trouvent les textes qu'il cite et les mots qu'il emploie, la littérature patristique à laquelle la liturgie emprunte tant de leçons. B. ajoute-t-il quelque chose à ce message traditionnel? Il ne semble pas. Insiste-t-il du moins de façon nouvelle sur les aspects psychologiques de l'imitation? Mais ceux-ci ne manquaient ni chez les Pères, ni même chez saint Paul. En aucun cas B. n'apparaît, en ce domaine pas plus qu'en aucun autre, comme un docteur sentimental. Il ne fait qu'intégrer l'expérience chrétienne — la *recordatio* et l'*imitatio* — dans la vie sacramentelle. En ce faisant, il n'est que l'un des représentants de la patristique médiévale: presque tout, en ce domaine, reste encore à étudier".

LECLERCQ J., *Confession et louange de Dieu chez saint Bernard.* — *Recueil d'études...*, p. 137-149.

= reprise de La vie spirituelle 120, 1969, p. 588-605.

English translation: *St Bernard on confession.* — CS 4, 1969, p. 199-212.

Dans la Bible et dans la tradition patristique et monastique, l'aveu des péchés est inséparable de la louange que l'on adresse à Dieu à l'occasion de leur pardon.

P. 149: "L'aveu des fautes n'est donc pas suffisant pour qu'il y ait confession, dans l'Eglise; il faut l'action de grâce, la louange, tout ce qui traduit le bonheur de vivre au soleil de la rédemption. L'accusation de soi tend donc nécessairement à se prolonger dans la 'psalmodie', au sens large que revêtait ce mot pour les moines, au temps de B., c'est-à-dire dans la liturgie. C'est dans le culte qu'elle trouve son expression intégrale, et c'est de lui qu'elle reçoit sa totale efficacité".

LECLERCQ J., *Une mystique pratique dans les sermons de S. Bernard à ses moines.* — Recueil d'études..., p. 415-428.

De toutes les œuvres de B. la plus humble est cette triple série de *Sentences* qui occupe la plus grande partie du volume VI,2 de l'édition SBO. Elle n'a jamais été étudiée, parce qu'elle était presque entièrement inconnue jusqu'à ces dernières années et parce que les historiens et les théologiens n'ont pas accordé d'importance à ces textes mineurs.
P. 427: "Il est beau qu'en ces textes humbles, témoins des propos quotidiens — on oserait presque dire des 'menus propos' — du grand mystique que fut B., et des vérités que ses moines pouvaient l'entendre exposer couramment, l'on retrouve les thèmes majeurs qu'il élucidait pour ses lecteurs en ses autres œuvres. Toute la doctrine, ici, est orientée vers la pratique. Mais elle doit conduire à l'expérience spirituelle: elle est donc également de caractère mystique".

LECLERCQ J., *Eloge de la traduction.* — Recueil d'études..., p. 471-480.

= Conférence donnée lors de la présentation de l'édition italienne des *Opera di san Bernardo* à l'Istituto dell'Enciclopedia Italiana à Rome, le 26 février 1987 (cfr *L'Osservatore Romano* du 1er mars 1987).

Traduzione ital.: *Representazione dell' opera omnia di San Bernardo.* Interventi di Jean Leclercq e Ferruccio Gastaldelli (Roma, 26 febrario 1987). — RC 4, 1987, p. 85-101; J. Leclercq, p. 86-93. / *Il Veltro. Rivista della Civiltà italiana* 31, 1987, p. 327-333.

L'édition bilingue — latine et italienne — (v. *San Bernardo. Opere*) des *Œuvres de S. Bernard* n'est que le témoin d'un vaste effort entrepris aujourd'hui pour rendre accessibles ces textes, à la fois dans leur teneur originale, et dans les langues modernes telles qu'on les écrit de notre temps. De semblables publications sont en cours pour les pays d'expression espagnole (v. *Obras completas*), allemande (v. *Bernhard von Clair-*

vaux), française (...), tandis que les nord-américains ont déjà fait paraître une vaste série de volumes en anglais (...). Pourquoi faire ces éditions, travailler à ces traductions? En quoi celles-ci se distinguent-elles de toutes celles qui les ont précédées? Pour le saisir, il faut d'abord les situer dans une tradition, puis essayer d'en discerner les caractères propres.

LECLERCQ J., *L'expérience mystique d'après S. Bernard de Clairvaux*. — Recueil d'études..., p. 403-414.

P. 414: "Moins spéculatif, dans l'analyse, que d'autres penseurs — comme, de son temps, un Guillaume de Saint-Thierry —, B. n'est pas moins ardent. Tout ce qu'il dit suppose, comme chez eux, une expérience; mais il décrit celle-ci avec des termes poétiques inspirés de l'Ecriture Sainte, et en particulier du Cantique des cantiques. Il a voulu que l'union à Dieu demeurât entourée de mystère, et c'est là ce qui a valu à son enseignement de faire l'objet d'études qui, toutes, essaient d'en expliciter le contenu.
Certes, il n'est pas sans intérêt de connaître ces interprétations données à sa doctrine. Mais il importait de l'exposer elle-même. Sa richesse théologique, le lyrisme de son expression n'excluent pas une certaine précision de caractère psychologique. Ces qualités expliquent seules que tant de chrétiens et de chrétiennes aient reconnu leurs propres états d'âme en ceux dont parle B.".

LECLERCQ J., *S. Bernard de Clairvaux. Les combats de Dieu*. — Recueil d'études..., p. 391-402.

= Préface à *Saint Bernard de Clairvaux. Les combats de Dieu*. Textes choisis et traduits par Henri ROCHAIS, Paris 1981, p. 9-24.

P. 402: "De son temps, d'autres écrivains, aujourd'hui oubliés, composaient des ouvrages dans lesquels l'abstraction tenait plus de place que l'imagination. Certains poètes, de leur côté, donnaient libre cours à leur fantaisie, sans offrir de doctrine. B., lui, est un théologien qui essaie de refaire, en ses lecteurs et en ses auditeurs, une imagination chrétienne. Ceci suppose qu'il possède une conception précise, et optimiste, du rôle du corps, des sensations dont il est l'instrument, et des images dont elles sont l'origine. Cette fonction et cette dignité du corporel dans l'ensemble de l'être humain, de ses communications avec les autres personnes et de ses rapports avec Dieu, il les a exposées dans ses grands sermons et ses traités. Ici, on le verra en dégager des conséquences pratiques".

LECLERCQ J., *Le portrait de saint Bernard dans la littérature des 'exempla' du bas Moyen Age.* — Recueil d'études..., p. 458-470.

= reprise de CollC 50, 1988, p. 256-267.

English translation: Thought 54, 1979, p. 291-302.

P. 470: "Bien qu'il présente un message plus universel, le fondement monastique de cette expérience n'est pas absent des *exempla*: de là l'insistance sur la conversion à la vie monastique, la pureté d'intention, la nécessité de la grâce pour vaincre les tentations, la compassion pour l'humaine faiblesse, et finalement l'importance de cette joie profonde à laquelle tous les chrétiens ont droit. Il y a très peu de merveilleux pur ou de miracles gratuits dans ces *exempla*...
Tous les sujets présentés par ses *exemples* ont leur origine dans les Ecritures. Aussi, ce que les prédicateurs et leurs auditoires du bas Moyen Age ont retenu de l'enseignement de B., c'est un sens équilibré de l'ascèse chrétienne, d'origine monastique, mais à la portée de tous et accessible à tous. Ils comprirent clairement que le monachisme est simplement une voie ouverte, parmi d'autres, pour une vie totalement chrétienne".

LECLERCQ J., *Caelestis fistula.* — Recueil d'études..., p. 445-456.

= reprise de *Verbum et signum. Beiträge zur mediävistischen Bedeutungsforschung*. München 1975, Vol. II, p. 59-68.

Traduzione italiana: Monastica 17, 1976, p. 54-60.

La *fistula* désigne: 1. un canal qui transmet l'eau à partir d'une source; 2. un instrument de musique: c'est le fluteau rustique dont le berger se sert pour calmer ses brebis.
P. 455: "... il semble bien que l'image de la 'flûte céleste' ait été l'une des figures de style auxquelles on avait recours dans la chancellerie de l'abbé de Clairvaux".

LECLERCQ J., *Le thème de la jonglerie chez S. Bernard et ses contemporains.* — Recueil d'études..., p. 347-362.

= reprise de *Revue d'histoire de la spiritualité* 48, 1972, p. 386-399; autre reprise: *Pierre le Vénérable. Pierre Abélard.* Auxerre 1975, p. 671-687.

L'une des plus longues lettres de B., la 87e, est adressée à un chanoine régulier du Mont-Saint-Eloi, qui se nomme Ogier et avec lequel B. a entretenu, à partir de 1124, une correspondance assidue. A la date de cette lettre, il est au zénith de son prestige et de son influence. Ogier demande à B. de rédiger pour lui un programme de vie.
P. 348: "... apparemment, une fois de plus, il voulait donner à B. l'occasion de montrer tout son talent, la qualité de sa doctrine, en cette pleine maturité, à cette période de possession parfaite de sa maîtrise litéraire et de sa pensée théologique, à laquelle il était désormais parvenu. C'est à la fin de la réponse de B. que se trouve le texte curieux qui est étudié ici et où B. se compare à un jongleur et à un saltimbanque — *ioculator et saltator* — qui marche sur les mains, les pieds en l'air, attirant les regards et la risée de tous".

LECLERCQ J., *"Ioculator et saltator". S. Bernard et l'image du jongleur dans les manuscrits.* — Recueil d'études..., p. 363-390.

= reprise de *Translatio studii. Manuscript and library studies honoring Oliver L. Kapsner O.S.B.* — Collegeville (Minn.), 1973, p. 124-148.

Comment, à la lumière de la littérature et de l'iconographie médievales nous représenter les acrobaties des jongleurs et mesurer le mépris qu'ils attiraient sur eux?
P. 385-390: compléments iconographiques.

LECLERCQ J., *"Idipsum". Les harmoniques d'un mot biblique dans S. Bernard.* — Recueil d'études..., p. 331-345.

= reprise de *Scientia Augustiniana. Festschrift A. Zumkeller.* — Würzburg 1975, p. 170-183.

Le style de B. est biblique et est le reflet d'une psychologie entièrement imprégnée d'Ecriture Sainte, façonnée par la poésie, et même la grammaire, de la Vulgate et de l'utilisation que la liturgie et les Pères en avaient faite. Le propos d'étudier le mot *idipsum* chez lui n'est point dû au hasard. Au cours d'une longue fréquentation de ses écrits, ce terme qui, en apparence, n'a pas grande signification, s'est révélé comme chargé de sens. Les textes où il se trouve peuvent offrir un exemple des résonances que B. savait donner à tant d'éléments reçus, à travers une tradition, des traductions latines de l'Ancien et du Nouveau Testament. C'est l'ensemble des emplois de *idipsum* qui est caractérisé ici, après une évocation brève des origines de ce mot dans le vocabulaire chrétien.

LECLERCQ J., *"Curiositas" et le retour à Dieu chez S. Bernard.* — Recueil d'études..., p. 319-329.

= reprise de *Bivium. Homenaje a Manuel Cecilio Diaz y Diaz.* — Madrid 1983, p. 133-141.

English translation: *Curiositas and the Return to God in St. Bernard of Clairvaux.* — CS 25, 1990, p. 92-100.

Traduz. ital.: "Curiositas" e il ritorno a Dio in san Bernardo. — ID., *Esperienza spirituale...*, p. 155-167.

Le mot *curiositas* a été souvent employé par des Pères de l'Eglise et des auteurs du moyen âge. Il est également fréquent au XIIe siècle. Sa signification chez B. a déjà fait l'objet de brèves indications, mais son étude mérite d'être reprise sur la base des 97 cas dans lesquels, en toute son œuvre, il est utilisé. La réalité qu'il exprime a donné à B. l'occasion d'exposer une doctrine théologique dont les applications pratiques sont diverses. Elle permet d'évoquer tout un itinéraire du retour de l'homme vers Dieu.

LECLERCQ J., *La communauté formatrice selon S. Bernard de Clairvaux.* — Recueil d'études..., p. 279-298.

= reprise de CollC 42, 1980, p. 1-21.

La communauté est, pour chacun de ses membres, un moyen de se former ou, plus exactement, de se réformer soi-même; elle est, pour tous, un moyen de se réformer les uns les autres. B. envisage toujours cette *vie sociale* à un niveau de grâce échangée, partagée au niveau de la charité, pénétrant la vie de tous et de chacun, avec plus ou moins de difficulté selon que chacun y oppose plus ou moins de résistance. Pour parler de la vie sociale comme de tout le reste, B. ne cesse de ramener l'attention sur le Fils de Dieu. La vie sociale est essentiellement un mystère de grâce, de communion à la vie intime de Dieu; c'est un mystère de charité, non un problème d'organisation. Autant B. croit à la valeur formatrice de l'institution cénobitique en son ensemble, autant il parle peu de lois, d'institutions, d'observances particulières.
Cette conception théologale de la vie commune — exactement: cette *foi* en la valeur et l'efficacité de la vie *sociale* — apparaît chaque fois qu'il en parle, et cela est fréquent.

LECLERCQ J., *S. Bernard et la dévotion joyeuse.* — Recueil d'études..., p. 259-266.

= reprise de *S. Bernard homme d'Eglise.* — Bruges-Paris 1953, p. 237-247.

Implentur omnia feruore spiritus et jucunda deuotione (Serm. p. oct. Epiph., II,9). B. prêchait la joie. Il priait aussi pour la joie. La joie de B. était la joie des premiers cisterciens (Galland de Rigny, *Liber proverbiorum*: "bono hilarique vultu"). Le programme de l'allégresse monastique est dans les écrits de B.
P. 266: "La joie chrétienne est donc une anticipation de la joie éternelle. Et peu importe qu'on l'éprouve plus ou moins en cette vie, pourvu qu'elle nous soit donnée pleinement dans le ciel. En Jésus-Christ, la joie était parfaite: au milieu même de ses souffrances, la vision de Dieu illuminait son âme. En nous la joie chrétienne est nécessairement imparfaite: elle est inachevée, c'est une joie dans la foi. Mais déjà l'amour peut transformer notre vie: *A mesure que la charité chasse de nous la crainte et nous pénètre entièrement, tout en nous est rempli par la ferveur du Saint-Esprit et par la dévotion joyeuse*".

LECLERCQ J., *De l'étude contemplative au service ardent de l'Eglise, selon S. Bernard.* — Recueil d'études..., p. 243-258.

Traduzione italiana: *La ricerca contemplativa, condizione di rinnovamento ecclesiale secondo S. Bernardo.* — Rivista di ascetica e mistica 54, 1985, p. 61-76.

L'actualité de B., on la comprend quand on le situe lui-même en sa génération, et par rapport à celle qui l'avait précédée. L'une et l'autre présentent des analogies avec notre temps.
P. 257: "De S. Grégoire à nous, il y eut continuité. Dans cette tradition, qui fut transmission d'un message et progrès dans sa présentation, B. a représenté un jalon important. Sa doctrine, illustrée par son exemple, est peut-être plus actuelle aujourd'hui qu'à d'autres époques. A la suite et dans le prolongement de la réforme inaugurée par S. Grégoire VII, il a vécu en une période et dans des circonstances où il était sans cesse disputé entre des tendances diverses et opposées: période de transition entre deux phases bien différentes de cette longue série de siècles que nous appelons, trop sommairement, le moyen âge".
P 258: "B. se plaignait d'être *la chimère de son siècle*, mais nous devons remercier Dieu de lui avoir donné cette vocation douloureuse; car, par elle, il nous a montré comment on peut tout unir au service de Dieu: être pleinement de notre temps, ne rien refuser des ressources nouvelles qu'il nous offre, et cependant rester fidèles à la vérité toujours jeune de Celui qui est l'Eternel".

LECLERCQ J., *S. Bernard et la confession des péchés.* — Recueil d'études..., p. 171-180.

= reprise de CollC 46, 1984, p. 122-130.

Chez B., le mot *confessor* est toujours appliqué aux saints qui ont 'confessé la foi ou confessé Dieu' en le louant, et jamais à un membre de l'Eglise qui 'entend des confessions'.
P. 172: "Nous savons, par d'autres témoignages que le sien, que B. était prêtre. Mais lui-même n'y fait jamais allusion. Or il parle explicitement des confessions que lui-même faisait, de celles que ses moines lui faisaient, et de celles que des moines se faisaient les uns aux autres, mais il n'y associe jamais l'idée d'absolution sacramentelle: il s'agit toujours de l'ouverture de conscience que des moines font à leur abbé ou à un autre moine qui est leur 'conseiller spirituel' conformément à ce qu'avait prévu S. Benoît: la notion dominante est celle de *counseling*, exercé par quelqu'un qui est le médiateur de ce don de conseil qui vient du Saint-Esprit, le conseiller par excellence".

LECLERCQ J., *"Marie Reine" dans les sermons de saint Bernard.* — Recueil d'études...., p. 125-136.

= reprise de CollC 26, 1964, p. 265-276 / Ora et labora 21, 1966, p. 70-79.

B. n'a guère inséré de prières dans ses écrits. Pourtant il en est une qui, belle et dense, est encore récitée chaque jour, en commun, dans certains monastères bénédictins. Elle se trouve à la fin du IIe sermon pour l'Avent. Elle peut offrir l'occasion de rassembler quelques indications sur un aspect du vocabulaire de B. quand il parle de la Sainte Vierge. Beaucoup de ses expressions sont bibliques. Mais d'autres mots sont empruntés au langage du droit et de la féodalité. Il suffit, pour le montrer, de commenter les termes mêmes de cette prière en les rapprochant de formules et de mots semblables qui reviennent en d'autres pages mariales de B.
P. 135-136: "Quand il déclare Marie *reine du monde*, il a en vue son rôle dans le salut de tout le genre humain, et des élus en tant qu'ils sont une société: *salutem universitatis*. Elle exerce en cette œuvre une médiation réelle et à un double titre. En premier lieu, en sa qualité de reine-mère... En second lieu, la Vierge continue à exercer sa maternité envers lui et, par conséquent, envers nous, en intercédant en notre faveur auprès de lui. *Dans ta cause, qui est celle de tout le genre humain*, dit B. en s'adressant au chrétien, *elle a été exaucée à cause de l'honneur qui lui est dû*. Le mot *cause* est ici à prendre au sens précis de procès, d'action judiciaire: Marie s'y comporte comme avocate... Le contexte dans lequel B.

s'exprime ici semble indiquer qu'il a dans l'esprit, une fois de plus, une idée quelque peu marquée par les pratiques juridiques de son temps: si Marie a pris notre cause en mains, c'est parce qu'elle est, de la façon la plus réelle, notre avocate et notre reine".

LECLERCQ J., *Conseil spirituel et conseillers selon S. Bernard.* — Recueil d'études..., p. 299-317.

= reprise de Studia monastica 25, 1983, p. 73-91.

English translation: *Spiritual guidance and counseling according to St Bernard. — Abba. Guides to wholeness and holiness East and West.* Ed. by J.R. SOMMERFELDT, Kalamazoo (Mich.) 1982, p. 64-87 (Cistercian Studies Series, 38).

B. n'a pas de doctrine de la paternité spirituelle. Il n'y consacre ni un traité, ni même un sermon ou un épître. Mais il y fait des allusions qui révèlent une certaine *praxis*. Il est donc difficile d'étudier celle-ci, d'en présenter un exposé d'ensemble. Il faut éviter de projeter sur elle des idées venues d'époques antérieures à lui. Il faut essayer d'entrevoir, à travers de nombreuses formules, si quelque chose se faisait en ce domaine, en quoi cela consistait, quelle en était la justification.
L'ordre introduit entre ces brèves mentions est nécessairement artificiel, puisqu'il n'a pas été conçu par B. lui-même, comme ce fut le cas lorsqu'il donna un enseignement théorique. Quel conception peut-on dégager des mots qu'il emploie pour évoquer le rôle de ce qu'on appelle aujourd'hui un *père spirituel*?"

LECLERCQ J., *Lettres de S. Bernard trouvées depuis les Mauristes.* — Recueil d'études..., p. 79-97.

Dans son édition de B., qui est datée de 1854 et qui reproduit celle de Mabillon-Martène, Migne ajouta 10 textes. Le premier érudit à enrichir la série authentique, après l'édition Migne, fut le baron Kervyn de Lettenhove (1861: 8 textes dont 7 lettres brèves de B. et une à lui adressée, la 5e). Le second érudit qui apporta un complément, notable par la quantité de pièces découvertes, fut G. Hüffer: en 1886, il publia vingt lettres ou fragments. L'une des plus récentes trouvailles qui soit de quelque importance est due à J.F. Benton (ms. *Paris, Arsenal, 268*). Leur principal intérêt vient sans doute de ce qu'elles font entrevoir de la psychologie de B. et de sa méthode de travail.
P. 88-97: édition sur base du ms. *Arsenal 268* et du "manuscrit Claremont", actuellement *Yale, University Library, 452.*

LECLERCQ J., *Du cœur sensible au corps glorifié selon Bernard de Clairvaux.* — Recueil d'études..., p. 265-277.

Parce qu'il est souvent question du cœur dans l'Ecriture, B. en a souvent parlé. L'a. analyse quelques pages caractéristiques, dans lesquelles B. en a traité avec un certain développement. Elles ont en commun de commenter, non seulement des versets du Nouveau Testament, mais des phrases de ce chant d'amour qu'est le *Cantique des cantiques* pour lequel il eut une prédilection marquée. De plus, elles résument tout l'itinéraire spirituel enseigné ailleurs et qui conduit de la réaction affective qu'on peut avoir envers Dieu et le Christ à cette pleine participation à la gloire du Seigneur qui est promise à tout l'être de l'homme.

LECLERCQ J., *La 'paternité' de S. Bernard et les débuts de l'Ordre cistercien.* — RB 103, 1993, p. 445-481.

C'est un fait que B. a été désigné, dans le passé, et l'est encore, dans le présent, comme le père de l'Ordre cistercien. Ne serait-ce là qu'une manière de parler remontant à "l'âge baroque" et non attestée auparavant? Quelle part de vérité contient une telle appellation?
P. 478: B. "a fait subsister Cîteaux (C.) et exister l'Ordre de C.: en ce sens, il en est le Père. C'est à partir de son arrivée que C. se donne des institutions; et dans cette mesure, il en est le fondateur, même si les institutions sont données, non par lui et en son nom, mais par l'autorité juridique de celui qui est l'abbé de C., Etienne Harding, quand B. y a introduit son charisme...".
P. 479: B. "déborde des catégories canoniques généralement admises de notre temps. Il reste que c'est lui qui a orienté toute l'histoire cistercienne. "Existe-t-il une spiritualité cistercienne?" a-t-on pu se demander. Car, en réalité, elle est claravallienne, c'est-à-dire toute marquée par celle de B. Certes ce n'est point là un fait qui relève du droit: la paternité n'est pas une catégorie canonique. Mais le monde cistercien a su en reconnaître la valeur, en célébrant comme il l'a fait, en 1990, le neuvième centenaire de la naissance de S. Bernard comme de son Père".

LECLERCQ J., *S. Bernard et les débuts de l'ordre cistercien.* — Actas. Congreso..., p. 41-52 / SM 34, 1992, p. 63-77 (texte identique avec deux pages [p. 75-77] supplémentaires: *Bernard et l'Ordre cistercien.*

Ce que l'on peut appeler le "phénomène cistercien" ne prend sa signification que par rapport à la réalité des liens personnels existant dans la société en laquelle il se produisit. En effet, il est marqué par deux cas de ce que l'on a désigné, au moyen âge, comme des "moniages": ce mot

s'applique à la conversion qui faisait passer des adultes — généralement des chevaliers, parfois des troubadours — de la condition séculière à la vie monastique. Ces deux cas sont attestés dans le récit des débuts de l'Ordre cistercien, concernant S. Robert et S. Bernard. Dans le cas du dernier, il s'agit d'un moniage collectif dont les débuts vont être déterminants. B. manifeste d'abord son action comme *recruteur* de vocations à la vie monastique en faveur de laquelle il a lui-même opté. Après B. se fait *formateur*: pendant plusieurs mois il fait vivre ensemble ces candidats à la vie monastique dans le domaine paternel. En même temps que novice, il devient *fondateur*; deux de ses fondations revêtent une importance particulière: celle du prieuré de Jully et celle de Clairvaux.
P. 51: "Des études récentes permettent désormais que l'on en finisse avec les mythes de 'l'authenticité' et de l'application intégrale de la Règle de S. Benoît, comme si ces deux préoccupations avaient été propres aux Cisterciens. Ainsi le souci de disposer d'un texte biblique sans erreur est seulement attesté, pour cette période, en Etienne Harding, et il est *de courte durée*".
SM p. 77: "Très tôt, l'Ordre cistercien est devenu un grand corps institutionnel. Mais, selon une formule récemment employée, B. en fut *l'âme*, de sorte que 'la spiritualité des Cisterciens demeure marquée, d'une façon déterminante, par son esprit'. Après cela, pour savoir quel titre lui attribuer par rapport à son Ordre, il n'y a pas à entrer dans les subtiles distinctions auxquelles ont donné lieu les termes et les notions de fondation et de fondateur, de paternité et de père, au point de vue juridique, sociologique, psychologique. D'un mot, *parens*, — signifiant l'être qui transmet la vie — et dans une formule très dense, Jean-Paul II dit aux Cisterciens ce que B. est pour eux: *Vos qui tanti parentis vestigia sequimini*, vous qui vivez des exemples et des enseignements de celui qui vous a fait venir à l'existence, et qui fut si grand".

LECLERCQ J., *Amore e conoscenza secondo san Bernardo di Chiaravalle*. — LSC 120, 1992, p. 6-14.

L'amore originariamente appartiene a Dio, ed è partecipato dinamicamente all'uomo, nel quale si dispiega, gradualmente e inclusivamente, come amore verso Dio, verso se stessi e verso il prossimo sull'esempio dell'amore divino, nella liberazione di ogni egoismo. Da qui la contemplazione dei misteri di Dio in Gesù Cristo. Da qui la "teologia", con "il godimento amoroso delle certezze della fede". Secondo B. "l'amore stimola il nostre zelo per la ricerca", al cui servizio stanno "il rigore scientifico e i metodi di indagine", vólti non solo a pensare speculativamente il mistero, ma a "narrarlo", a esporlo con le risorse dell'esperienza, delle immagini, della musica e della poesia. Da qui, infine, "l'elogio della curiosità", quando "l'amore sia la causa delle ricerca": non una curiosità "vana", ma una curiosità "pia", integrata nell'amore e attesa della "eterna curiosità". Il a. mette in luce la validità e l'attualità di questo modo di fare teologia. Giustamente: non di fronte a chi con diffusa superficialità, oppone *theologia monastica* a *teologia scolastica*, ma per il recupero di altre categorie, oltre quella della "logica", come la categoria del desiderio, dell'estetica, dell'ammirazione, della testimonianza per fare teologia.

LECLERCQ J., *Presenza di san Bernardo.* — San Bernardo e i Cistercensi..., p. 17-19.

P. 18: "E' un uomo, un uomo di Dio, e, per giunta, un artista, uno scrittore eccezionale. E sono senza dubbio il suo stile e il suo talento che permettono a tanti fra noi di identificarsi con lui, di riconoscersi in ciò che egli dice di sé, della nostra condizione di peccatori e di perdonati, di sposi invaghiti".

LECLERCQ J., *Recueil d'études sur saint Bernard et ses écrits.* Vol. V. Rome, Ed. di Storia e Letteratura, 1992, 510 p. (Storia e letteratura. Raccolta di studi e testi, 182).

Le contenu des volumes successifs de ce *Recueil* reflète l'évolution des travaux dont B. a fait l'objet, de la part de feu Dom J. Leclercq († 27.10.1993), depuis plus de quarante ans. En vue de préparer une édition critique de ses œuvres, les premières tâches qui s'imposaient relevaient de la critique textuelle. A mesure que les textes pouvaient être établis de façon critique se posaient des probèmes relevant de l'analyse littéraire. Du moins en ressortait-il que B. avait été un expert en l'art d'écrire, et que cela expliquait en partie la réception exceptionnelle que reçut son message. Parallèlement se poursuivaient des recherches sur le contenu de tous ces chefs-d'œuvre: interprétation de chacun des ouvrages ou de groupe d'entre eux; examen de l'enseignement de B. sur de nombreux sujets. Paraissaient alors des volumes donnant des exposés d'ensemble (*S. Bernard et l'esprit cistercien*, 1966; *Nouveau visage de S. Bernard. Approches psycho-historiques*, 1976; *Bernard de Clairvaux*, 1989), et, dispersés en des publications faites en diverses langues, des articles concernant la personnalité de B., certains de ses interventions dans l'histoire de son temps, et sa pensée. C'est cet apport *doctrinal* qui occupe surtout les écrits rassemblés dans le présent volume qui compte 3 parties:
I. Problèmes d'ensemble: v. LECLERCQ J., *Genèse..., Art littéraire..., Lettres... Introduction, Sur la tradition..., Lettres de S. Bernard trouvées...*;
II. Doctrine: v. *La doctrine..., Le mystère..., "Marie Reine"..., Confession..., Imitation..., S. B. et la confession..., S. B. et la Règle..., S. B. et la communauté..., De l'étude contemplative..., S. B. et la dévotion joyeuse..., Du cœur sensible..., La communauté formatrice..., Conseil*

spirituel.., "Curiositas"..., "Idipsum"..., Le thème de la jonglerie..., "Ioculator et saltator..., S. B., Les combats..., L'expérience mystique..., Une mystique pratique..., La joie de mourir...;
III. Survie: v. LECLERCQ J., *Caelestis fistula..., Le portrait..., Eloge de la traduction...*

LECLERCQ J., *Thomas Merton and St. Bernard of Clairvaux.* — The Merton Annual 3, 1990, p. 37-44.

P. 43-44: "Both B. and Merton (M.) have a posterity. B's has lived on over eight centuries and it is becoming increasingly difficult to discern the real B. from among the many conjured up by myth, legend, history, his own literary output, and those many other Bernards imagined by innumerable historians of all times and tendencies, from monastic apologists to Marxist enemies, even in these days of Glasnost, not to mention Lutheran and Calvinist admirers and recent experts in theology...
How long will M's posterity last?... God alone knows the secret of M's grace, of M's own self. But one thing is certain for us: among all his writings, those which are still converting people — whether he would have liked that or not — are his early monastic books, his writings on the Psalms, on prayer and contemplation, all that he wrote to help countless people become united with God".

LECLERCQ J., *Esperienza spirituale e teologia. Alla scuola dei monaci medievali.* — Milano 1990, 200 p. Pref. di BIFFI I.

Recueil d'études historiques publiés entre 1964 e 1986. V. LECLERCQ J., *Modelli..., L'uomo medievale..., Il san Bernardo di Gilson...*

LECLERCQ J., *Modelli di soluzione.* — ID., *Esperienza spirituale...*, p. 107-119.

Au sujet du dualisme entre doctrine théologique et expérience spirituelle.

LECLERCQ J., *L'uomo medievale tra "sapientia" e "scientia": Abelardo e Bernardo.* — ID., *Esperienza spirituale...*, p. 139-154.

= reprise de Synesis 3, 1986, p. 45-60.

L'opposition entre ces deux hommes doit être considérée comme la manifestation du dualisme de la théologie de leur époque: l'opposition entre la théologie monastique et la théologie scolastique.

LECLERCQ J., *Il san Bernardo di Gilson: una teologia della vita monastica.* — ID., *Esperienza spirituale...,* p. 186-194.

= articolo gia publicato in *Doctor communis. Acta et commentationes Academiae Romanae S. Thomae Aquinatis* 38, 1985.

LE HUU TU E., *Le rôle de l'Esprit-Saint dans la vie spirituelle selon Saint Bernard de Clairvaux.* — La dottrina..., p. 391-396.

Replica ad R. FASSETTA, *Le rôle de l'Esprit-Saint...*

Autant la christologie et la mariologie de B. constituent un domaine où beaucoup ont déjà travaillé, autant sa pneumatologie a peu inspiré les chercheurs. Il est vrai qu'en fait de pneumatologie on ne trouve chez B. que des éléments épars en toute son œuvre: non seulement il n'a pas écrit de traité sur le Saint-Esprit, mais n'a laissé qu'assez peu de textes qui parlent longuement de celui-ci.
P. 396: "Il suit de là que B., en expliquant, chaque fois qu'il le peut, l'origine des textes bibliques à partir de l'expérience spirituelle de l'auteur inspiré, entend inviter le lecteur ou l'auditeur de la Sainte Ecriture à bénéficier d'une expérience spirituelle analogue, et il désire que celui-ci entre lui aussi dans cette expérience spirituelle, en l'actualisant, en la faisant sienne, car, la revivre ainsi, sous la direction du Saint-Esprit puisqu'il s'agit de l'éclairage même de l'Esprit, c'est interpréter authentiquement l'Ecriture non moins que profiter du festin de la table de la Parole, inépuisable en sa richesse et sa diversité".

LEMAIRE A., *Saint Bernard et le mystère du Christ dans le cadre de l'année liturgique.* Préface de Frère A. PICARD o.c.s.o. — Sainte-Foy (Québec), 1991, 161 p. (Pain de Cîteaux, 4/3).

Réédition d'une anthologie parue en 1967 (Pain de Cîteaux, 31-32). Les textes sont remis à jour selon le texte de l'édition SBO par Leclercq-Rochais-Talbot, paru depuis, et disposés selon la nouvelle ordonnance de l'année liturgique.
P. 9: "Forcément résumée par un choix de textes, la pensée du saint et le projet de Dieu s'en trouvent d'autant plus percutants que nos pouvons méditer avec B. ses intuitions les plus profondes alors que nous voyons d'un seul trait ce que la liturgie déploie sur une année".

Sermon pour la Nativité de Marie — Pentecôte 2, 5-6 — Avent 1, 6-9 et 2,5 — Vigile de Noël 1, 1-3 — Nativité.

LEONARDI Cl., *Bernard de Clairvaux entre mystique et cléricalisation.* — Colloque de Lyon..., p. 703-710.

Après le *Colloque de Lyon...* l'a. livre ses "... impressions. Puissent celles-ci indiquer dans quel sens continuer, approfondir, promouvoir les recherches!" (p. 703).
P. 708: "A la différence d'Augustin, B. pratique moins l'autobiographie, puisque, mieux qu'Augustin, il a trouvé un langage mystique avec l'aide d'Origène et de Guillaume de Saint-Thierry: le langage de l'amour, un langage qui ne peut être qu'érotique, prudemment érotique toutefois, si on le compare aux propos des femmes mystiques des XIIIe et XIVe s.: érotique, parce que ni le langage symbolique et typologique de la théologie monastique, ni le langage syllogistique de la nouvelle théologie, mais l'éros seul peut exprimer la rencontre et l'union de l'homme et de Dieu".
P. 709-710: "On a fait remarquer que la mystique n'était pas prévue dans la Règle bénédictine, et même qu'elle n'avait pas de place marquée en elle. La mystique supprime en soi et potentiellement aussi bien la médiation monastique que la médiation cléricale et ecclésiale. Peut être touchons-nous ici le point le plus tragiquement significatif de la vie de B., en deça de l'individuel: avoir expérimenté Dieu et l'avoir expérimenté comme amour, comme union d'amour, et ne pas réussir à transformer le monde chrétien en ce sens".
P. 710: "C'est surtout par les femmes, au XIVe et au XVe s., que le discours et le message mystiques sont restés vivants dans la tradition de l'Eglise d'Occident. B., avec François, a été leur maître. C'est là surtout, me semble-t-il, que B. a continué à vivre".

LEROUX H., *Saint Bernard au présent.* — Sources. La revue de l'aventure intérieure, n° 28, juillet-septembre 1990, p. 21-24.

LEUVEN, v. *Bernardus en de Cisteriënzerfamilie ...*

LINAGE CONDE A., *El Centenario Bernardino en la Europa finisecular.* — Schola caritatis 1990, n° 119, p. 52-56.

Partiendo de una paradoja en que insiste la *Enciclopedia britànica*, al llamar a B. "un contemplativo-activista"", el A. trata de probar que el caso de B. llego a ejercer en la Iglesia una irradiación extraordinaria en los distintos estamentos de la sociedad, que va enumerando, sobre todo los màs destacados.

LINGIER C., *De Middelnederlandse handschriften van Bernardus van Clairvaux's liturgische sermoenen uit de zuidelijke Nederlanden.* — BCF, p. 145-170.

A study of the manuscripts containing B's liturgical sermons in Middle Dutch translation, originating from the southern Netherlands. As far as regards their public, their translation and their selection from the collection, these manuscripts link up with the rest of the linguistic area mentioned. There are no indications of the sermons' having functioned otherwise there. The codicological aspects likewise do not indicate this; the manuscripts show the sober execution which is in accord with their origin.

LISBOA, v. *IX Centenário ...*

LOBEDANZ G.K., *Das Gebet bei Bernhard von Clairvaux im Hohenlied. Ein Modell für das gemeinsame Beten der Christen.* — CC 98, 1991, S. 115-130.

Der Verf. stützt sich vornehmlich auf die 7., 20., 47. und 84. Ansprache Bs zum Hohenlied und versucht, deren Rückbindung zur RB herzustellen.
Es ist durchaus denkbar, daß sich Bs Anregungen an seine Mönche hinsichtlich des Psallierens und Betens eventuell und unter gewissen Aspekten auf jede christliche Gruppe oder Gemeinde übertragen und ausweiten lassen, weil B. eher Richtlinien, Hinweise für Grundeinstellungen und Grundhaltungen beim Psalmenbeten auf der Basis theologischer Glaubenswahrheiten gibt. Insofern haben manche seiner Mahnungen und Korrekturen bleibend gültigen Charakter und können sozusagen auch "außerklösterlich" angewandt werden. Bs Weisungen gelten für alle Christen, weil diese Weisungen in der Wahrheit gründen. Seine Überlegungen und seine hinweisende Kritik gelten formal und in disziplinärer Hinsicht für jeden Menschen, der ehrlich beten möchte. Insofern möchte der Verf. die These wagen, daß die Gedanken Bs über das Vortragen der Psalmen auch für unsere jüdischen Brüder und Schwestern wenigstens in einen oder anderen Punkt Geltung erlangen könnten. Ihm will scheinen, daß Bs Weisungen wenigstens ansatzweise selbst nichtchristlichen Religionen Anregungen anbieten und so zu einem einigenden Band unter den Religionen überhaupt werden könnten — zumindest in Form eines Denkanstoßes. Mit seinen mahnenden Hinweisen über Beten und Psallieren hat B. auf jeden Fall eine Tür zu einem Gebetsraum geöffnet, in dem sich vielleicht auch ein Andersgläubiger ein bißchen beheimatet fühlen könnte.

LOBRICHON G., *La Bible des maîtres du XIIe siècle.* — Colloque de Lyon..., p. 209-236.

Une histoire de la Bible de B. est-elle possible? A en croire les usages que fait B. de la Bible, les coupes qu'il y opère, et sous réserve d'inventaires à poursuivre, la démarcation ne paraît point si nette qu'on a cru entre deux modèles d'exégèse ou de théologie, l'un monastique et l'autre scolaire, mais davantage entre les enveloppes littéraires et conceptuelles de pensées que partagent, confusément, le cloître et l'école, dans la première moitié du XIIe siècle tout au moins.
Ce par quoi en somme B. tranche sur les maîtres séculiers, n'est-ce-pas plutôt la forme littéraire que la construction rationnelle de l'univers des concepts?

LOCATELLI R., *L'expansion de l'ordre cistercien.* — Colloque de Lyon..., p. 103-140.

P. 140: "Par son étonnante et brusque diffusion, par la diversité des explications qui peuvent en rendre compte, par les modalités extrêmement souples mises en application, l'expansion de l'ordre cistercien au temps de B. ne cesse d'interroger l'historien. Apparemment simple dans ses grandes lignes, le sujet ne cesse de se dérober à mesure que l'on cherche à comprendre le pourquoi et le comment de cette attraction cistercienne et bernardine, les motivations et les artisans de cette réussite. Seules l'analyse et la comparaison des exemples régionaux permettront un jour de réaliser la synthèse qui fait encore défaut".

LOHSE B., *Luther und Bernhard von Clairvaux.* — Bernhard von Clairvaux. Rezeption und Wirkung..., S. 271-301.

S. 300: "Vor allem Augustin (A.) ist für Luther (L.) nicht nur in der Frühzeit, sondern zeitlebens von erheblich grösserem Gewicht gewesen als B. Im Blick auf A. hat L. niemals eine ähnliche Kritik vorgebracht, wie er es seit 1519 gegen B. getan hat. Gleichwohl, nach A. kommt B. für L. eine nicht zu unterschätzende Bedeutung zu, über die L. sich selbst auch noch mitten in aller Kritik stets im klaren gewesen ist".
S. 301: "Im übrigen aber gilt für L., daß diese beiden Väter, die er trotz allem überaus hoch geschätzt hat, nur insoweit Gehör verdienen, wie sie auf Christus hinweisen."

LOPEZ M.P., *San Bernardo y la escuela cisterciense de caridad.* — Actas. Congreso..., p. 1109-1119.

De todas formas no se puede dudar que existió una "Escuela Cisterciense", es decir, un grupo de autores en los que se advierte una analogía de doctrina muy marcada en su formación intelectual y espiritual. 1. Doctores de la caridad. ¿Qué enseñaron los Maestros de la Escuela Cisterciense? El amor de Dios, el amor al prójimo. Este es el fin que pretendían: la perfección del amor. Incansablemente volvían al problema del amor. 2. Doctores de la vida comun, de la vida cenobitica. P. 1118: "Los religiosos siempre han estado seducidos por la vida de caridad fraterna en la comunidad de Jerusalén. Querían imitarla y no sólo porque, como hombres tenían necesidad de amar y ser amados, sino porque querían recibir unos de otros, a través de gestos, palabras y hechos, el amor, el sacramento de Dios-Amor".

LOUF A., *Bernard abbé.* — Colloque de Lyon..., p. 349-379.

B. est entré dans l'histoire à des titres divers, paré de plusieurs rôles: serviteur de l'Eglise, théologien, homme de lettres, critique d'art à ses heures... Aucun de ses métiers n'était vraiment le sien à l'exception peut-être de celui des belles lettres. Un seul métier lui suffit, dans lequel il se reconnut très tôt: celui d'abbé et de pasteur, qui donne sa vie pour ses Frères. C'est en ce métier aussi qu'il fit école, à la lettre. Et ce fut une Ecole de l'Amour: B. initié à l'Amour, témoin de l'Amour.
La critique récente nous l'a rendu plus proche, le vrai B., tel qu'il se connaissait mieux que quiconque et avait fini par s'accepter lucidement et humblement.

LOUF A., *De spiritualiteit van Bernardus naar vandaag toe.* — BCF, p. 431-445.

LOUF A., *Bernard de Clairvaux et les Cisterciens.* — Etudes n° 373, 1990, p. 89-100.

LOUF A., *Bernard, getuige voor deze tijd.* — Benedictijns tijdschrift 51, 1990, p. 135-142.

Le premier article est un exposé plus ample de ce qui est dit de la spiritualité de B. dans le deuxième. Le troisième article en est une traduction partielle.
P. 445: "Vandaag is het wellicht zijn bijna jaloerse zorg voor de eenheid binnen de Kerk die ons speciaal kan inspireren. De Kerk van het einde van de twintigste eeuw heeft met de Kerk van B. gemeen dat ze alle twee mogen leven vanuit een vruchtbare *aggiornamento*-poging. Toen de zogenaamde Gregoriaanse hervorming; vandaag de vernieuwing van

Vaticanum II; in beide gevallen: een immense verwachting, maar ook veel inspanningen".

LOUF A., *La via cistercense. Alla scuola dell'Amore.* — Roma, 1990, 180 p.

= traduction italienne de *La voie cistercienne. A l'école de l'Amour*, Paris 1980.

LOUF A., *Saint Bernard fut-il iconoclaste?* — Saint Bernard et la recherche..., p. 49-64.

LOUF A., *¿Fue San Bernardo un iconoclasta?* — Actas. Congreso..., p. 1003-1021.

= traducción cast. de *Saint Bernard fut-il iconoclaste?*

Historians of spirituality and historians of art did sometimes not hesitate to rank B. among the supporters of iconoclasm and this on the strength of famous texts, in which B. gibes at the luxury of the statuary in some monastic churches. A more searching analysis of the indicted texts compels us to qualify such an assessment. B. never protests against the use of the "holy image" as such. On the contrary, his very "incarnate" spirituality, in which the flesh and blood love of the flesh of the Word plays an essential part in the first stages of spiritual experience, seems to postulate a minimum of devotion toward the iconographic pictures of that flesh. Indeed some passages of his work, which had so far escaped attention, corroborate this hypothesis. The devotion to "holy images" plays for B. the part that the spiritual authors traditionally assign to it, as a first stage, a provisional yet necessary one, toward contemplative experience.

LOUF A., *Homélie à la messe du Colloque.* — Saint Bernard et la recherche..., p. 191-194.

Homélie basée sur le récit — qui n'est peut-être pas aussi légendaire qu'il n'y paraît au premier abord — du condamné à mort, sauvé par B. car voué à un autre gibet, à la croix du Jésus-Christ que B. lui donnera d'étreindre, sous la bure monastique, à Clairvaux (d'où "frère Constant de Clairvaux"). Ce pauvre-là aussi est destiné à l'aventure de l'amour dont B. connaît si bien les étapes et les secrets.

LOUF A., *Een systematische gebedsleer bij Bernardus?* — Bernardus van Clairvaux. De vrijheid..., p. 41-44.

P. 41: "De problematiek van hoe te bidden in de wereld, is B. vreemd. Misschien is hij er zelfs onbewust van overtuigd dat innig en diep bidden buiten kloosterverband niet mogelijk is... Omdat B. echter vaak over gebed geschreven heeft, is het toch mogelijk uit zijn geschriften enkele algemene principes op te halen, die als praktisch richtsnoer bij gebed kunnen gebruikt worden. Dit is dan een bescheiden poging".

LOUF A., *De monastieke weg van Sint Bernardus.* — Bernardus van Clairvaux. De vrijheid..., p. 45-65.

P. 64: "De monastieke weg, met haar traditionele observanties, is een dynamische weg die, ook al zal hij hoog uitmonden, altijd laag en klein begint. De opeenvolgende trappen van nederigheid, liefde en vrijheid, die B. in zijn werken uittekende, bakenen de etappes af van een weg, waarvan vandaag alleen maar de benamingen zullen verschillen. Net als in de twaalfde eeuw zijn 'laboratoria' van liefde en geestelijke vrijheid ook vandaag ten zeerste gewenst, laboratoria waar de neigingen van het mensenhart en de neigingen van de Geest aandachtig gekonfronteerd en nauwkeurig aan elkaar getoetst worden, aan de hand van een gevoelsleven, een *affectus*, dat, dag na dag, van binnenuit in vreugde bevrijd wordt, en zich steeds soepeler laat uitlokken en klankrijker laat bespelen door de ene Liefde van God".

LOUF A., *Tekstlezing.* — Bernardus van Clairvaux. De vrijheid..., p. 66-87.

Vertaling van B's Eerste preek over het Hooglied en van Brief 106 aan meester Hendrik Murbach, beide met commentaar.

LUNARDI G., *La devozione alla Vergine.* — San Bernardo nel IX centenario della nascita, p. 137-146.

Etude de quelques aspects de la mariologie de B.

LUNARDI G., *La morte gioiosa.* — San Bernardo nel IX centenario della nascita, p. 45-54.

L'a. étudie l'attitude de B. envers la mort (cfr supra LECLERCQ J., *The Joy of Dying...*). Deux aspects sont analysés: la séparation de la vie et l'achêvement de la vie chrétienne.

LYON, v. *Colloque de Lyon ...*

—, v. BROMBART A., *Echos ...*

MACCAFFERY H., *The basics of monastic living in St Bernard.* — CS 25, 1990, p. 157-162.

It must never be forgotten that B. was a disciple of Benedict, of the Benedict of *The Rule of Benedict* anyhow, and B. does on a larger scale and in more detail exactly what *The Rule of Benedict* offers: he gives basic teaching on monastic living, teaching that lays foundations so deep that they can support any height whatever of spiritual edifice.
What is the deepest existential reality in each of us? B. would hold that it is that each one of us loves oneself. The further question is: how does one use it to good, to God-purpose? B. would answer that question by three suggestions his example and exhortation offer: need for reflecting, need for petitioning, need for thanksgiving.

MCGINN B., *"Alter Moyses": il ruolo di Bernardo di Clairvaux nel pensiero di Gioacchino da Fiore.* — Florensia. Bollettino del centro internazionale di studi gioachimiti 5, 1991, p. 7-25.

= traduzzione italiana di B. MCGINN, *Alter Moyses. The role of Bernard of Clairvaux in the thought of Joachim of Fiore.* — Bernardus Magister..., p. 429-448 (with 4 diagrams).

B. è l'unico autore medioevale ad essere citato per nome nei scritti di Gioacchino (G.) da Fiore. G., nella sua teologia apocalittica della storia, assegna all' abate di Clairvaux un ruolo peculiare, quale *avatar* della vita monastica del XII secolo.
P. 25: "Si può anche notare che l'abate calabrese potrebbe aver preso lo spunto dal suo eroe B., per la possibilità di identificare se stesso, almeno per una volta, con un "nuovo Mosé", che avrebbe guidato il popolo di Dio fuori dall' Egitto maledetto verso il deserto delle sofferenze, in attesa di poter entrare nella Terra promessa del terzo *status*. Ma tali passi, quasi messianici, devono essere bilanciati dalla assoluta reticenza dimostrata nelle opere principali, circa l'eventuale identificazione dei *viri spirituales* futuri con una qualsiasi istituzione già esistente, compreso l'ordine stesso dell'abate. Nell'ultima decade del XIII secolo G. infatti potrebbe essere giunto a credere che, nel misterioso procedere verso la vera libertà spirituale, anche la propria forma di monachesimo era transitoria quanto quella di B.".

MCGINN B., *Freedom, formation and reformation: the anthropological roots of Saint Bernard's spiritual teaching.* — La dottrina..., p. 91-114.

Anthropology is basic to B's thought, somenthing amply demonstrated by the fact that it is one of the few areas of his theology where B. is almost as interested in laying down a systematic foundation as he is in studying the dynamics of application. The a. intends to outline this systematic base, i.e. what B. actually says about formation (the freedom that constitutes the image and likeness) and then to explore not so much the details as the essential dynamism of human life as *imago Dei*, our reformation according to the true Image, the Incarnate Word.
P. 112: B's "theological anthropology constitutes an impressive symphonic whole in which a number of variations on a triple motif — formation, deformation and reformation — builds towards a grand finale, the ordering of charity. The underlying theme of his presentation is a Christological one. The action of the Word by which the human person is constituted image and likeness of God, and the Word's descent into flesh and ascent along with his Body of reformed members constitute the two great movements of this symphonic masterpiece, one of the most impressive theological achievements of the Middle Ages".

McGuire B.P., *The first Cistercian renewal and a changing image of St Bernard.* — CS 24, 1989, p. 25-49.

Reprinted with a few changes in Id., *The difficult Saint...* (cfr infra), p. 153-187.

The a. likes to show that Cistercian confidence and self-assuredness about the legacy of B. contributed to a general agreement about the Order's identity and role in the Church. This kept it from the splits that tore apart an order like the Franciscans. In this ongoing clarification of the tradition of B. the a. finds one possible explanation for the ability of the Cistercians to renew their Order: B. was a point of departure and a common rallying point. His memory united the monks instead of feeding controversy. The monks of the 1170s and the following decades did much to use the tradition of B. to apply early values to contemporary challenges.
P. 49: "Ever since the death of B., the Cistercian Order has continued to debate the content and requirements of the monastic life. On a larger scale, the Christian Church has continued to question its own role in the world." — "... the life and works of B. provide no clear or one-sided answer. The doubleness of Cistercian life, its love of contemplation and involvement in the affairs of the Church, lives on today. In his twin flair for intimacy and publicity, B. defies neat categories, scandalizes new generations of students of medieval religion, and challenges all who care about monastic life and about the Church and society".

McGuire B. P., *La présence de saint Bernard dans l'Exordium Magnum Cisterciense.* — Vies et légendes..., p. 63-83.

B. s'impose dans les pages de l'*Exordium magnum* (E.M., vers 1200) Conrad d'Eberbach (C.) consacre vingt chapitres dans la deuxième partie de l'*E.M.* à B., et y fait référence à de très nombreuses reprises. Le but de C. est de montrer que B. est bel et bien vivant à Clairvaux. Dans la mort, B. est encore plus accessible aux moines et aux convers que de son vivant. C. craignait que l'Ordre cistercien s'éloignât des idéaux et des pratiques du temps de B. Il était important pour lui de les rappeler et de bien montrer que Clairvaux maintenait les principes de B., alors que d'autres maisons s'en étaient éloignées. C. ne fournit point un portrait hagiographique de B. Ses récits rapportent les actes et les paroles de B. à la situation de la communauté de Clairvaux et montrent comment B. renforçait la vie de celle-ci. Dans l'*E.M.* B. devient une présence vivante, rappelée dans la mort comme dans la vie pour donner confiance en cela: adhérer à la vocation monastique permet de cheminer vers "l'embrassement de Dieu".

McGuire B.P., *The difficult Saint. Bernard of Clairvaux and his tradition.* — Kalamazoo (Mich.), Cistercian Publications, 1991, 317 p. (Cistercian Studies Series, 136).

The book begins with a general essay, *The difficult Saint. Bernard as a person*, that is intended to provide the reader with an introduction to B's life. From here the a. approaches B. in various ways as a friend and member of a community: *Was Bernard a friend?* (first published in *Goad and Nail. Studies in Medieval Cistercian History* X, 1985; see *Bulletin de théologie ancienne et Médiévale* 14, 1987, nr. 666). — *Intimacy or Confraternity? B. and Malachy reconsidered.* P. 80: "The purpose of what follows is not to challenge previous results but to consider the text and its contemporary context in order to look at the hagiography in what it reveals about B. The *Life of Malachy* reflects B's ongoing effort to interpret the world in terms of God's will. This he saw primarily within the monastery but also in a larger community of believers of which the monastery was only a part". (See on this chapter: J. Berlioz, *Une nouvelle approche de la Vita, les travaux de Br. P. McGuire.* — CCC 43, 1992, p. 446-449).
Friendship and confraternity: B. and Eskil (complete revision of *Why Scandinavia? Bernard, Eskil and cistercian expansion in the North 1140-80* in *Goad and Nail*..., 1985).
In chapter 5, *Monks and tears: a twelfth-century change*, the a. turns to what he considers to be one of the most important and overlooked contributions of B. to christian spirituality and emotional life: his interpreta-

tion of the so-called "grace of tears". P. 134: "To dismiss monastic tears as literary embellishment would be to deny one of the most important sides of monasticism in the West from the Rule of Saint Benedict onwards: its ability to combine individual human emotions with collective religious practices".
The second half of the book leaves behind B. in his lifetime and considers the way B. — or the image of B. — grew after his death. These studies start with *The first Cistercian renewal and a changing image of Saint Bernard* (first published in *Cistercian Studies* 24, 1989, p. 25-49), an article written with modern Cistercians in mind and which tries to show how a more intimate view of B. becomes visible for us at Clairvaux in the 1170s.
Ch. 7 is devoted to *B. and Mary's milk: a northern contribution*. P. 190: it is the author's purpose "to trace the development of this story and to present in detail one appearance of the story which has been all too little known, an icelandic version from the late thirteenth or early fourteenth century"; p. 205: "...how the lactation is perceived in a new way, as taking place to satisfy the *physical thirst* of B., and as Mary's demonstration of her appreciation for B's consideration of the needs of his Cistercian brothers. The lactation in this version became a celebration of community love and friendship".
After the chapters *B. and the embrace of Christ: renewal in late medieval monastic life and devotion* and *Saint Bernard in the USA: the growth of Cistercian studies*, the a. has added an epilogue on foundation myths: *From XIIth-century Cistercians to XXth-century Americans: Myths of the 'Valley of Fruitfulness' and 'The City on the Hill'*. This highly untraditional ending to a book on a medieval topic may very well put the reader on guard and create the feeling the a. is using B. as a point of departure for his own political views (p. 299-300!).

McGuire B.P., *A saint's afterlife. Bernard in the Golden Legend and in other medieval collections.* — Bernhard von Clairvaux. Rezeption und Wirkung..., p. 179-211.

"Dante's image of B. thus might seem to be an obviously 'correct' one. But before Dante, B. was perceived in hagiographical and *exemplum* literature as a much more down-to-earth fellow, whose abilities were centred more on his knowledge of himself and of other people than on God. It is this visualisation of B. and his life's content that we find especially in the Italian Dominican James of Voragine's *Legenda Aurea*, which was probably completed in the 1260s..." (p. 180).
"B. grew and changed as the church grew and changed. Some of his words and deeds going back to the *Vita Prima* continued to be remembered and celebrated in medieval collections, at the same time as new stories were added. However distant such anecdotes can be from the his-

torical B., they provide indications of the power of B's reputation. At times, as at his birthplace, we can see his own descendants maintaining his memory and adding new facets to his tradition. In general the new non-cistercian anecdotes about B. were more open to a portrait of a human, fallible person who could hesitate about what was best to do. The malleability and flexibility of the *exemplum* tradition concerning B. bear witness to the ability of the medieval church to combine tradition and renewal" (p. 211).

MAGNARD P., *Image et ressemblance.* — Saint Bernard et la philosophie..., p. 73-85.

La conception de l'image, que B. nous propose, inverse, en quelque sorte, le mouvement du voir, qui au lieu de s'élever du visible à l'invisible part de l'invisible pour y chercher le principe même de toute visibilité. P. 84: "C'est ainsi que le décor abbatial le plus austère et le plus dépouillé donne à voir l'invisible, tandis que les figures réalistes de l'ancien art roman ne faisaient que captiver nos sens. L'image n'est belle (*formosa*) que de la forme (*forma*) qu'elle reçoit; or la forme est, chez B., toujours extrinsèque, ne s'identifiant jamais à ce dont elle est la forme, bien qu'elle n'en puisse être séparée".

MAGRASSI M., *San Bernardo pellegrino dell'assoluto.* — San Bernardo e i Cistercensi..., p. 21-28.

P. 28: "Il mondo immaginario e pittoresco di B. non è sempre vicino alle nostre categorie e al nostro modo di esprimerci.
Nonostante tutto, il fascino di questo medievale è intramontabile e le intuizioni più luminose rimangono perennemente attuali. In un mondo come il nostro, in cui l'efficentismo domina incontrastato, questo contemplativo ha ancora una parola da dire.
Dio voglia che, percorrendo insieme a B. l'itinerario dall'umiltà all'estasi dell'anima con D., "diventiamo ciò che siamo": cristiani per cui Cristo è tutto il senso della vita. Ricordando che siamo votati infallibilmente ad amare e che l'*amore stesso è conoscenza, amor ipse intellectus est.*

MAGRASSI M., *Pellegrino dell'Assoluto. Bernardo di Chiaravalle 1090-1990.* — Noci 1989, 176 p.

La presente antologia bernardina, in carta patinata e coredata da splendide fotografie, è suddiva in quatro parti: *Viaggio intorno all'uomo, In ricerca di Dio, La contemplazione mistica , I misteri contemplati.*

MANTOVANI G.B., *San Bernardo nella cultura e nell'arte del XII secolo.* — RC 8, 1991, p. 155-165.

Uomini di ogni ordine monastico trovorano in B. la saggezza di un consiglio e la misura di un monito; l'arte pittorica si impossessò della sua figura con i temi ricorrenti del Cristo crocifisso a lui abbracciato e con l'apparizione della Vergine; il genio dantesco, forse per suggestioni di Gioacchino da Fiore, anch'egli cistercense, lo immortalò nella Commedia (cfr supra M. AVERSANO). I tre valori essenziali, tratti dall'etica cavalleresca, che egli predicò ai suoi monaci e ispirò nella regola dei Templari — lealtà, fedeltà, carità — si assommano in B., trasfigurati da una spiritualità intima e sorridente, che sale, senza scosse, i gradi della perfezione e della santità: la sua unica e costante meta è il Dio che brucia d'amore e s'intravede, come luce, nelle caligini mistiche.

MARABELLI C., *Confronto san Bernardo — Abelardo sul fondamento dell' etica.* — LSC 120, 1992, p. 94-112.

C.M. istituisce un confronto tra B. e Abelardo (A.) dal punto di vista dell'etica. Si assiste in loro "all'affrontarsi, pieno di incomprensioni, di due teologie". In B. la teologia si apre e si richiude sul mistero e in questo modo si revela creativa e nuova. In A. il "medium" assunto rischia di non tornare al mistero. Due teologie, e quindi due etiche differenti, e due diverse concezioni della libertà, dove ugualmente il riferimento è a Dio, ma in B., più che in A., questo Dio è il Dio della storia della salvezza, che rende "oggetto e memoria di salveza" la stessa libertà.

MARCOLINI E., *San Bernardo di Chiaravalle (1090-1153). "L'ultimo dei Padri".* — Civiltà cattolica 1990, p. 220-231.

L'a. retrace l'itinéraire qui conduisit B. à devenir de simple moine un des personages dominants du XIIe siècle: *Borgogna dei buoni vini — Un cantiere nella valle — Con la voce e con la penna — Tra scismi ed eresie — "Dicono che il Papa..."*. Etudié de toutes parts, en chacun de ses aspects — p. 231 "uomo straordinariamente dotato, monaco, riformatore, scrittore, apologista, poeta, predicatore e combattente, è sopratutto un mistico" — B. ne révèle le secret de la séduction qu'il exerce encore toujours qu'à celui qui s'engage avec lui dans le sillon de la même expérience d'amour pour le Christ.

MARCOS G., *La acción del Espiritu Santo en la personalidad y en la doctrina de San Bernardo.* — C 42, 1990, p. 185-194.

La base de la vida cristiana es para B. la humilde conversión — o nuevo nacimiento —, fruto de la acción conjunta del Espíritu Santo y la voluntad humana. Es el inicio de la autorealización del hombre como posibilidad de ser hijo de Dios, o participar en la vida divina. El proceso de esta realización requiere la iluminación de Cristo: verdad, y la purificación del Espíritu: amor. El resultado es conocer el bien con el entendimiento para amarlo con la voluntad. Esto se confirma con la praxis de las buenas obras. Pero el deseo de B., como de todos los primeros cistercienses, el anhelo más profundo es "el beso de Cristo": ser un espíritu con Dios... saciarse de gozo en su presencia.

MARION J.-L., *L'image de la liberté.* — Saint Bernard et la philosophie..., p. 49-72.

L'a. étudie la doctrine de l'image trinitaire de l'âme que B. montre culminant en cette ressemblance avec Dieu qui est fruit de la volonté accédant à la liberté. D'inspiration anselmienne, cette interprétation implique la conversion suscitée par la grâce. Elle se retrouve, transposée au niveau philosophique, chez Descartes et jusque chez Kant et Heidegger.
P. 72: "Dès lors la doctrine de B. ne se soustrairait-elle pas, par avance, à la métaphysique (et donc au dépassement de cette dernière), telle que Heidegger la définit? En particulier, le primat de la volonté libre sur l'entendement, à condition que cette volonté se découvre convoquée à l'image et la ressemblance de Dieu, n'esquisserait-elle pas une détermination radicalement non métaphysique de l'homme, qui ne devrait pourtant pas son point de départ à *Sein und Zeit*? Qu'une telle question puisse même se poser suffit à prouver quelles ressources spéculatives garde, aujourd'hui, la pensée de B.".

MARLIÈRE R., *Ecrits sur et de saint Bernard.* — Saint Bernard: les cisterciens..., p. 340-341.

L'a. signale les travaux et éditions en français parmi les plus récents.

MARQUES J.F., *São Bernardo em alguns pregadores seiscentistas portugueses.* — IX Centenário do nascimento...., p. 101-121.

L'a. présente cinq panégyriques publiés entre 1624 et 1706 par le franciscain António dos Inocentes, le carmélite Manoel da Graça, l'ermite augustin Simao da Graça, Manoel Mattos Botelho, prêtre séculier, et Rafael Bluteau, "clerigo regular theatino da Divina Providencia".

MARTINEZ R.C., *Sobre la presencia de San Bernardo en Fray Luis de León.* — Actas. Congreso..., p. 1137-1171.

El a. quiere tres cosas: 1. justificar la pertinencia de su investigación a partir de dos observaciones históricas, la primera tomada del proceso criminal contra el hebraísta salmantino Martín Martínez de Cantalapiedra, la segunda tomada de la documentación del primer processo del propio Fray Luis de León (F.L.). — 2. reproducir todas las menciones a B. en la obra de F. L., confrontarlas con el texto del claravalense y comentarlas someramente. — 3. evaluar los resultados de su pesquisa y apuntar algunas de las tareas que habría que realizar para conseguir una idea cabal de la influencia de B. sobre F. L. — P. 1170-1171: "Pero, si bien la técnica no parece haber suscitado el entusiasmo de F. L., otras dimensiones de B. probablemente lo consiguieron: así, la acentuación cristológica, el énfasis en la humanidad de Cristo, la devoción mariana, la espiritualidad concebida como una expansión de la exégesis y de la dogmática y — en fin —, su mística, que según señaló E. Gilson es la *mística de un exégeta*".

MARTANO, v. LECCE.

MASOLIVER A., *La mujer y Maria, la Mujer perfecta en Bernardo.* — C 42, 1990, p. 135-154.

María es la Reina Madre. B. la llama Señora Nuestra, Nuestra Medianera, Nuestra Mediadora, Abogada Nuestra, Reconciliadora e Intercesora Nuestra, y Nuestra Representante mejor. De ahí, se deduce una teología muy coherente. Cuando B. la llama *Reina del mundo*, tiene a la vista la salvación de todo el género humano y de los elegidos, que forman como una sociedad. Y esa coherencia vuelve a manifestarse por el hecho de que el santo privilegia la Maternidad de María sobre su misma Virginidad. Este último es un privilegio unido al papel que María juega en la obra de la Salvación, pero lo ejerce en cuanto Madre. B. sabe conciliar la superioridad trascendente de Jesús, como unido consustancialmente a la persona del Verbo de Dios, y el papel que María puede jugar ante él como Madre suya que es (Madre de la Persona entera, Madre de Dios). Así, si el Amor de Cristo prima en B., ese amor se corona en María y con María. B. es definitivamente el Doctor de María.

MASOLIVER A., *San Bernardo. El hombre de la Iglesia del siglo XII*. Prólogo de Antonio LARREA. — Madrid 1990, 238 p.

Este es el conjunto de varias conferencias sobre otros tantos temas capitales relativos al insigne doctor de la Iglesia. En la introducción, el P. M. describe a B. como un hermoso milagro de Dios. La primera parte de la obra estudia a B. desde el punto de vista filológico y retórico, haciendo ver cómo el estilo y el lenguaje del santo cautivaron la admiración de la

posteridad. La segunda parte esta dedicada a la consideración de B. como exégeta, término, éste último, que hay que aplicar bien al santo doctor, pues aunque continuador de los Padres de la Iglesia en la interpretación de la Sagrada Escritura. B. es intérprete de la misma a su modo, a un modo espiritual muy proprio y justificado, y que le confiere un interés especial. El a. demuestra ademas, a la luz del preclaro ejemplo de B., la importancia que tiene la lectura de la Sagrada Escritura especialmente en la vida espiritual del monje. La parte siguiente esta consagrada a la mariologia de B.; ya es sabido que este es un tema capital en su teologia. A propósito de Maria B. desarrolla tambien lo que podriamos llamar una teologia de la mujer, a la que A.M. dedica atentas observaciones.
Mas de la segunda midad del volumen esta ocupada por una traducción al castellano de la obra *De consideratione ad Eugenium papam.*

MASOLIVER A., *Bernardo de Clairvaux (1090-1153) árbitro y definidor de la cristianidad de su siglo.* — XX siglos 1, 1990, p. 45-58.

MASSET P., *Une parenté spirituelle: Saint Bernard et Aimé Forest.* — Nouvelle revue théologique 112, 1990, p. 551-569.

Il ne suffirait pas, pour rendre compte des rapports de la pensée d'Aimé Forest (F.) et de la doctrine spirituelle de B., de parler de *lecture* de B. par F. (1898-1983, professeur de philosophie à la Faculté des Lettres de Montpellier de 1941 à 1968). Certes, il l'a lu et étudié: à preuve les riches pages écrites par lui dans l'*Histoire de l'Eglise* de Fliche et Martin. C'est le F. historien de la philosophie qui parle ici. Mais F. est aussi philosophe et c'est comme philosophe et métaphysicien qu'il a lu et médité B., se plaisant à retrouver chez lui l'inspiration augustinienne, qui est aussi la sienne. Chez F. toutefois le 'spirituel' n'est pas séparable du philosophe et, en tant que spirituel, il a goûté profondément B. Au-delà d'un accord de pensée sur l'essentiel et de nombreuses rencontres de vocabulaire, c'est d'une véritable parenté spirituelle qu'il s'agit. Aussi bien la *métaphysique spirituelle* de F. n'a-t-elle point de peine à retrouver dans la doctrine mystique de B. ses propres thèmes les plus constants et les plus chers.

MATTOSO J., *O culto dos mortos em Cister no tempo de S. Bernardo.* — IX Centenário do nascimento..., p. 77-100.

Selon l'a. le culte des morts inspiré par la doctrine de B. révèle une grande cohérence. P. 100: "Abandonando o espirito ritualista de Cluny e a organização da sua liturgia funerária em função dos benfeitores do mosteiro, orienta-se quase exclusivamente para os defuntos da comunidade, com os quais se estabelece uma grande solidariedade, sem individualizar nenhum deles. Em Cister, o culto dos mortos baseia-se na convicção de que o mosteiro nao inclui apenas os monges vivos mas também uma comunidade invisível que espera o momento da ressurreição dos mortos para que todos os seus membros se reúnam no ceu".

MAYER-HARTING H., *Two abbots in politics: Wala of Corbie and Bernard of Clairvaux.* — Transactions of the Royal Historical Society 40, 1990, p. 217-237.

MELLET M., *Notes sur le désir de Dieu chez saint Bernard.* — Monastère des Bernardines, Collombey (Suisse) 1990, 102 p.

= réédition; première édition (hors commerce) Valais 1966.

Initiation à une première lecture intelligente de B. L'a. soulige l'unité d'inspiration et le dynamisme qui donnent vie à toute l'œuvre de B. Après l'exposé des grands thèmes bernardins de la connaissance de soi, de l'image qui doit retrouver sa ressemblance, de la contemplation et de l'ascension spirituelle par les degrés de l'amour de Dieu, l'a. présente la vie monastique telle que B. la propose: école de charité. C'est la charité qui doit permettre de tirer parti des observances dont l'objectif premier est le renoncement à la volonté propre; c'est elle seule aussi qui peut assurer l'accès à la contemplation, véritable but de la vie ascétique.

Melliflui Doctoris Opera. Le edizioni delle opere di san Bernardo di Clairvaux dei sec. XV-XVIII della Biblioteca Statale del Monumento Nazionale di Casamari e di altre Biblioteche cistercensi. Mostra bibliografica Abbazia di Casamari 15 luglio-20 settembre 1992. Catalogo a cura di R. CATALDI. — Casamari, 1992.

Considerata la vastità del *corpus* delle edizioni bernardine, le 23 edizioni registrate in catalogo non consentono ovviamente di ricostruire compiutamente la storia.
"Altre bibliotheche" : Roma, Biblioteca di San Bernardo alle Terme; *ibidem,* Biblioteca di Santa Croce in Gerusalemme; Trisulti, Biblioteca Statale del Monumento Nazionale.

MELLINGHOFF-BOURGERIE V., *Bernhard von Clairvaux in der französischen Frömmigkeitsliteratur des 17. Jahrhunderts: François de Sales.* — Bernhard von Clairvaux. Rezeption und Wirkung..., S. 389-420.

Abschnitte: 1. Zu den Erwähnungen und Zitaten Bs im Werk von François de Sales (F.). — 2. F. de Sales adressatenbedingte Berufung auf die Autorität Bs. — 3. F. de Sales umfangreiche Kenntnis der Werke Bs. — 4. Zur selektiven Rezeption der bernardinischen Theologie durch F. S. 391: "Was den tatsächlichen Einfluß Bs auf die Frömmigkeitsliteratur des Barock und der französischen Klassik anbelangt, herrscht bisher noch keine eindeutige Klarheit".
Es läßt sich feststellen, daß F. die bernardinische Theologie, wenn er sie nicht beiseite ließ, zum Projektionshintergrund für seine eigene Theologie funktionalisiert hat. Er hat sich der Schriften wie des Vorbildes Bs bemächtigt. S. 417: "In diesem harmonisierenden, doch wenig historischen Bild des heiligen Bs, mit dem F. dem Leser suggerieren will, daß mönchische Entrückung und weltliches Wirken keineswegs in einem Spannungsverhältnis zueinander stehen, tritt das salesianische Lebensideal an die Stelle der historischen Realität jenen von Unruhe getriebenen Abtes B., der unter dem Verlust seiner mönchischen Identität leidend sich selbst einmal als die 'Chimäre seines Zeitalters' bezeichnet hatte."

MERLO G.G., *Discorso conclusivo.* — Bernardo cistercense..., p. 377-384.

L'a. commente des contradictions comme: B. vincente / vincitore; B. reazionario / Abelardo progressista, contradictions dont il n'est pas partisan; en revanche, il penche plutôt pour "B. carne e sangue della conscienza papale" (p. 384).

MERTON Th., *The Cistercian Fathers and their monastic theology.* Part One: *St Bernard.* — Liturgy 26, 1992, p. 9-51.

= This is the first installment of a series of conference notes on B. and his monastic theology. It is taken from Fr Louis' (Thomas Merton's) *Novitiate Conferences* for 1963. We stress the extremely schematic aspect of the notes.
P. 10: "His doctrine is *sapiential* rather than scholastic. Contemplative rather than speculative knowledge of God and the things of God. This is important. It shows the very special (patristic) character of Cistercian doctrine".
P. 51: "Hence it is understandable that Pope Pius XII in *Doctor Mellifluus* proposes B. to all as a model of Marian devotion and piety. However, it is an exaggeration to treat him as a *unique originator* in Marial theology, as if he alone in the Middle Ages had discovered Mary".

MERTON Th., *The Cistercian Fathers and their monastic theology.* Part one: *St Bernard. 2. De diligendo Deo.* — Liturgy 27, 1993, p. 15-53.

= 2nd installment of a series of conference notes.

Modern studies have brought out interesting points on B. as a *theologian of love*. Thesis of P. Pacificus Delfgaauw: central to B's teaching is the idea of charity in which God and man made in His image are united. This charity is not abstract but a living experience: *affectus, consensus, amplexus* (not *contractus*). Since we have lost our union by unlikeness, the way to return to union is the way of resemblance in and through Christ, above all in the *schola caritatis*, which is the monastic community. Common life in the monastery leads to common life in God with the Three Divine Persons.
Other scholars have seen in B. not a theology of love, but a philosophical problem of love.
B's first short "treatise" on love is in *Epistola XI* to Guigo; it indicates the part played by friendship in the Cistercian theology of charity. In *De diligendo Deo* there are four degrees of love. The first degree of love, in which man loves himself for hiw own sake, is a natural love which is well-ordered, which is capable of being elevated by grace. The second degree: to love God for our own sake. And this love is arrived at through tribulation, through constantly experiencing our helplessness and having recourse to prayer and then experience the reality of His providence and His love. Third degree of love: Love of God for His own sake. This love is now pure: *amor castus, justus* and *gratus*. The 'gratuitous' character of love is the transition to the 4th degree: highest perfection of love. This is the *mons Dei*, the summit of the mount of perfection. The highest degree of gratuitous love is to love even ourselves in order to please to God, and *only* in order to please Him.

MERTON Th., *The Cistercian Fathers and their monastic theology.* Part One: *St Bernard.* II. *St Bernard and Cluny. The Apologia, 1123.* — Liturgy 27, 1993, p. 37-62.

= 3rd installment of a series of conference notes.

P. 50: "It was because B. had an intense and passionate love for the reality of the monastic ideal — something that was not just a concept to be loved, but something to be lived and put into practice. He saw the real necessity of true monks in the Church of God. He was thinking of the Church and of souls — the souls of the monks themselves. There is no doubt whatever that in the Middle Ages the monastic spirit sometimes became so feeble that monks were in danger of losing their souls and perhaps did lose them. This can happen at any time, but history teaches that there was a dangerous laxity in some quarters in the Middle Ages. We must remember not to apply these standards of B. too literally today...".

MERTON Th., *Saint Bernard's Lenten Sermons. In capite jejunii in Quadragesima [For the Beginning of the Lenten Fast].* — Liturgy 24, 1990, p. 73-92.

= Orientation notes by Fr Louis Merton.

B's *Lenten Sermons* reflect, first of all, a characteristically Cistercian preoccupation with truth, authenticity. The spiritual combat, especially fasting, the *militia christiana*, and the social desire for mortification and penance which is emphasized in Lent, is the sign of a true monk and of a true Christian. The founders of Cîteaux sought, in their poverty, simplicity, austerity, labor and solitude, to live the Gospel, put on the 'new man', and be united with Christ. B. sees Lent in exactly the same light.

MESNARD J., *Pascal et Bernard de Clairvaux.* — Bernhard von Clairvaux. Rezeption und Wirkung..., p. 375-387.

"... ce n'est pas en termes simples que l'on peut situer Pascal par rapport à B. Il ne manque pas d'affinités entre les deux intelligences, les deux théologies, les deux spiritualités, les deux types de comportement religieux et humain, les deux styles d'écrivain. Mais l'emprise effective de l'un sur l'autre semble avoir été limitée. Autorité reconnue, maître vénéré, le 'dernier de Pères' a été plus souvent invoqué de confiance que médité à loisir. C'est que les problèmes religieux abordés par P. ne l'obligeaient pas à recourir longuement à lui: l'omniprésence d'Augustin est éclatante. Sur les terrains de l'ecclésiologie et de la spiritualité, B. apportait pourtant du neuf. P. en a saisi l'importance et il n'a pas manqué d'en faire son profit" (p. 387).

MICHEL B., *La considération et l'"unitas spiritus".* — Saint Bernard et la philosophie..., p. 109-127.

La notion de considération est presente, chez B., dès le *De gradibus humilitatis et superbiae*, et elle ne cessera de l'être tout au long de son œuvre, jusqu'à devenir l'objet même du dernier traité que B. ait écrit, le *De consideratione*. Dans le *De gradibus...*, la considération est essentiellement "de soi" et ordonnée au thème de l'humilité. Dans le *De consideratione*, elle prend soudain une ampleur universelle, et dans l'extension de son domaine et dans la nature de son opération.
Le *De Consideratione* paraît devoir intervenir "comme un élément important dans la compréhension de la logique de ceux qui, au siècle suivant, concevront la réception et le dialogue avec l'Aristote de l'*Ethique à Nicomaque*, du *De anima* ou de la *Physique* comme une tâche essentielle. Du sein même d'une tradition patristique dont il

demeure entièrement dépendant, et donc dans un cadre seulement "anthropologique", B. avait identifié comme central un lieu où cette logique pouvait se constituer, prendre corps et affirmer sa cohérence" (p. 127).

MICHEL B., *La philosophie: le cas du De Consideratione*. — Colloque de Lyon..., p. 579-603.

B. a consacré le dernier traité qu'il ait écrit, le *De consideratione*, à un éloge de la *consideratio* dont l'acte principal est la mesure. B. y invite son interlocuteur, le pape Eugène III, à la pratique de la philosophie, c.-à-d. à la pratique de la considération. Ce qui définit la considération comme art de la mesure, c'est le souci de B., qui traduit son recours à la proposition du *Proslogion*, de ne jamais situer une unité réelle dans ce qui n'est que partiel, mesurable, imaginable; le *modus*, que la notion de limite peut assez exactement définir, est pour B. le lieu d'une unité réelle dans la mesure où il ne peut être confondu avec ce qu'il modère.
P. 603: "Sans doute B. n'est pas philosophe. Mais au cours de son affrontement avec Gilbert de la Porrée, il semble qu'il effectue avant tout une opération sur sa propre tradition, en traduisant, dans la pratique "philosophique" de la considération, la sagesse de la *vita contemplativa*. On peut comprendre cet acte comme philosophique, si on l'entend au sens où Cicéron disait de Socrate qu'il avait ramené les nombres de Pythagore dans la Cité".

MIETHKE J., *L'engagement politique: la seconde croisade*. — Colloque de Lyon..., p. 475-503.

1. Les premières armes. L'horizon des religieux. Le schisme d'Anaclet. Autres aspects de la politique ecclésiale. — 2. La deuxième croisade. La bulle de croisade et sa diffusion. Un acte de religion. Complications. Les Wendes. — 3. Après l'échec. Le traité *Sur la considération* au pape Eugène. Le réformateur.
Dans *De consideratione*, écrit à la fin de sa vie, B. reste fidèle aux exigences du jeune réformateur monastique qu'il a été. P. 501: "Rudes critiques contre les pratiques dont use, conformément à l'époque, la curie, comme instance centrale d'une grande Eglise qui se donne des formes juridiques d'organisation, tempêtes contre l'appellation et l'exemption qui, avec perspicacité, sont reconnues comme des tendances dominantes du temps, voilà qui permet de comprendre que B., dans la suite, a toujours et à nouveau été amplement cité par les censeurs de la hiérarchie romaine et de ses prétentions". Si un Gilles de Rome, si le pape Boniface VIII "reprennent mot pour mot les formules de B. pour définir avec toutes les assurances du droit la prétention du pape au pouvoir universel,

ils dégagent de l'attitude de B. les conséquences qui sont logiquement tenables, mais qui ne sont pas nécessaires. C'est un honneur pour la réflexion qu'a tentée B. sur les rapports de la foi et de l'action politique d'avoir autorisé deux interprétations complètement opposées de ses textes. Ainse se manifeste à quel point son siècle était encore incertain dans ses choix: lui-même ne sut pas lui indiquer une issue évidente".

MIKKERS E., *Hoe kwam Bernardus tot ons?* — BCF, p. 127-143.

In reply to the question put in the title, the a. allows himself to be guided by the dissemination of B's own writings and of other documents that were connected with his name in the course of time. Especially from the 16th century onwards, there are also documents *about* B. In subsequent centuries, these became more numerous and varied.

MIKKERS E., *Moeilijkheden en mogelijkheden bij het lezen van Sint Bernardus.* — Bernardus van Clairvaux. De vrijheid..., p. 14-21.

MIQUEL P., *Le vocabulaire latin de l'expérience spirituelle dans la tradition monastique et canoniale de 1050 à 1250.* — Paris, 1989 (Theologie historique, 79).

Chapitre III: *Les Cisterciens* (p. 97-162).
Dans ses sermons, spécialement ceux sur le *Cantique des cantiques*, B. confie souvent à ses auditeurs de manière voilée et par allusions ses propres expériences spirituelles. Il les invite à s'y engager à leur tour et fait appel à leur expérience personnelle pour vérifier telle ou telle de ses affirmations.
1. L'appel à l'expérience. — 2. L'expérience et la foi. — 3. Les caractères de l'expérience: l'experience spirituelle a des degrés et des espèces; elle est incommunicable; l'expérience s'oppose à la connaissance livresque; l'expérience elle-même est le meilleur des livres.
Préface de J. LECLERCQ, p. 7-13; p. 12: "Le rôle d'un florilège n'est pas de résoudre des problèmes; il est d'offrir matière à réflexion".

MIQUEL P., *Un moine de son siècle: saint Bernard (1090-1153).* — CollC 52, 1990, p. 163-169.

Un homme "cardinal" — cardinal: ce qui se situe au croisement de plusieurs axes; un abbé engagé: situé au carrefour des idées de son siècle, B. polémique contre tout ce qui risque de contaminer la pureté de l'Evangile (luxe des édifices religieux, défense de la foi, éloge de la milice du Temple). La "modernité" de B. se manifeste moins dans les réponses qu'il apporte que dans les questions qu'il pose. Dans les secteurs évoqués brièvement il apparaît comme un homme attaché à la tradition plutôt que comme un novateur. Il demeure un homme médiéval. Il lutte contre les somptuosités de Cluny, le rationalisme d'Abélard et les cruautés de l'Islam; mais le "dernier des Pères" reste plus actuel comme modèle de vie contemplative que par ses prises de position dans l'action.

MONTEIRO PACHECO M. C., *Ordinatio Caritatis. Reflexões sobre a ascese e a mística no pensamento de S. Bernardo.* — IX Centenário do nascimento..., p. 27-40.

L'a. pose la question du sens hic et nunc de cette commémoration de B.; elle invite le lecteur de s'interroger sur "novas inquietaçoes vitais, novas ploraizaçoes valorativas, que, desviando-se dos caminhos pontuados de cansaço dos simulacros do humano e da exaustao dos jogos de poder, buscam, consciente ou inconscientemente, as grandes inspiraçoes de sempre" (p. 40).

MONTULET-HENNEAU M.-E., *Cîteaux: un ordre, des réformes.* — PRESSOUYRE & KINDER, *Saint Bernard...*, p. 169-175.

Les réformes qui ont jalonné les quelque neuf siècles de l'existence des cisterciens ont retenu l'attention de l'a. Depuis la fondation de Cîteaux, dans le cadre d'une évolution progressive, des étapes peuvent être marquées par la promulgation des bulles *Parvus fons*, puis *Fulgens sicut stella*, la naissance des premières congrégations, la présence de mouvements de réforme interne dans certaines abbayes. Plus tard les méfaits de la commende et de la Réforme entraînent la formation de nouvelles congrégations, le retour de certaines communautés féminines sous la juridiction épiscopale. L'apparition de l'Etroite Observance mérite une place particulière: elle engendra des difficultés pour une vraie réforme de tout l'Ordre, mais c'est d'elle que renaîtra l'essor cistercien au XIXe siècle, en France notamment. La dimension spirituelle a assuré en fait à ces divers changements une certaine durée.

MORAL T., *San Bernardo de Claraval, Cluny y Pedro el Venerable.* — C 42, 1990, p. 243-250.

A l'encontre de clichés dont la responsabilité revient pour une bonne part au *Dialogue entre un cistercien et un clunisien* postérieur à la mort de B. et qui ne peut en rien se réclamer de lui ni de ses idées, l'a. montre dans B. et dans Pierre le Vénérable deux hommes qui, tout en s'opposant parfois, apprendront vite à s'estimer et à se soutenir dans leur commune passion du service de l'Eglise et de la vie monastique. Mais tandis que les liens entre eux se resserrent, l'animosité monte entre leurs deux familles monastiques et, à l'occasion, Pierre en appellera à B. pour qu'il conjure de son bord la tempête qui monte.

Nacer para la eternidad. — C 42, 1990, p. 5-9.

<La Dirección>. "En este primer número del Año centenario partimos de una sencilla y sincera evaluación o exámen de cómo estamos ante el modelo y paradigma de un Santo, que por serlo siempre es actual, y es portador de un mensaje de renovación en esta última décado del siglo XX como lo fue en el siglo XII, de tan semejantes coincidencias históricas".

NASZALY E., *Mit Bernhard von Clairvaux ins Abenteuer der Liebe.* Herausgegeben und eingeleitet von Gertrude SARTORY. — Erzabtei St. Ottilien, 1989, 390 S.

Wer mit einem eher historischen oder gar wissenschaftlichen Interesse dieses Buch zur Hand nähme, wäre schnell enttäuscht: die Information wäre ihm nicht präzise genug; auf weite Strecken hin kann man nicht einmal erkennen, wer da jeweils spricht: ist es B., ist es der Author? Das Buch ist also keine Darstellung geworden, die den Leser über Lehre und Spiritualität Bs informieren würde. Der Verf. sieht Leser vor sich, in denen innerlich etwas anspringt, wenn sie vom "Abenteuer der Liebe" sprechen hören, die darüber etwas erfahren möchten. Das Ganze könnte als ein Versuch gewertet werden, in unserer Zeit, aus unserer Seelenlage heraus mit B. zu leben. Diese Texte stellen gewissermaßen eine Synthese zwischen dem monastischen 20. Jahrhundert und dem Denkens Bs dar. Die Übersetzung aus dem Ungarischen (Originaltitel: *Csúcsok és szakadékok*, d.h. *Höhen und Abgründe*) besorgte M. Ida KOCH, Authorin des Textes *Wo dieses Buch entstand* (S. 14-24), m.a.W. ein Kurzgeschichte der Abtei Regina Mundi.

NEF F., *"Caritas dat caritatem". La métaphysique de la charité dans les Sermons sur le Cantique des cantiques et l'ontologie de la contemplation.* — Saint Bernard et la philosophie..., p. 87-108.

L'a. veut montrer deux choses: que B. possède bien une doctrine élaborée de la contemplation, distincte de la considération et fondée sur le concept d'amour, comme l'avait déjà montré E. Gilson, et que cette doctrine de la contemplation a une importance philosophique considérable, en dépit de son élaboration purement théologique. L'importance philosophique de cette doctrine n'est pas propre à B., elle doit être attribuée en général aux théologies mystiques de la contemplation, mais nous devons rendre hommage à B. pour sa sobriété, sa mesure, sa clarté, omniprésentes dans ses *Sermons sur le Cantique des cantiques.*

9e Centenaire de la naissance de St Bernard. Dossier de presse.

Malgé ses 85 pages, ceci reste un dossier de presse: une suite de notes assez brèves fournissant aux médias une documentation d'ensemble leur donnant matière à articles et commentaires.
La vingtaine de notes qui constituent ce dossier se présentent ainsi: les premières situent B. dans son cadre historique; puis suivent quelques approches synthétiques de sa pensée; ensuite sont abordés plusieurs points particuliers, plus sensibles, qui demandaient une certaine mise à jour à partir des recherches actuelles; enfin une certaine documentation et quelques textes choisis.

NICOLAS J., *La oración en los escritos de S. Bernardo (En el 9.° Centenario de su Nacimiento).* — C 42, 1990, p. 367-412.

Plan: 1. Descripción de la oración. — 2. Necesidad. — 3. Obstáculos y defectos. — 4. Disposición y cualidades. — 5. Objeto. — 6. Resultados. — 7. Modelos propuestos.
Toda la vida del cristiano, sobre todo la vida del monje, debe ser oración, debe vivir en estado constante de oración, contando únicamente con la gracia de Dios tal como quería S. Benito y tal como vivía B.
B. rebosaba devoción y fervor en la oración; en todo, como repetía sin cesar a los demás, porque lo experimentaba continuamente, confiaba mucho más en la oración que en su esfuerzo personal y su pericia. Oraba siempre...

NILGEN U., *Historischer Schriftsinn und ironische Weltbetrachtung. Buchmalerei im frühen Cîteaux und der Stein des Anstoßes.* — Bernhard von Clairvaux. Rezeption und Wirkung..., S. 67-140 (46 Abb.).

Bs Einfluß im Zisterzienserorden läuft, was die Buchmalerei betrifft, auf die wenigstens zeitweise durchgesetzte völlige Eliminierung bildlicher Darstellungen hinaus, d.h. wo Bs Vorstellungen rezipiert wurden, ist dem Kunsthistoriker das Material für seine Untersuchungen weitgehend entzogen.
Im Mittelpunkt dieses Aufsatzes steht die reiche und durchaus eigenwillige Buchmalerei im frühen Cîteaux, die möglicherweise der Anlaß für Bs rigorose und folgenreiche Ablehnung war. Die gegen die Jahrhun-

dertmitte und später in Cîteaux entstandenen Handschriften beschränken den Dekor streng auf schlichte einfarbige Initialen: *Litterae unius coloris fiant, et non depictae* (Stat. 80).
S. 93: "B. hatte — wenigstens für einige Zeit — seine Vorstellungen durchgesetzt: die Sprache der Bilder hatte zu verstummen; allein dem Wort blieben alle künstlerischen Höhenflüge erlaubt. Cîteaux war nicht unter solch schroffem Gesetz angetreten. Der Geist, der in den frühen Jahren Stephan Hardings herrschte, war offenbar gelassener, duldsamer gewesen und hatte Witz, Ironie, überhaupt das leise Vergnügen durch die Bilder in den strengen Tagesablauf einbezogen. Gerade vor dem Hintergrund der asketischen Lebensführung müssen diese Bilder aber eine starke Wirkung und magische Anziehungskraft ausgeübt haben, so sehr, daß sie zum Stein des Anstoßes wurden und "verstummen" mußten. Die Bibel des Stephan Harding ist nicht die Modell-Bibel der zisterzienser geworden".

NOCI, v. *San Bernardo nel IX centenario...*

IX Centenário do nascimento de S. Bernardo. Encontros de Alcobaça e simpósio de Lisboa. — Braga, 1991, 406 p. (Collecção Memorabilia christiana, 2).

Sous ce titre sont publiés les actes du symposium *S. Bernardo e a presença de Cister em Portugal*, organisé sur l'initiative de la Faculté de théologie de l'Universidade Católica Portuguesa du 8 au 10 novembre 1990 à la Bibliothèque Jean-Paul II, Lisbonne, ainsi que du symposium *Encontros S. Bernardo*, qui a eu lieu au monastère d'Alcobaça du 3 au 6 octobre 1990.
Les dix-neuf études qui suivent la présentation du volume par J.O. BRAGANÇA, couvrent trois domaines résumés par les mots-clés spiritualité (p. 13-119), culture (p. 121-218) et histoire (p. 219-395).
Pour la partie spiritualité, voire P. ABREU, M.C. MONTEIRO PACHECO, M. SIRGADO DE SOUSA GANHO, Jose DA CRUZ POLICARPO, MATTOSO J., MARQUES J.F. Signalons encore que H.A. PEIXEIRO présente une étude générale: *A iluminura em Alcobaça nos séculos XIV e XV*, ainsi qu'une étude consacrée à un missel cistercien du 14e siècle: *Um missal cisterciense iluminado (Alc. 26) e as representaçoes da Virgem e de S. Bernardo.*

Obras completas de san Bernardo. Edición bilingüe, preparada por los monjes cistercienses de España. T. VII: *Cartas*. Introducción por Iñaki ARANGUREN. — Madrid 1990, xxiii + 1319 p. (Biblioteca de Autores Cristianos, 505).

Para conocer plenamente a B. es preciso leer su epistolario. Con la tersura de su candorosa familiaridad y de su mística, queda aquí plasmado él mismo, tal como es en vivo desde su misma identidad personal a través de su relación cordial y diáfana. Lo que enseña en el resto de su obra escrita recobra en sus cartas un realismo encarnado ante personas y situaciones concretas, envuelto en amor, ternura y benignidad, aunque nunca permisivas. Leer la correspondencia de B. equivale a leer su interior más intimo. Es beber de su espíritu en la fuente más pura: él mismo, en la apertura sencilla de sus sentimientos y afectos, de su gran pasión por su hermanos los hombres, por la vida monástica y por la Iglesia.
Por sus cartas desfila todo el espectro de la vida humana con su degradación y sublimidad, para exigir, corregir, ayudar o consolar.
Las referencias históricas están tomadas de Ferruccio GASTALDELLI, *Commento historico*, en *Opere di San Bernardo* VI/1 y VI/2.

Obras completas de san Bernardo. Edición bilingüe, preparada por los monjes cistercienses de España. T. VIII: *Sentencias y Parábolas. Indice de materias.* Introducción y traducción por Juan Maria DE LA TORRE. Indice de materias por Iñaki ARANGUREN y Mariano BALLANO. — Madrid 1993, xvi + 693 p. (Biblioteca de Autores Cristianos, 527).

Con este octavo y último volumen llega la hora de la síntesis. *Sentencias y Parábolas* ofrecen idénticas vivencias y doctrina que los volúmenes precedentes. Quizá disponemos aquí de la sección más modesta, desconcertante y novedosa de toda la obra bernardiana, pero no tanto en su contenido cuanto en el realce de su marco y objetivo: la vida es la lucha y el negocio por excelencia. El monje, un combatiente y un comerciante que se toma la cosa en serio en función de la esperanza que le mueve y de la Patria a donde tiende. Cuadro primordial: la guerra y sus mecanismos. Cuadro subliminar: el mercado y sus negocios. Se necesitan estrategias, regateos, pactos, arrojos para catalizar y orientar las tres grandes tendencias de la vida humana: la insolencia del poder, la agresividad y el amor. Un conjunto de 358 sentencias y 8 parábolas nos han llegado en su redacción definitiva probablemente a través de varios *notarii*, que fijaron por escrito la enseñanza oral del maestro claravalense, recogida de labios de alguno de sus discípulos y de algunas notas o esquemas de sermones. Estos textos embargan inmediatamente al lector en su memoria y fantasía, hasta depositar su contenido en la zona de la subconsciencia. Vemos a B. como pastor celoso, conocedor de los mecanismos humanos y con una enorme capacidad de creatividad literaria y fabuladora.
El volumen y toda la obra completa culmina con un sugerente y útil *indice de materias*; instrumento y guía para cualquier lector iniciado y

familiarizado con uno de los personajes más vivenciales y asistemáticos del bajo medievo y de la tradición cristiana de todos los tiempos, B.

OCHSENBEIN P., *Bernhard von Clairvaux in spätmittelalterlichen Gebetbüchern.* — Bernhard von Clairvaux. Rezeption und Wirkung..., S. 213-232.

Spätmittelalterliche Gebetbücher, das sind also vornehmlich lateinische *libri precum* und *horaria* ebenso wie deutschsprachige und niederländische Stunden- und Privatgebetbücher vom späten 14. bis zum beginnenden 16. Jahrhundert.
S. 220: "In fast allen spätmittelalterlichen Gebetbüchern taucht der Name B. mehrmals auf, aber kein einziger der ihm zugewiesenen Texte stammt aus seiner Feder. Diese Tatsache läßt sich aus zweifacher Sicht erklären: einerseits vom echten Werk Bs her, andererseits vom Geist der spätmittelalterlichen Gebetssammlungen".

OGLIARI D., *La forza liberante dell'amore.* — San Bernardo nel IX centenario della nascita, p. 82-89.

L'a. étudie quelques aspects de la mystique de B.

OLDONI M., *Bernardo scrittore: le "Parabolae".* — Bernardo cistercense..., p. 291-301.

L'a. termine sa contribution avec la constatation suivante: "B. raggiunge nelle Parabolae una efficacia cromatica, sonora e visiva che scende al livello del pubblico in forma di racconti drammatici e drammatizzabili attraverso i quali lo scrittore B. narra la difficile e debilitante ricerca del bene e della giusta condotta" (p. 299).

OLIVERA B., *Aspectos del amor al prójimo en la doctrina espiritual de san Bernardo.* — La dottrina..., p. 151-197. / CM 26, 1991, p. 263-303.

Traduction française: *L'Amour fraternel dans l'enseignement spirituel de saint Bernard* (couverture). *L'Amour fraternel. Aspects de l'amour du prochain dans l'enseignement spirituel de saint Bernard.* — Oka (Québec) 1993, 78 p. Presentation par BARBEAU A., p. 5-6. (Voix monastiques, 8).

Los pilares o rasgos estructurantes de la doctrina bernardiana se reducen a estos siete: 1. Los fundamentos del amor al prójimo son: la comunidad

en la misma naturaleza, en la misma gracia de salvación y, para algunos, en el mismo compromiso monástico. — 2. Este amor se relaciona siempre con el amor a sí mismo y el amor a Dios: hace al hombre verdaderamente hombre; y es vía excelsa o medicación inmediata con Dios. — 3. Implica: disciplina, templanza, abnegación, autoconocimiento y humilidad; la acción y ayuda graciosa del Espíritu Santo; y modelos que arrastren al seguimento. — 4. Sus principales expresiones son: querer el bien: benevolencia; hacer el bien y compartir bienes: beneficiencia, servicialidad, solidaridad; sentir el bien y sentir bien: misericordia, piedad, benignidad, compasión, mansedumbre, dulzura, suavidad y ternura; mostrarse bien: amabilidad, afabilidad. — 5. La misericordia sintetiza todas les expresiones del amor al prójimo pues junta en sí misma: el sentir y el obrar, el afecto y el efecto. — 6. Sus principales símbolos son: la anchura y el ungüento, pues la unión dilata y aromatiza. — 7. Su fruto principal, sobre todo en la vida monástica, es el gozo y la paz en la unidad.
¿Tiene esta enseñanza de B. alguna actualidad? Sí. Nos muestra verdades evidentes que, por lo mismo, corren el riesgo de pasar inadvertidas. ¿Cuales? Al menos estas seís: la justicia sin misericordia no es evangélica; las obras sin afecto no son humanas; el amor meramente vertical o exclusivamente horizontal precisan aún de la salvación que aporta la cruz de Cristo; el monje es monje no tanto por ser solo sino por ser solidario; y la unanimidad, no la uniformidad, es lo constitutivo de la vida cenobítica; la teología simbólica es perenne pues, aunque falten monjes, siempre habrá niños, sencillos y pobres en este mundo.

OLIVERA B., *Para una lectura de las obras de San Bernardo.* — CM 94, 1990, p. 287-303.

OLIVERA B., *Help in Reading St Bernard.* — Word and Spirit 12, 1990, p. 3-20.

= English translation of the preceding item.

OLIVERA B., *Leeswijzer voor Bernardus. Handreiking bij het lezen van zijn werk.* — Benedictijns tijdschrift 54, 1993, p. 126-140.

= Nederlandse vertaling, met aangepaste bibliografie, van B. OLIVERA, *Para una lectura de las obras...*

Un mismo texto u obra puede ser abordado desde diferentes ángulos a fin de lograr una comprensión más acabada de su mensaje. Las vías de acceso a la doctrina de B. son muchas. Las seis primeras (socio-histórica, psico-histórica, arqueológico-fontal, lingüístico-estructural, literariopoética, sistemático-doctrinal) pueden ser catalogadas como cientificas. Las dos restantes (ingenuo-contemplativa, evaluativo-existencial) presuponen algo de las primeras y pueden ser llamadas en consecuencia *post-cientifícas.*

OLSEN G.W., *Twelfth-Century Humanism Reconsidered: the Case of St. Bernard.* — Studi medievali 31, 1990, p. 27-53.

B., more generally the XIIth-century, must be seen as representing a critical stage in a long history of reevaluation of the body, stretching from Plotinus and Augustine to *Haurietis aquas*, the encyclical of Pius XII on the Sacred Heart, *Humanae vitae*, the encyclical of Paul VI on human unitive love, and the addresses of John Paul II on the theologoy and sexuality of the body. O.'s analysis (p. 50-53) of J. Leclercq's *Introduzione Generale* in vol. I. of *Opere di San Bernardo*, ed. F. Gastaldelli, makes it clear that "over the course of his life, B. has refashioned a long standing idea that the body is a cloud through which the divine radiance shines into the idea that man's exterior and all his material works may, if his heart is pure, reveal the liberty, clarity, charity, and splendor of God".

OLSEN G.W., *Recovering the Homeland: Acts 4:32 and the Ecclesia primitiva in St. Bernard's Sermons on the Song of Songs.* — Word and Spirit 12, 1990, p. 92-117.

ORDOÑEZ S.F., *Mar adentro en ruta orante por el tratado "Sobre el amor a Dios" de San Bernardo. "De diligendo Deo": (Es imperioso amar a Dios).* — Actas. Congreso..., p. 1121-1136.

P. 1121: "... realizaremos un rápido recorrido por el *Libro del amor a Dios* de B. Lo haremos siguiendo su trayectoria ("mar adentro") y lo haremos en espíritu de oración ("en ruta orante"): es decir, dejaremos que el Espíritu ore en nosotros a merced de las intuiciones o momentos más felices del tratado". — P. 1136: "Lo que acabamos de hacer es experiencia e invitación, es decir, puede repetirse una y otra vez, pues el Espíritu no repetirá la misma oración en nuestro espíritu orante. Si lo hacemos todos, qué riqueza. Por eso es invitación. Será ir "mar adentro" sobre el tratado del amor a Dios; "mar adentro" en el amor de Dios en nosotros; "mar adentro" en nosotros mismos con el Amor de Dios...".

ORENSE v. *Actas ...*

ORTAS Antonio Maria Card. Javierre, *Bernardo e Maria, "mitezza e umiltà"*. — Respice stellam..., p. 41-68.

L'*amore* e l'*umiltà* dominano per intero il panorama teologico di B. A prima vista sembrerebbe che il primato tra i due termini del binomio appartenga per diritto proprio all'umiltà. B. lo ha posto alla base del mistero della maternità verginale di Maria. Alla radice di questo mistero troviamo la *amabilità* di Maria.
P. 67-68: "L'*amabilità* di Maria racchiude in sintesi meravigliosa la mitezza e l'umiltà del Maestro. Una amabilità che viene *animata* in alto dal soffio dello Spirito del Figlio e *proiettata* sul mondo a beneficio dei figli. B. figura nella storia tra i più amati e tra i più amanti di Maria. La sua diuturna familiarità mariana gli permise di cogliere il segreto della Madre, mite ed umile come il Figlio; e lo portò gradualmente a ricopiare in sé i tratti fisionomici dei discepoli di Cristo e dei figli di Maria. Ed è così che B. può passare alla storia come l'*amabile cantore* della *amabilità* di Maria.

ORTAS A.M. Card. Javierre, *Omelia nell'Eucaristia conclusiva del Convegno.* — Respice stellam..., p. 429-434.

ORTIZ M.D., *San Bernardo a la luz de la psicología.* — Actas. Congreso..., p. 1185-1198.

P. 1198 "B. se nos aparece una lumbrera destellante en todos los campos y por eso la historia le ha apodado con esa certera distinción de *el Hombre del siglo XII.* Así no fue precisamente la quimera, como él se denominó en dos ocasiones, sino el astro refulgente, el monje de la Europa medieval que se empeñó en mantener la fe y la unidad en la cristianidad".

OSEIRA, v. *Actas* ...

OURY G.-M., *La première des éditions des Pères: l'édition mauriste des Œuvres de saint Bernard.* — CollC 52, 1990, p. 16-26.

Parmi les grandes éditions menées à bien par les moines de la Congrégation de Saint-Maur, celle de B. offre la particularité d'ouvrir la série de leurs rééditions ou éditions des Pères. Ce seul fait est significatif: B. est le dernier des Pères, et, tout à la fois, le grand maître de la spiritualité occidentale, l'auteur monastique dont l'influence fut la plus durable entre le XIIe et la fin du XVIIe siècle.
P. 26: "L'édition de B. a contribué à orienter les travaux de la Congrégation de Saint-Maur, sous la direction de Dom Mabillon; les qualités du travail ont masqué ses imperfections et le succès de cette première édition a indiqué une voie à suivre où les moines de Saint-Maur firent beaucoup mieux par la suite".

OXENHAM E., *'Under the Apple Tree': A comparative exegesis of the Song of Songs 2:3 in the Sermons of Bernard of Clairvaux and John of Ford.* — Bernardus Magister..., p. 277-286.

Although in their sermons on the *Song of Songs* B. and John of Ford (J.) were commenting on different sections, there is one verse, *Song* 2:3, which they both discuss (B. in *Sermon* 48 of his commentary, J. in his *Sermon* 38, while in *Sermon* 102 he has a more extended commentary). *Song* 2:3 is rich in biblical imagery, and particularly suited to a monastic exegesis. The a. examines the way in which B. and J. develop the images found in this verse, e.g. the apple tree, the shadow, the fruit and its taste, and sitting under the apple tree. Attention is also given to the other scriptural texts of which each of the writers makes use to elaborate his theme when commenting on this verse. As a result of this investigation we gain some understanding of the extent of J.'s dependence on B. for his exegesis, as well as his own originality, evident, e.g., in his imaginative development of biblical imagery.

PACAUT M., *Saint Bernard et la France.* — Bernardo cistercense..., p. 109-129.

L'a. observe 1° l'attachement de B. à l'aristocratie seigneuriale, et 2° qu'il attache relativement peu d'importance au roi qu'il semble parfois prendre pour un autre "prince féodal", seulement supérieur aux autres.

PACAUT M., *Saint Bernard dans l'historiographie française du 19ème siècle.* — Bernhard von Clairvaux. Rezeption und Wirkung..., p. 421-430.

M.P. analyse plusieurs auteurs qui ont fait date dans l'historiographie française, e.a. J. Michelet (1798-1874, *Histoire de la France*) qui a le mérite de consacrer, lorsqu'il presente la croisade des Albigeois, quelques pages aux origines et aux activités monastiques de B. — il éprouve pour son personnage une grande admiration —; et l'abbé E. Vacandard qui publiait en 1895 la *Vie de saint Bernard abbé de Clairvaux*, qui constitue la première biographie de B. élaborée selon une méthode rigoureuse et qui ouvrait la voie pour la France à d'autres études de la même veine.

PACAUT M., *Les moines blancs. Histoire de l'ordre de Cîteaux.* — Paris, Fayard, 1993, 431 p.

Chapitre III, p. 103-140: *Le temps de saint Bernard ou les années triomphantes (1133-1153).*

P. 115: "Il fut un moine exemplaire, le plus éminent des maîtres de spiritualité, d'abord et avant tout pour ses fils claravalliens et ses frères cisterciens. Car il réussit à avoir le temps, à côté des mois, des jours et des heures passés, en dehors du couvent, aux affaires de l'Eglise et du siècle, de consacrer de façon primordiale son énergie à l'entreprise monastique, ce qui permit à son ordre, sous son égide, de connaître un extraordinaire essor et d'atteindre à un inégalable rayonnement".

PAFFRATH A. & HAMMER G., *Bernhard von Clairvaux 2. Die Darstellung des Heiligen in der bildenden Kunst.* — Altenbeger Dom-Verein E.V., 1990, 223 S.

Dem Bernhardband von 1984, *Bernhard von Clairvaux. Leben und Wirken, dargestellt in den Bilderzyklen von Altenberg bis Zwettl*, folgt ein weiterer, nicht weniger prachtvoll ausgestatteter Band. Unter der Federführung A. Paffraths, der schon für den Text des 1. Bandes verantwortlich war, und unter Beiziehung des Marienstätter Zisterziensers G. Hammer, der die Abschnitte *Buchmalerei* verfaßt hat, werden ausgewählte B.-Vorstellungen der frühen italienischen Schule bis hin zur Plastik unserer Zeit vor Augen geführt, wobei der wissenschaftlich fundierte Text den exzellent wiedergegebenen Kunstwerken zur Seite steht. Übersichtlich angeordenete, äußerst informative Tabellen zum Leben und Werk Bs lockern das Ganze auf. Aussagen Luthers über B. sind nach der Erlanger Ausgabe Luthers Werke S. 167-185 enumeriert. Von wertvoller Bedeutung ist, daß die ausgewählten B.-Darstellungszyklen vollständig im Bild wiedergegeben sind: viele der abgebildeten grafischen Zyklen sind oft schwer erreichbar und nicht selten fragmentarisch erhalten.

PANNET R., *Saint Bernard. Le service de l'Eglise.* — Paris, 1991, 198 p.

L'a. a choisi un angle d'approche original, mais pertinent: B. présenté comme le chevalier-servant de Dame Eglise. Le livre offre d'abord un résumé de la vie du chevalier B., en la situant brièvement dans son contexte politique et ecclésial, puis il décrit les armes — spirituelles — de B. La seconde partie de l'ouvrage s'attache à dépeindre la Dame, telle que B. la voit, la comprend, la désire. Portrait tracé avec les mots mêmes de B.: de nombreuses citations tant des Lettres que des Sermons sur le Cantique nous donnent de communier au regard à la fois réaliste et mystique que B. porte sur l'Eglise qu'il aime. Cinq chapitres pour ce portrait: *L'Eglise, Epouse du Christ — Les amis de l'Epoux — Les serviteurs de l'Epouse — La chrétienté — Au-delà des frontières de l'Eglise.* Sans cesse, l'a. confronte cette vision de l'Eglise à la nôtre, marquée par

Vatican II. Il en ressort un B. proche de nous, tout entier donné, avec les richesses et les limites de son époque, au service de l'Eglise, par amour du Christ, son Epoux.

PARIS, v. PRESSOURE L., KINDER T.

PARISSE M., *Les relations avec l'Empire.* — Colloque de Lyon..., p. 401-427.

Que représentait l'Empire pour B.? B. en Empire, c'est d'abord reconstituer le réseau de ses relations personnelles. C'est le théoricien de l'ordre cistercien face à une portion de chrétienté. C'est une pensée chrétienne présente dans les esprits et les bibliothèques.

PAUL J., *Les débuts de Clairvaux. Histoire et théologie.* — Vies et légendes..., p. 19-35.

Dans la *Vita prima* de B., le livre premier écrit par Guillaume de Saint-Thierry mêle inextricablement les faits historiques et les thèmes théologiques. Ce qui est vrai de la vie l'est aussi de la fondation de l'abbaye. Les anomalies du récit permettent de mettre en évidence des références à la Passion du Christ et à sa Résurrection. Dès lors la lecture théologique du texte fait ressortir le dessein de donner pour modèle à Clairvaux, la vie de Benoît à Subiaco, c'est-à-dire une épisode érémitique. Cette vie de solitaire est justifiée par une référence au Nouveau Testament. Ce serait celle des disciples, au désert, au lendemain de la Résurrection.

PAULMIER-FOUCART M., *Bernard de Clairvaux dans trois chroniques universelles françaises du XIIIe siècle.* — Vies et légendes..., p. 263-281.

Dans la première moitié du XIIIe siècle, trois auteurs de chroniques universelles, issus de trois milieux différents, ont fait place à B. comme acteur de l'histoire universelle. Pour le prémontré Robert d'Auxerre, B. est un personnage illustre parmi d'autres, dont il trace un portrait assez stéréotypé, à peine marqué par ses interventions locales et la prédication de la croisade. Le cistercien Hélinand suit la *Vita Bernardi* qu'il abrège habilement, en insistant sur les signes qui marquent B. en fonction de son rôle dans la restauration de la société chrétienne. Le goût d'Hélinand pour le témoignage direct l'amène cependant à laisser apparaître la trace de la "légende noire" de B. Dans le *Speculum historiale* du dominicain Vincent de Beauvais enfin, le personnage de B. prend une toute autre dimension: il devient le maître à penser, le Père de l'Eglise dont les œuvres sont données à lire aux frères prêcheurs: un livre tout entier de l'*Historiale* — cas unique — est composé d'extraits des grandes œuvres de B., auxquelles sont mêlées plusieurs œuvres apocryphes qui lui sont traditionnellement attribuées au Moyen Age. Se confirme ainsi le lien très étroit entre le premier milieu intellectuel dominicain et le monde cistercien.

PAULSELL W.O., *William James and Bernard of Clairvaux on mystical experience.* — Studies in formative spirituality. Journal of ongoing formation 10, 1989, p. 171-180.

The a. takes from William James four characteristics of authentic mystical experience (ineffability, noetic quality, transience and passivity) and verifies these in some 57 passages of B's *Sermons on the Songs of Songs.*

PEDERSEN E.M.W., *Ermengarde: En kvinde "fanget" mellem 1100-tallets ridderideal og munkeideal.* — Dansk teologisk tidsskrift 52, 1989.

Les relations d'Ermengarde, comtesse de Bretagne, avec les troubadours, les prédicateurs itinérants, les évêques et les abbés cisterciens sont évoquées. Une place particiulière est accordée à ses rapports avec B., qui lui écrivit deux lettres (*Ep.* 116 et 117) et qui l'orienta sans doute dans le choix d'un monastère bourguignon placé sous son influence.

PENCO G., *S. Bernardo tra due centenari: 1890-1990.* — B 38, 1991, p. 19-33.

L'a. dresse une sorte d'inventaire de tout ce qui a été écrit sur B. de 1890 à 1990, c.à-d. d'un centenaire à l'autre. Tout commence avec la *Vie de S. Bernard* par E. Vacandard. P. 20: "Alla fine dell'800 (...) si trattava anche di reagire all'immagine deformata di B. presentata dalla cultura razionalistica del tempo che ne faceva un campione del dogmatismo e dell'intolleranza appoggiata al potere ecclesiastico contro i diritti della ragione sostenuti e rappresentati da Abelardo. Ma bisognava pure reagire (...) all'eccessiva idealizzazione del Santo promossa dalla cultura romantica anche protestante e collocare pienamente il Santo stesso nel vivo fluire della storia, suscitando magari delle critiche entro l'Ordine di Cîteaux: si trattava, insomma, di ristabilire un equilibrio fra interpretazioni e tendenze assai diverse e radicate". Désormais les principaux représentants de la spiritualité catholique (Rousselot, Pourrat, Butler), mais surtout les moines ("tutti gli studiosi o scrittori cistercensi, da

Chautard a Merton", et les bénédictins, p.ex. A. Wilmart) allaient rivaliser de zèle pour étudier B. de plus près. Le huitième centenaire de la mort de B. vit paraître plus de 200 publications. P. 22: "L'Europa, da poco uscita dalla tragedia della seconda guerra mondiale, pareva ritrovare nella figura di B. una delle voci più alte della propria coscienza storica, una delle figure più rappresentative della propria universalità". Il valait donc la peine que J. de la Croix Bouton publiât une nouvelle *Bibliographie de S. Bernard 1891-1957*, pour mettre à jour la *Bibliographia bernardina* de L. Janauschek, publiée à Vienne en 1891.

L'événement le plus marquant fut certainement la parution en 1934 de *La théologie mystique de S. Bernard* par E. Gilson. Il ne s'agissait plus de voir simplement en B. (p. 25) "un pio autore edificante, un vago spirito sentimentale, un semplice fautore di atteggiamenti devoti, come per lo più pensava l'opinione corrente, ma un teologo della mistica (...) Tutta una somma di luoghi comuni e di pregiudizi era in tal modo superata per far posto ad una valutazione ben più equanime e comprensiva". Gilson ouvrait ainsi la voie à Dom J. Leclercq pour qui cet ouvrage "resta il più bel libro che sia mai stato scritto sull'abate di Chiaravalle".

D'autres auteurs se sont appliqués à étudier tel ou tel aspect particulier de B.: E. Buonaiuti ("una drastica contrapposizione tra la figura di B. e quella di Gioacchino da Fiore"), A. Fliche, J. Huizinga ("il quale ne ha rilevato il largo influsso sulla mentalità del basso Medio Evo pure in forza degli apocrifi a lui attribuiti"), E. Auerbach, G. Falco ("B. è da ricordare soltanto come esponente delle critiche alla curia romana"), R.S. Lopez ("il Lopez vede il Santo solo come implicato in vicende esterne, attribuendo invece grande risalto a S. Francesco e al suo messaggio").

Des philosophes et des théologiens faisaient ressortir l'essentiel du message bernardin: M. Blondel ("simbiosi tra natura e sopranatura, tra filosofia e Cristianesimo"), J. Mouroux ("caratteri dell' esperienza cristiana"), U. von Balthasar ("B. esponente dell'estetica cristiana medievale e sostenitore del principio dell'amore quale fonte di conoscenza"), K. Barth ("riferimento al pensiero del Santo quanto al rapporto tra santità e misericordia di Dio"), P. Tillich (qui "esalta la figura di B. nella storia del Cristianesimo in quanto l'esperienza mistica offre la possibilità di una vera e perfetta vita cristiana").

L'édition critique *SBO* (Roma 1957-1977) de Leclercq-Rochais-Talbot, "con l'esplorazione dei fondi manoscritti di 180 biblioteche d'Europa e la consultazione di circa 1500 manoscritti", vint couronner le tout. P. 30: "La principale novità di questa edizione (...) non è però da ricercare nella differenza del testo nei confronti dell'edizione del Mabillon, ma nell'averne ritrovato la tradizione, nell'aver individuato il percorso che, lungo i secoli, il testo stesso ha compiuto, le modifiche che ha subito, in una parola la sua vita postuma".

PENCO G., *S. Bernardo, l'ultimo dei Padri monastici.* — B 37, 1990, p. 9-23.

PENCO G., *San Bernardo, el último de los Padres monásticos.* — CM 25, 1990, p. 271-286.

= traduction du titre précédent.

B. est appelé non pas simplement "le dernier des Pères", mais "le dernier des Pères monastiques". Et ceci doublement: il est le dernier représentant de la théologie monastique, qui continue, perfectionne et mène à son accomplissement la théologie de l'âge patristique; il est aussi le dernier docteur de l'Eglise provenant du monde monastique.
L'a. voit en B. un maître spirituel placé à la charnière de deux époques: il parachève le moyen âge et, en un sens, il semble en amorcer le déclin. C'est que l'expérience de B., si typique et originale, peut être prise à l'aide de la catégorie du paradoxe. B. est le plus grand représentant de cette très haute spiritualité monastique du moyen âge; mais "par la diversité de ses traits et de ses qualités", il amorce aussi le déclin de ce moyen âge (p. 11). Ceci ne l'empêcha pourtant pas d'avoir une influence profonde sur les siècles suivants: de la piété populaire aux mystiques flamands, des Ordres mendiants aux courants de le *devotio moderna.*

PEÑA R., *La voluntad propia según san Bernardo.* — CM 25, 1990, p. 323-346.

En el marco de la vida monástica la *voluntas propria* adquiere particular importancia, siendo la lucha contra ella uno de los desafíos que nos acompañan a lo lago de toda la vida. Este tema atraviesa toda la misma RB.
El a. mostra, siguiendo la doctrina bernardiana, el puesto central que tiene la lucha contra la *voluntas propria* en el camino de recobrar la semejanza divina herida por el pecado. La propia experiencia nos muestra la fragilidad de nuestra voluntad y la necesidad de la ayuda de la gracia para poder servir íntegramente a Cristo.

PENNINGTON B., *Like father, like son: Bernard of Clairvaux and Thomas Merton.* — Bernardus Magister..., p. 569-578.

B. and Thomas Merton (M.) resemble one another in many ways. Both had great literary gifts thanks to which they exerted considerable influence. Both were in search of mystical union, but were unable to resist the call of wounded mankind. A number of M.'s key writings, particularly *The New Man*, bear the mark of B's influence. The works of both owe their impact to the conviction they convey, a conviction born of deeply lived spiritual experience.

PENNINGTON B., *Response to relationship between anthropology and christology.* — La dottrina..., p. 301-306.

Replica ad R. KERESZTY, *The relationship...*

P. 305-306: "B's theory of the redemption includes the idea that God has justly allowed us to come under the bondage of Satan as a result of sin. Does this belief come to play in our spirituality in an age which practically ignores if not denies the existence of the evil one? ... On the other hand, we are seeing new satanic cults emerging in many places. Does B's theology and spirituality give us a response to this?...
B's theology gives perspective to feminist theology. Its love-imagery freely uses both genders and does not hesitate to cast us all as the bride of the Word. How do Cistercian monks respond to this? What effect does interiorizing this feminine perspective have on us men? Conversely what of B's image of God as Father, a father who accepts, if not demands, the bloody death of his son?
As did B., in order to have an anthropology that corresponds to reality we have to allow the transformation and deification of the humanity of Christ through the resurrection and ascension to radically transform our understanding. Do we too readily allow ourselves to be seduced by a scientific study of the human person that leaves out these faith dimensions and thus undermines the integrity of our spirituality and the unity of our lives?
Finally, there is the paradox developed in B's eschatological humanism. In losing ourselves, giving ourselves completely to Christ in love and becoming fully identified with his Spouse, the Church, we come fully into our own beauty in Christ and in the Church. What effect on the way we live community life would a clear grasp of this teaching have?"

PÉRES J.-N., *Où il est question de source et de rivière: saint Bernard et Martin Luther à propos du rapport de l'Eglise à l'Ecriture.* — CollC 52, 1990, p. 299-306.

Comparer B. et Luther, ou simplement établir un parallélisme entre eux, telles de leurs démarches, tel aspect de leur pensée — n'est pas nouveau. Pensons à R. Mousnier, *Saint Bernard and Martin Luther* (paru en 1963 dans l'American Benedictine Revieuw), à H. Bach, *Bernhard von Clairvaux und Martin Luther. Wahrgenommene Parallelen* (Erbe und Auftrag, 46-47, 1970-1971), et à Th. Bell (cfr supra) et à F. Posset (cfr infra). L'a. rappelle quelques conclusions auxquelles ces auteurs sont parvenus.

PHILBÉE A., *Saint Bernard de Fontaine, abbé de Clairvaux. Sa vie et sa spiritualité.* — Paris, Les Editions du Cerf, 1990, 206 p., ill.

L'a. met à la disposition d'un large public un ouvrage d'accès facile et bien documenté sur la vie et le rayonnement de B. 31 chapitres plus 10 p. d'extraits de sermons de B. sur Marie, Mère de Dieu.

PHILIPPON O., *Bernard de Clairvaux. Bernard de tous les temps. Message actuel.* — 2e édition, Paris, Téqui, 1990, 479 p.

Réédition de l'ouvrage paru en 1982 sous le même titre et portant sur la vie (p. 19-308) et les œuvres de B. (p. 311-478: *Les grandes œuvres de saint Bernard*): B. et la conversion: *Le sermon aux clercs* — B. et *Les degrés de l'humilité et de l'orgueil* — B. et l'amour de Dieu: *Le Traité de l'amour de Dieu* — B. et la contemplation: *Sermons sur le Cantique des Cantiques* — B. et Notre-Dame: Extraits des œuvres mariales. — Les grandes leçons du monachisme et le message de B.
Préface de Bernard MARTELET, moine cistercien de Sept-Fons.

PHILLIPS P., *The presence — and absence — of Bernard of Clairvaux in the twelfth-century chronicles.* — Bernardus Magister..., p. 35-53.

A survey of the monastic chronicles written during the lifetime and within the first two or three years after B's death shows a surprising silence concerning his activities. Even when he is mentioned, the notice is in a form which suggests the author is not aware of any special or extraordinary importance attached to B. An analysis of these texts leads to the conclusion that the public awareness of B. and his activity was at a much lower level than most historians imagine. The high profile given him by posterity has created a distorting lens which has magnified B's influence and impact on his own contemporaries. Many incidents in B's life seem less surprising when examined against an ecclesiastical and social ambiance which in fact allocated to B. an important but by no means dominant role.

PIAZZONI A.M., *Bernardo maestro di vita spirituale.* — Bernardo cistercense..., p. 199-213.

B. est non seulement "teorico delle vita monastica" (cfr infra G. Picasso), mais aussi maître de la vie spirituelle. "Il pensiero ed il contenuto della sua opera non presentano caratteri di originalità che valgano a differenziarlo significativamente rispetto al magistero monastico precedente, dovendosi piuttosto considerare l'insegnamento dell' abbate di Clairvaux l'apice e nel contempo la conclusione di un filone di pensiero" (p. 212).

PIAZZONI A.-M., *Le premier biographe de saint Bernard, Guillaume de Saint-Thierry. La première partie de la Vita Prima comme œuvre théologique et spirituelle.* — Vies et légendes..., p. 3-18.

Guillaume de Saint-Thierry (G.) a écrit ce qui est aujourd'hui le premier livre de la *Vita Bernardi* dès avant la mort de B., avec déjà l'intention de célébrer la sainteté de B. L'aspect hagiographique sera bien plus apparent dans les biographies suivantes de B., mais il faut, dans celle de G., le garder à l'esprit pour comprendre correctement le texte. La *Vita* se présente comme 'partielle' non seulement parce qu'elle ne s'occupe que d'une partie de la vie de B. mais aussi parce que G. affirme ne pouvoir décrire que les aspects visibles, en quelque sorte expérimentables, de son existence, tandis que ce qui devrait être signe de sainteté, à savoir la vie intérieure de B., sa vie de prière et de proximité de Dieu, ne peut être décrit.
Œuvre hagiographique, la *Vita* peut aussi être lue comme une œuvre spirituelle, parce qu'elle vise de façon voulue à la formation spirituelle de ses lecteurs, à qui l'exemple de B. est proposé comme un modèle à imiter; elle peut être lue également comme une œuvre théologique, parce qu'elle discute et définit les attributs théologiques de la sainteté. Ces attributs ne sont pas présentés de manière théorique, mais dans l'exemple vivant que constitue B. Le modèle de sainteté que G. propose est un exemple de saint moine, et pour lui la perfection monastique coïncide avec la sainteté. B. réalise le modèle de manière si totale que même ses défauts humains personnels sont intégrés par G. à la sainteté; non que celle-ci les aurait vaincus ou dissimulés, mais en ce sens: que Dieu a transformé même les défauts de caractère de B. en moyens de conversion.

PICARD A. & BOGLONI P., *Miracle et thaumaturgie dans la vie de saint Bernard.* — Vies et légendes..., p. 36-59.

Alors que le personnage de B. est étudié sous les aspects les plus divers, une facette pourtant très présente dans les documents hagiographiques demeure publiquement oblitérée, celle de sa thaumaturgie. Sans s'attaquer à l'authenticité des miracles, l'a. veut ouvrir un certain nombre de pistes de recherches pour l'étude du miracle. En effet l'historien contemporain qui se penche sur le sujet doit disposer d'une grille anthropologique adéquate afin de déterminer d'abord le tissu humain impliqué: qui fait les miracles? qui est guéri? quels sont les témoins? ceux qui répandent la nouvelle, ceux qui y croient et ceux qui n'y croient pas? Il évalue le rôle du miracle et du merveilleux religieux dans le contexte social de l'époque afin de dégager les véritables implications du phénomène, pour le peuple et pour le thaumaturge. Parallèlement aux aspects anthropologiques et sociaux, l'étude de la dynamique interne des récits de miracles, pris dans le contexte plus vaste de la *Vita*, permettra de découvrir ce qu'ils apportent à la structure du texte et comment s'établit le réseau de relations de ce phénomène avec les autres parties du texte, jusqu'à leurs implications pastorales et théologiques.

PICASSO G., *Bernardo teorico della vita monastica.* — Bernardo cistercense...., p. 45-57.

G.P. dépeint B. comme le théoricien de la vie monastique; sa doctrine "trasmise fidelmente gli ideali dei padri di Cîteaux, elaborando un messagio di spiritualità monastica che (...) trascende l'ambito della pur notevolissima espansione cisterciense" (p. 57).

PIGEON M., *Présence de saint Bernard à Savigny.* — CollC 52, 190, p. 204-212.

En 1147 l'Ordre de Savigny s'unit à l'ordre de Cîteaux et prit place dans la filiation de Clairvaux. Il est dommage que B. ne soit probablement jamais venu au monastère normand. Une sorte de réserve vis-à-vis B. et de son monastère semble avoir régné un temps à Savigny. Dans la suite, l'abbaye normande, si fidèle qu'elle fut au culte de ses saints, semble bien avoir été tout aussi bernardine qu'une autre.

PIQUER I POMÉS R.M., *Sant Bernat i la Dona.* — Revista catalana de teologia 16, 1991, p. 105-119.

The a. analyzes B's thought on the women theme: the image he had of women based on the Biblical model which considers man and woman created to God's image and equal in dignity; his relationship with women allowed friendship and interchange with a free and open mind; his pedagogy about love and virginity fruit of his God-Love experience and the believe that men and women were created mainly to love. B. teaches to men and women of our time completeness and cooperation between both sexes and the solidary love that should impregnate all human relationship.
P. 118: "L'actitud de B. en la seva justa valoració de la dona, en el reconeixement de la seva dignitat, de la seva capacitat i dels seus valors, de la seva igualtat davant l'altre sexe, una actitud que va enriquir la seva visió de la vida i del fet de ser persona, i fins i tot la seva mateixa ex-

periència de Déu, pot ajudar-nos, a les dones d'avui. Ens cal evitar la tendència suïcida de negar-nos a nosaltres mateixes com a dones i de copiar conductes masculines intentant de reproduir el model masculí com a model ideal i perfecte, no permetent-nos a nosaltres mateixes cap mena d'originalitat i reduint la humanitat sencera a un model únic que no admet la igualtat sinó solament la uniformitat".

PIRULLI P., *Spunti di dottrina cristologica nei "Sermoni sul cantico dei cantici" di San Bernardo.* — San Bernardo e i Cistercensi..., p. 43-67.

P.P. si sofferma ad analizzare alcuni aspetti cristologici presenti nei *Sermones super cantica canticorum*, individuando nelle riflessioni di B. uno schema cristologico discendente ed incarnatorio più adatto a fondare la virtù monastica dell'umilità.

PLONGERON B., *Lumières contre épopée mystique: les lectures de saint Bernard au XIXe siècle.* — Vies et légendes..., p. 306-327.

A côté — ou en marge — de la critique historique sur les vies et légendes de B., il faut prendre en compte la fortune historiographique du géant du XIIe siècle, dans ses combats et contradictions. On remarquera que tous les bio-hagiographes lient étroitement l'homme et son siècle. Sur cette voie peu explorée, trois séquences historiques méritent d'être distinguées en raison de leur poids idéologique: la "Légende noire" des Lumières, construite par Bayle au XVIIe siècle, puis retouchée au XIXe siècle par l'école libérale républicaine de Victor Cousin à Ernest Lavisse. B. est alors assimilé aux ultras de la Restauration, c.-à-d. à un obscurantisme despotique. Ces débats (nuancés par Daunou) ont le mérite de poser le problème de l'anti-modernité de B. face à Abélard, ancêtre d'un intellectualisme laic. Montalembert et Ratisbonne au XIXe siècle délaissent cet enjeu au profit d'un grégorianisme qui a pris l'aspect d'un ultramontanisme dans l'actualité douloureuse de la Question romaine, entre 1860 et 1870. Probablement faut-il revenir, aujourd'hui, à l'intuition d'un Albert Béguin qui avait pressenti que la vérité de B. se situe dans le statut de l'intellectuel chrétien face à un monde sécularisé.

PORCILE SANTISO M.T., *El significado teologogico y antropologico del amor.* — La dottrina..., p. 233-241.

Replica, "punto de vista que considerara lo feminino", ad I DEUG-SU, *Il significato antropologico...*

Un antecedente histórico con el que se puede identificar este ángulo de lectura, es el de las monjas de Helfta (s. XIII), de un modo especial, Gertrudis.
El punto de vista del a. se sitúa en la búsqueda de una *nueva síntesis de humanismo cisterciense*, que integre date de la filosofía contemporánea, hallazgos de la psicología e historia de la cultura y una visión antropológica con la inclusión diferencial de lo feminino y lo masculino.
P. 240: "... los monasterios, esos espacios de salvación, misterios de la estabilidad humana, son los ámbitos privilegiados para el resurgimento de una Teología Monástica, que, desde la categoría de la experiencia (tema de tanta actualidad en teología contemporánea), fecunde de experiencia contemplativa y 'deseo de Dios', toda la tarea teológica actual".
P. 241: "Una concepción teológica y antropológica que favorece la noción de despojamiento y espacio interior concebido como memoria-meditación... ¿no podría contribuir con una base teológica cristiana fundamental al diálogo interreligioso entre Oriente y Occidente? Por otra parte, la ampliación de los 'propios' espacios interiores, los hace 'communes' con los del 'interior de la Trinidad", que son espacios de danza (perichoresis)".

POSSET F., *Divus Bernhardus: Saint Bernard as spiritual and theological mentor of the reformer Martin Luther.* — Bernardus Magister..., p. 517-532.

B. is a spiritual and theological advisor for Luther (L.), so to speak, by remote control. Like the humanists of his time, L. calls him *divus Bernhardus*. He prefers him to the scholastics and uses especially B's sermons for the feasts of the liturgical year. B's first sermon for the Annunciation is especially important: it contains the theological principle of *sola gratia*. It is to this text that L. refers in his first lecture on the Psalms, and he quotes it abundantly in his lecture on Romans. The bernardine idea of Christ's triple coming and of the triple miracle of the Incarnation, B's reflections on Christ's circumcision, left visible traces in L's works, just as the *fasciculus myrrhae* (*Sermon 43 on Cant. cant.*), widely known in the Middle Ages, was of decisive importance in L.'s devotion to the Passion. Towards the end of his life, L. judged B. as follows: "He had the best knowledge of *religio*, as his writings show".

POSSET F., *Recommendations by Martin Luther of St Bernard's On Consideration.* — CS 25, 1990, p. 25-36.

Le traité *De consideratione* a exercé sur Luther en tant que réformateur une influence considérable. Il s'en inspire constamment tant dans ses célèbres conférences sur l'Epître aux Romains que dans la lettre ouverte qu'il adresse au pape Léon X et où il applique les vues de B. sur ce que doit être la fonction papale à la situation contemporaine qui s'est considérablement dégradée depuis le XIIe siècle. Le parallèlle entre les deux hommes est tel que certains ont qualifié B. de proto-luthérien.

POSSET F., *St Bernard's Influence on Two Reformers: John von Staupitz and Martin Luther.* — CS 25, 1990, p. 175-187.

Il existe une indéniable *congeniality* théologique entre B. et ces deux réformateurs en ce qui concerne leur christocentrisme et l'accent qu'il mettent sur la croix du Christ et sa grâce seule pour la justification du pécheur. Tous trois partagent la christologie typique que l'on attribue principalement à Luther, mais qui est également celle de B. et de Staupitz qui, comme lui, s'appuient sur saint Paul. L'a. le montre en examinant d'abord brièvement la doctrine de B., puis plus longuement celle des deux réformateurs. Il conclut: "Plus directement encore et plus explicitement que Staupitz, Luther s'appuie sur B., en particulier pour sa doctrine du *double droit* du Christ au royaume des cieux".

POSSET F., *The Elder Luther on Bernard.* Part I: *Martin Luther's permanent indebtedness to Bernard. Commemorating the 900th birthday of Bernard of Clairvaux.* — The American Benedictine Review 42, 1991, p. 22-52. — Part II: *Last exegetical work.* — The American Benedictine Review 42, 1991, p. 179-201.

P. 22: "B. is a giant in the history of Christian piety and theology. So is Martin Luther (L.). To commemorate the birthday of the saint by looking at him through the "eyeglasses" of a "heretic" such as L. may seem daring endeavor. However, once one has glanced through these eyeglasses, visions come into sight that are breathtaking and truly eye-opening. One will discover a sheer, inexhaustible cornucopia of praise which L. heaps upon B. The praises are so loud and clear, and so numerous, that the task of presenting them is overwhelming".

PRANGER M.B., *The concept of death in Bernard's Sermons on the Song of Songs.* — Bernardus Magister..., p. 85-93.

The a. examines B's concept of death, both in its literal and in its spiritual meaning. He first looks at the meaning of death in the *Sermons on the Song of Songs* 48-52 which, generally dealing with the relationship between the active and the contemplative life, offer the opportunity to put death in a spiritual perspective. Then he turns to Sermon 26 — the lament on Gerard's death — in order to check the degree to which death has maintained its literal meaning within the walls of the monastery.

PRANGER M.B., *The Virgin Mary and the complexities of Love-Language in the works of Bernard of Clairvaux.* — CCC 40, 1989, p. 112-138.

The aim of this analysis of the theme of love in B's sermon on the Virgin Mary is to get a better grasp of the nature of spiritual love. Et. Gilson's views on this matter are dealt with at length, the conclusion being that they are too static and too schematic to do justice to the dynamic concept of Bernardian love. Next the *Sermon in nativitate b. Mariae* is analysed. Attention is being paid to the literary setting of the sermon and to the different themes which constitute the framework of love-language both on a profane and a spiritual level. It is shown that the dynamics and vicissitudes of love can be maintained on the spiritual level without damaging the integrity and secrets of spiritual, "virginal" love.

PRESSOUYRE L., *Le rêve cistercien.* — Paris 1990, 144 p. (Découvertes Gallimard / CNMHS, Philosophies et religions).

L'a. veut montrer que les orientations primitives données par les fondateurs de Cîteaux et orchestrées par B. constituent un beau rêve sans lendemain, trahi dès le dernier quart du XIIe siècle par les cisterciens eux-mêmes. L'a. accumule les exemples contredisant l'idéal primitif: grandeur des édifices, suite des abbés se rendant au Chapître général, acquisition de terres au prix d'expulsions villageoises, puis transformation de granges en colonies de peuplement, perception des droits féodaux, implantations commerciales dans les villes.
L'idéal cistercien primitif: retour aux Pères du désert, à saint Augustin et à saint Benoît de Nursie plutôt qu'à la *vita apostolica* que la Réforme Grégorienne cherche à mettre en valeur dans le courant canonial comme dans le courant monastique.
Pour J.-B. Auberger (CCC 41, 1990, p. 501) l'a. présente les origines de Cîteaux "selon les idées reçues, malheureusement, sans intégrer les recherches récentes de l'historiographie moderne. On peut regretter notamment la place trop importante accordée à Robert de Molesme par rapport aux autres fondateurs, ne tenant pas compte de l'attitude même prise par ces derniers à son égard dans les décennies qui ont suivi la nouvelle fondation (ostracisme relevé par J.A. Lefèvre)".

PRESSOUYRE L., KINDER T.N. (dir.) et coll., *Saint Bernard et le monde cistercien.* Paris 1990, 301 p.

Réalisé à l'occasion de l'exposition à la Conciergerie de Paris (18 décembre 1990 — 28 février 1991) ce volume contient, en plus du catalogue raisonné proprement dit (p. 199 sv.) des contributions concernant B. et divers aspects du phénomène cistercien à travers son histoire et permettant une approche variée du patrimoine de l'Ordre.
La *Préface* de D. COLARDELLE situe la manifestation dans le cadre de l'intérêt permanent de la Caisse nationale des monuments historiques et des sites pour ce qui touche l'Ordre cistercien et les échanges culturels internationaux.
Dans l'*Introduction* L. Pressouyre esquisse la place véritable de B. au sein de son Ordre et analyse l'essentiel de son message tout en limitant sa portée. Il explique le parti pris par les organisateurs de l'exposition: ils ont écarté ce qu'il avait combattu mais ils ont tenu à montrer la distance entre ses souhaits et les réalisations de sa postérité; les acquis ne sont cependant pas négligeables.
Voire A. VAUCHEZ, J. BERLIOZ, R. FOSSIER, C. FRIEDLANDER, J.-B. AUBERGER, P. RICHÉ, CHRYS. WADDELL, J.-C. SCHMITT, J.-F. HOLTHOF & C. MICHAUX, M.-E. MONTULET-HENNEAU, J.-F. HOLTHOF.

PRETORIA, v. *Bernard of Clairvaux* ...

PUGLIESE M., *Il san Bernardo di Dante.* — San Bernardo e i Cistercensi..., p. 69-89.

Il a. rilegge la spiritalità di B. attraverso l'esame di alcuni canti del *Paradiso* di Dante (D.) e le *Omilie in lode della Vergine Maria.*
P. 82: "L'antitesi di apertura dell'orazione bernardina, mentre assume il tono solenne del sacro oratore che stende il fervorino finale della sua predica-orazione, tende a rilevare, proprio attraverso la ricerca dell'antinomia razionalmente non dimostrabile, l'incolmabile divario che existe tra il finito e l'infinito, tra il rigore dell' argumentazione logica e lo slancio paradossale della fede".
P. 89: "... diverse e ben circostanziate sono le motivazioni della preferenza di D. per B. in quel suo ruolo assai onorifico, dopo Virgilio, rivelazione naturale, e dopo Beatrice, rivelazione sovrannaturale, di maestro e guida dell'ultima esperienza sua: la rivelazione di gloria".

QUILLET J., *Aspects de la doctrine bernardine de l'obéissance.* — Saint Bernard et la philosophie..., p. 165-177.

Le *Liber de praecepto et dispensatione*, composé après 1142, peut être considéré comme l'un des principaux traités que B. a consacrés à

l'obéissance. Il s'inspire très directement et de manière très étroite de l'enseignement de saint Benoît lui-même dans sa *Règle*.
P. 174: "L'acquisiton de la pratique de l'obéissance, puis de la vertu d'obéissance, enfin de l'esprit d'obéissance, fait tout entier de consentement, implique donc une transmutation radicale de la liberté originelle de l'homme et une transformation de sa volonté. Loin de diminuer la liberté, l'obéissance à la Règle écrite pour les convertis et pour ceux qui veulent parvenir à la vie parfaite est, pour paradoxale que soit l'expression, une obéissance libre".
L'a. rappelle, pour conclure, quelques interprétations tropologiques, mais aussi métaphoriques, de l'obéissance, que l'on trouve notamment dans les sermons *De diversis* ou encore dans les *Sermons sur le Cantique*, car ils font partie, plus encore peut-être que les traités, de l'enseignement doctrinal de B.; ils reprennent de manière plus concrète encore, nourrie de la Bible, la signification morale et spirituelle de l'obéissance.

QUILLET J., *Saint Bernard et le pouvoir*. — Mediaevalia christiana XIe-XIIIe siècles. Hommage à Raymonde Foreville. Edité par E.C. VIOLA. Paris, 1989, p. 246-259.

Traiter du pouvoir à propos d'un penseur qui a plus mis l'accent sur la communion des saints et sur l'obéissance que sur le commandement met son lecteur dans l'embarras: où situer une doctrine du pouvoir dans une œuvre de ce style? Comment scruter la pensée bernardine sur l'autorité et le pouvoir sans prendre le problème à rebours, c'est-à-dire, en faisant d'entrée de jeu peser la réflexion sur son contraire, à savoir l'obéissance, C'est là un des thèmes de l'ouvrage *De praecepto et dispensatione*.
P. 256: "... comprendre la phrase énigmatique que le *De Consideratione* applique également à la personne du pape et qui a été, d'une certaine façon, la pierre angulaire de la théocratie grégorienne et post-grégorienne: celle de la première Epître aux Corinthiens: l'homme spirituel, "celui qui juge de tout sans qu'il puisse être jugé par personne".
P. 257: "Ce juge spirituel est une figure du Christ vu dans la lumière de son état spirituel, dépouillé de son enveloppe charnelle; si un tel homme peut juger de toutes choses, c'est parce qu'il le fait à travers "une expérience spirituelle qui implique une pénétration profonde de son objet, et, par suite, une intelligence spirituelle des faits extérieurs qui lui son présentés", à l'image du Christ au jour du Jugement. Comme Pierre, dont il est le vicaire, il doit parvenir à percevoir le mystère du Verbe incarné dans le sein du Père. De même que Pierre a été constitué *clavicarius* du royaume de Dieu et même de sa sagesse divine, ce qui représente le fondement même de sa puissance, de même, par l'exercice de la *consideratio* et l'expérience de la *contemplatio*, le pape doit parvenir à l'intelligence spirituelle dont parle saint Paul: *non lectio docet sed unctio, non littera sed spiritus*. On voit donc bien que, loin d'être le

manifeste des revendications théocratiques, le *De Consideratione* invite le pape à un itinéraire spirituel...".

RACITI G., *Un discours de saint Bernard retransmis en direct. La recension prélittéraire du sermon aux abbés.* — CollC 52, 1990, p. 89-109.

Au beau milieu de la grande série des sermons liturgiques de B. il se rencontre, de façon inattendue, un *Sermo ad Abbates* (SBO, V, 288-293). Le manuscrit 240 (A.7.11) de la bibliothèque de la cathédrale de Lincoln contient des sermons, transcrits sans ordre apparent: un mélange de sermons aelrédiens de la première et de la seconde collection de Clairvaux (v. *Corpus Christianorum, Cont. med.* 2A, 1989) et une recension inédite du sermon aux abbés. Elle est assez différente de chacune des deux rédactions littéraires connues. L'examen des variantes manifeste clairement la nette antériorité de ce texte: la récension est prélittéraire.
Après une analyse de quelques-unes des retouches les plus significatives qui ont transformé le sermon prononcé en un sermon rédigé, le sermon aux abbés est publié aux p. 98-109 d'après la recension prélittéraire du manuscrit de Lincoln, avec traduction française par P.-Y. EMERY.

Ratio fecit diversum. San Bernardo e le arti.

Congresso promosso dalla Academia Nazionale dei Lincei, dall'Istituto della Enciclopedia Italiana e dall' I Cattedra di Storia dell'Arte medioevale dell'Università di Roma I "La Sapienza".
Resoconto: RC 8, 1991, p. 109-111. Quattro sezioni: *Gli edifici. — L'immagine e i segno. — Il lavoro e le strutture. — Il pensiero e la prassi*: la figura di B. e il suo patrimonio di idee, come scrittore, teorico dell'arte e protagonista della storia religiosa, valorizzando la sua eredità a livello di pensiero e di prassi. — PARATORE E., *L'organizzazione della mentalità di san Bernardo.* — VARANELLI E.S., *Innata sufficit pulchritudo. Il concetto di bellezza di san Bernardo tra novità e tradizione.* — QUINTAVALLE A.C., *San Bernardo e la riforma.*

RAVA E.C., *De diligendo Deo: El itinerario del Amor.* — CM 25, 1990, p. 347-367.

El objeto de estas páginas es la temática del *De diligendo Deo*: el convergente dinamismo de Dios-Caridad que llama al hombre a la comunión con él, y la respuesta del hombre que crece en el amor.
A través de la sublimidad que alcanza el desplegarse del amor en el *De diligendo Deo*, B. penetra con realismo en la estructura profunda del

hombre y en el íntimo dinamismo de su alma. Con una metodología que tiende a poner en evidencia el núcleo positivo que el amor posee en cada uno de sus grados, B. estudia el purificarse del corazón humano bajo la acción de la caridad divina.

RAVA E.C., *L'uomo immagine e somiglianza di Dio in S. Bernardo di Chiaravalle.* — Lateranum N.S. 55, 1989, p. 345-368.

1. B. e la teologia dell'immagine. — 2. L'immagine e somiglianza come libertà. — 3. Tensione fra immagine e dissomiglianza. — 4. La ritrovata somiglianza quale pienezza di libertà.
P. 368: "Al di là della varietà di espressioni e dell'arricchimento mistico della riflessione dell'ultimo B., emerge con chiarezza l'inscindibile nesso fra il libero arbitrio e l'immagine-somiglianza dell'uomo con il Verbo di Dio. La libera volontà è il fulcro di ogni possibile restaurazione dell'uomo. E il Verbo, il dinamico principio che l'attrae a sé infiammando la sua volontà nell'amore. Soltanto in questo vicendevole e libero dialogo di amore divino-umano, l'uomo recupera la somiglianza col suo Creatore la quale è, contemporaneamente, ritorno a Dio e realizzazione piena della sua identità".

RAVA E.C., *El individuo y la comunidad en la doctrina de san Bernardo sobre el crecimento espiritual.* — La dottrina..., p. 263-270.

Replica ad M. CASEY, *The individual...*

Desde sus primeras obras, B. concibe el crecimiento espiritual como un movimiento de ascenso que lleva al hombre a salir de si para alcanzar a través de la mediación del prójimo, la más intima unión con Dios.
P. 264: "Si bien la consideración de B. se refiere fundamentalmente a la vida monástica, su penetración y solidez teológica hacen que su reflexión trascienda dicho ámbito e ilumine el dinamismo de la existencia humana en cuanto tal. Es con esta doble valencia monástica y humano-cristiana que encaro la relación entre el individuo y la comunidad en el crecimiento espiritual".

RAVA E. C., *Verginità perpetua e maternità divina di Maria.* — Respice stellam..., p. 125-141.

C'est grâce à l'intensité des images et au splendeur de son langage unique que B. "ha fatto emergere non solo alcuni aspetti fondamentali della fede mariana, ma anche la particolare bellezza *delle natura* umana di Maria, compenetrata *dalla grazia* della maternità divina. La teologia mariana di B. incentrata nel mistero dell'incarnazione, non offusca l'umanità di Maria, la rende intima a Dio e l'innalza verso la sua trascendente sovranità" (p. 141).

REGNARD J., *La voie théologale de saint Bernard.* — La vie spirituelle n° 693, 1991, p. 43-57.

L'a. présente la spiritualité d'incarnation de B. La théologie de B. se distingue par sa cohésion et sa valeur expérimentale: elle s'incarne dans une "pratique", c'est ce qu'il faut entendre par "voie théologale". Ici, vie ascétique et mystique se compénètrent. L'amour pour Dieu intègre l'affectivité humaine; le divin et l'humain s'harmonisent; l'espérance reflue sur le présent de l'existence et la transforme.

REGNARD J., *La compassion comme chemin spirituel chez saint Bernard.* — CollC 55, 1993, p. 314-323.

L'a. dégage deux formes de compassion. On pourrait qualifier la première de naturelle. Elle apparaît spontanément quand elle est libérée du péché, de la dureté du cœur qui ne sait pas reconnaître sa propre faiblesse. Cette reconnaissance de sa faiblesse, de son péché, est une première forme d'humilité: elle conduit à l'égalité entre frères, à la douceur de la charité fraternelle. Il faut même aller plus loin et dire que cette disposition naturelle s'élargit, s'universalise dans la deuxième forme de compassion: ivresse surabondante de la charité.
P. 321: "Dans un passage très fort (*Serm. div.* 34, 2-3), B. montre que cette deuxième forme de compassion se greffe sur celle du Christ. Dans ce sermon, il s'oppose à Origène, en affirmant que, dans sa condition ressuscitée et glorifiée, Jésus continue à nous aimer tendrement, mais sans toutefois être affecté par la souffrance. Par contre, dans l'abaissement de sa vie humaine, il a choisi librement et volontairement d'être affecté par la souffrance et par la mort. B. ajoute que nous pouvons participer, bien qu'imparfaitement, à cette liberté du Christ, quand nous portons, p. ex., les conséquences des fautes des autres, même si nous ne le méritons pas".

REITER J., *Bernard de Clairvaux, philosophe malgré lui entre cœur et raison?* — Saint Bernard et la philosophie..., p. 11-25.

Cette contribution ne cèle pas les invectives de B. à l'adresse de ceux qu'il nomme philosophes, mais elle montre, en les resituant dans l'ensemble de l'œuvre, que des déclarations plus équilibrées les compensent.

P. 25: "Accepter, pour ainsi dire, tous les "côtés" de l'être humain, c'est peut-être la manière bernardine de rendre justice au postulat platonicien de la totalité de l'effort philosophique. Il en coûte à B., partisan de la vérité pure et éternelle, qui toutefois cherche en toute sincérité, de prendre au sérieux les exigences de notre statut fini. C'est pourquoi nous pouvons, voire devons parler très justement de B. comme philosophe, bien que peut-être comme philosophe malgré lui, entre cœur et raison".

RENNA Th., *El Cantar de los Cantares y los primeros cistercienses.* — C 45, 1993, nº 193, p. 293-306.

= Traducción-revisión de una comunicación presentada en el XXVI Congreso internacional de Estudios Medievales, Michigan, 9.5.1991: *The Song of Songs...*, CS 27, 1992, p. 39-50.

Se mantendrá en el presente artículo que los primeros comentarios cistercienses sobre el Cantar de los Cantares: 1) representan el primer intento sistemático para leer el Cantar como un *enchiridion* monástico; 2) se oponían algunas de las interpretaciones *eclesiales* convencionales del poema; 3) aspiraban a legitimar el monacato cisterciense.
P. 304: "Como conclusíon se puede afirmar que el papel histórico de los comentarios cistercienses en la exégesis del Cantar se hace más claro al tomar en consideración los comentarios tardíos. Después del siglo XII la metáfora nupcial fue ampliamente utilizada fuera de los comentarios formales, como en la liturgia de la Iglesia, Biblias versificados y escritos devocionales".

RENNA Th., *Bernard and Bede.* — The American Benedictine Review 44, 1993, p. 223-235.

P. 234: "It has been long recognized that the early Cistercians sought to purify the monastic life. What has not been fully recognized is that political and economic conditions in early twelfth-century France were favorable for precisely this type of effort. B's concept of monasticism had the result, intended or not, of divorcing the *vita monastica* from both national and ecclesiastical tendencies. B. was scornful of any attempt to assess monks in terms of their immediate effects on the Church. This is not to deny that early Cistercian monasteries were mingled with external institutions, particularly in matters affecting land use. But this interplay was *regional*, not national or Church-wide. Certainly monks after B., responding to criticism, attempted to cast the Cistercian order into a broader perspective which involved the Church universal. When B. did condescend to speak of the monk's place in the larger Church, his language drifts into the mystical or the eschatological. B's sermons are generally closed-circuit conferences. He clears away the secondary func-

tions of monks to get at the essential, namely that which makes a monk a monk...".
P. 235: "Bede and B. Two giants in the evolution of European monasticism. The former was a product of the springtime of the English experience, when a young institution needed a clearer goal. The latter was a product of the summer of the continental movement, when a mature structure was in danger of abandoning its original aim. The French abbot sought to extract monasteries from excessive involvement in the world. Bede found his answer in *history*. B., outside and *beyond* history, in the stillness of the swamp".

RENNA Th., *Bernard of Clairvaux and the Temple of Solomon.* — Law, custom and the social fabric in medieval Europe. Essays in honor of Bryce Lyon. — Eds BACHRACH B.S. & NICHOLAS D. Kalamazoo (Mi.) 1990 (Studies in medieval culture, 28); p. 73-88.

Au sujet de l'Ordre des Templiers.

Respice stellam. Maria in San Bernardo e nella tradizione cistercense. Atti del Convegno Internazionale (Roma, Marianum 21-24 ottobre 1991) a cura di Ignazio M. CALABUIG, O.S.M. Rome, Edizioni "Marianum", 1993. 437 p. + 23 pl. hors texte.

Congrès organisé à Rome du 21 au 24 octobre 1991, c'est-à-dire après la "clôture officielle" du neuvième centenaire de sa mort, par l'Ordre cistercien de l'Italie et par la Pontificia Facoltà Teologica "Marianum". Les dix-huit contributions qui suivent la présentation du volume par I.M. CALABUIG et une sélection bibliographique par S.M. DANIELI, couvrent trois domaines: I. *Il pensiero mariologico di san Bernardo.* Voir C. CANNELLI, F. GASTALDELLI, A.M. CARD. JAVIERRE ORTAS, E. IABLCZYNSKY et E.C. RAVA. — II. *Gli apocrifi bernardini. Tradizione cistercense.* Voir F.R. ALIMONTI, M. DELLA VOLPO, G. VITI et I. VONA. — III. *Influsso nei secoli.* Voir L. DAL PRÀ, M. DE NICOLÒ et E. STOLFI. Trois appendices: I.M. CALABUIG, A.M. CARD. JAVIERRE ORTAS et F. SISINNI.
La lecture des ces *Actes* confirme que la marialité de l'Ordre de Cîteaux est antérieure à B. et qu'elle a ses origines dans les trois fondateurs mêmes de l'Ordre, les abbés Robert, Albéric et Etienne Harding. Quant à B., il a donné à cette marialité une impulsion nouvelle et l'a assurée une influence forte et endurante.
Voir au sujet de ce congrès: CALCAGNO G., "*Respice stellam*"...

RICHARD J., *Dans l'Europe du XIIe s.* — Colloque de Lyon..., p. 83-102.

P. 102: "Lorsqu'il se plaignait d'être *la chimère de son siècle*, comme auparavant il déplorait qu'on fit appel à lui pour résoudre des "questions difficiles" qui n'étaient pas de son ressort, B. faisait allusion à l'apparente contradiction d'une vocation monastique et de l'intervention dans les affaires du siècle. Mais cette contradiction était celle qui, tout au long du mouvement de paix, s'imposa aux ecclésiastiques préposés aux communautés régulières, contraints à participer aux assemblées, à servir d'arbitres, à accepter des délégations en qualité de juges. Ce qui rend exceptionnel le rôle de B., c'est qu'en présence des grands problèmes européens comme d'affaires beaucoup plus minces qui faisaient le quotidien de la vie des Européens, c'est à lui qu'on fit de partout appel".

RICHARD J., *Conclusion.* — Vies et légendes..., p. 386-390.

P. 390: "Ainsi le travail qui a été mené sur l'historiographie, sur l'hagiographie, sur la légende, témoins de ce qu'a été saint Bernard pour ses contemporains et pour ceux qui les ont suivis, a-t-il été très profitable. Il a déblayé bien des pistes. La survie que l'histoire et la légende ont assuré à cette grande figure ne doit pas oblitérer celle que lui a conféré la vénération des simples chrétiens: on a vu que ceci aussi est entré dans nos perspectives. Et il nous faut nous féliciter de ce que l'image de saint B., telle que les siècles l'ont dessinée, ait été si vigoureusement mise en évidence au cours de ce colloque".

RICHÉ P., *Postérité de saint Bernard.* — PRESSOUYRE & KINDER, *Saint Bernard...*, p. 137-139.

L'a. étudie l'influence posthume de B. en suivant un ordre chronologique. Au cours des années qui séparent sa mort de la fin du XIIe siècle, on assiste à la mise au point de sa biographie et à la première diffusion de l'ensemble de ses écrits. Les manifestations iconographiques du XIIIe siècle et les commencements de son influence aux siècles de la *Devotio moderna* et de la Réforme précèderont l'édition de ses œuvres par les mauristes et sa survie chez les jansénistes sans oublier son impact sur l'abbé de Rancé au cours du XVIIe siècle. Le XIXe siècle verra pour sa part fleurir de nouvelles biographies au goût de l'époque. Répartie sur l'ensemble des siècles, la postérité du *De consideratione* bénéficie de quelques détails. La variété des réalisations au cours des siècles est un écho des multiples contradictions du caractère de B.

RICHÉ P., *La connaissance concrète de la chrétienté.* — Colloque de Lyon..., p. 383-399 (titre courant: *L'information*).

La vie de B. a été une suite de combats spirituels. Il est conscient des difficultés rencontrées. Il n'adapte pas sa conduite à la situation présente, il va souvent à contre-courant, ignorant les transformations de la société qu'il connaît de l'extérieur. Lorsqu'il parle et agit, il le fait au nom de Dieu.

RICHÉ P., *Saint Bernard et l'hérésie.* — Saint Bernard et la recherche..., p. 17-26.

B's. time is a time when reform movements branch forth, in search as they are of a Church less compromised with wealth and power; yet some will fall into excesses, as they reject rites, and especially infant baptism and marriage. B. clashes with them, even with Abelard whom he considers as a heretic. He thinks that one must pray for heretics, attempt to win them over and, if this cannot be done, drive them away from the Lord's vineyard, yet without putting them to death. At the end of his life, he accompanies the pope's legate in his mission in the South, where heresy plays into the hands of the local lords, who covet the Church's property. That venture ends in a failure, even though B. achieves some good results in Toulouse and Albi.

RICHÉ P., *Petite vie de saint Bernard.* — Paris, Desclée de Brouwer, 1989, 112 p., ill. (*Petite vie de...*, 8).

Voir le compte-rendu négatif par Claude GARDA dans CCC — *Bulletin d'histoire cistercienne*, n°s 4-5, *Suppléments aux tomes 41 (1990) et 42 (1991)*, p. 308 n° 2482.

RIGOLOT I., *Bernard de Clairvaux lecteur de saint Augustin.* — CollC 54, 1992, p. 132-144.

Pour l'a. Augustin (A.) reste pour B. la référence habituelle de sa pensée, et cela dans une inspiration très libre. On pourrait même montrer que c'est le même schéma anthropologique qui est à l'arrière-plan de la pensée de B. et d'A.: désobéissance de la créature, dispersion dans le *regio dissimilitudinis* où la créature devient "informe" (A.), puis retour vers Dieu et acquisition progressive des vertus qui la stabilise en lui. En lisant A., B. a reconnu les formulations essentielles que sa propre expérience de Dieu et de l'homme lui suggéraient, même quand il les traduit dans un style personnel.

B. ne serait-il alors qu'un *Augustinus redivivus* (expression d'Adolf Harnack)? Homme de la tradition vivante et lecteur des Pères, il s'est largement inspiré de son devancier. "Mais s'il a *jardiné* chez A., il *bernardise* admirablement ses acquis, n'étant jamais esclave de ses sources. L'expérience de Dieu faite par A. l'a fasciné, comme l'avait fait celle d'Origène. Dans cette lumière, son génie personnel ne se trouvait nullement à l'étroit. Comme celle d'A., son expérience tient en trois mots: "une image déformée à réformer" (J. Leclercq). En somme, une expérience de conversion... qui est aussi la nôtre" (p. 144).

ROCACHER J., *Existe-t-il un art cistercien?* — Saint Bernard et la recherche..., p. 65-70.

Nous sommes renvoyés par tout ce que nous savons sur l'art cistercien vers la grande aventure de l'art sacré. Car le problème central de l'art sacré ne consiste pas seulement à être religieux. Il réside dans ce paradoxe: allier l'art et la mystique de manière indissoluble. L'art sacré doit être l'art du sacré. L'important pour une œuvre d'art n'est pas ce qu'elle montre, mais ce qu'elle suggère. Tout l'art est avant tout esprit. La mission de l'art sacré est de nous conduire par la voie de l'émotion et de la perception sensible jusqu'à la contemplation directe de Dieu. Bien sûr, l'essence surnaturelle du sacré refuse *a priori* toute tentative de transcription plastique. Et cependant, Dieu se sert de l'art sacré comme d'une Parole pour se révélér à nos âmes. Il faut donc rendre hommage à l'art cistercien qui, par la pureté de ses formes et la rigueur de ses volumes, nous ramène à l'Essentiel.

ROCHAIS H., & MANNING E., *Bibliographie générale de l'Ordre cistercien. Section S. Bernard. 20. Tables terminales.* — Louvain 1991, 136 p. (La documentation cistercienne).

ROLO R., *Uma "Arte de ser Santo (Compendium Spiritualis Doctrinae de D. Frei Bartolomeu dos Martires).* — Bracara Augusta 42, 1990, p. 133-155.

L'a. signale l'influence des oeuvres de B. sur la pensée du dominicain portugais Barthélemy des Martyrs (1514-1590), archevêque de Braga. Cette influence est bien patente dans son *Compendium spiritualis doctrinae...*, Lisbonne 1582.

ROMA, v. *La dottrina della vita ...*
—, v. *Ratio fecit diversum...*

—, v. *Respice stellam...*
—, v. CALCAGNO G., *Respice stellam...*

ROTH H.J.& GROẞMANN A., *Bernhard von Clairvaux, An die Tempelritter, die Speerspitze der Kreuzzüge.* — Sinzig 1990, 233 S. (Sinziger theologische Texte und Studien, 10; Beihefte zur Cistercienser Chronik, 1).

Am 13. Januar 1128 berieten auf der Synode von Troyes unter Führung Bs die Erzbischöfe von Reims und Sens mit zahlreichen Bischöfen, Äbten, Theologen und Edelleuten über die 72 Paragraphen der von Hugo von Payens in Grundzügen entworfenen und 1127 in den Westen gekommenen Templerregel. A. G., Prior des Internationalen Ökumenischen Templerordens, hat versucht, wichtige Gesichtspunkten des bisherigen Kenntnisstandes aufzuarbeiten und kommentargleich zwischen dem eigentlichen Regeltext einzuflechten. Die lat. Abschnitte sind jeweils der deutschen Übersetzung gegenübergestellt (S. 43-229). So ergeben sich formal und inhaltlich zwei sehr unterschiedliche Teile des Buches, das im ersten die B.-Texte, im zweiten die ihm zugeschriebene Regel enthält. Die Erschließung für deutsche Leser aller schriftlich überlieferten Ausserungen Bs zum Templerorden oder gegenüber Mitgliedern desselben, öffnet einen wichtigen Zugang zum Verständnis der schillernden Persönlichkeit Bs, dessen Denken und Leben wesentlich vom Rittertum her bestimmt war. Die laschen Bräuche der *militia secularis*, des weltlichen Rittertums, bilden die Antithese zur *nova militia* des Tempels: *Buch an die Templer vom Lob der neuen Ritterschaft* (Übersetzer: H. Frank, T. Klinge, H.J. Roth). Der Brief Bs an Andreas von Montbart, einen Magister des Templerordens und Onkel Bs (S. 39-40), und der Brief an Hugo I., Graf von Kampanien, (S. 42) wurden von H.J. Roth übersetzt.

RUDOLPH C., *The scholarschip on Bernard of Clairvaux's Apologia.* — CCC 40, 1989, p. 69-111.

The a. analyzes the previous literature on B's *Apologia* (*A.*), this most important source for understanding the medieval attitude toward art. This is done in regard to five major issues: the audience to whom the *A.* was addressed, the *A.* as a description of Cluny, the artistic polarization of Cluny and Cîteaux, monastic versus secular religious art, and B's personal attitude toward art. C.R. concludes that, ultimately, there has been no thorough analysis of the *A.* Instead, the tendency has been to isolate various passages of *A.* 28-29 with the result of a rather inflexible and restricted view of this central document in the early XIIth-century controversy over monastic art, and so of both the controversy and the medieval attitude toward art themselves.

RUDOLPH C., *The "Things of Greater Importance". Bernard of Clairvaux's Apologia and the medieval attitude toward art.* — Philadelphia, University of Pennsylvania Press, 1990, XII + 401 p., 36 ill.

The a. departs from the traditional interpretation of the *Apologia* (*A.*) as a narrow polemical treatise directed specifically at Cluny. In doing so he challenges scholars as E. Panofsky and M. Shapiro. He presents evidence that the concern of the *A.* is a call to artistic reform among all the contemporary Orders and not just an effort to sting the conscience of Cluny. This thesis is based on B's statements in *A.* 28-29. C.R. interprets the "things of greater importance" to be all that is "excessive" and "luxurious", that is: beyond the norm of acceptable decor in monastic environment and, therefore, inappropriate for the life of a monk. By his own words, B. relegates church architecture to "small things"; it is the excessive trappings of liturgical art which constitute the "things of greater importance". According to C.R. B. first condemns all art that is manufactured with the intent of attracting donations which will exceed the needs of the church. He also condemns the compulsion to spend this excess on additional art works with the rationalization that prosperity was the result of God's divine favor. Worst of all is the use of this excessive art subsidized by the donations of pilgrims to attract more donations from more pilgrims. B. finds such motivation contrary to the monastic understanding that true beauty is spiritual, not material, and that the hallmarks of monastic spirituality are moderation, restraint, and a commitment to poverty. Art works to attract donations to support accumulation of more inanimate objects is an unpardonable diversion of alms that should go to aid the poor. Gold and precious materials have a power to impress and manipulate worshippers and thus distract both monk and layperson alike from their spiritual goals. The fundamental conclusion here is that B's interest in art is not material and aesthetic at all but rather monastic and spiritual.
The a. examines B's specific references to excesses found in three iconographic types: monsters and hybrids, animals, and men engaged in secular pursuits. By examining the cloister sculpture of Moissac as representative of Cluniac art, C.R. discovers that the Moissac sculpture is religious in subject and does not parallel the types referred to by B. in the *A.* A compelling argument is made for the correlation between fourteen examples of iconographic types cited by B. and the manuscripts produced by the scriptorium at Cîteaux, specifically the *Second Bible of Saint-Martial*, the *Bible of St. Harding* and *Moralia in Iob*.

The context of the *A.* is thus substantially broadened. All pilgrimage churches run the risk of being seduced by donations made by pilgrims; and the new orders, including Cîteaux, are threatened by needs for vessels, bibles, and liturgical trappings. The *A.* is a call to moral reform among all the Orders and a warning that precious art works are a dangerous distraction from spiritual intentions.
Appendix 1 (p. 203-231): *The Origin of the Apologia. Public Letters prior to the Apologia.* — Appendix 2: *Apologia ad Guillelmum Abbatem — A justification to Abbot William* (Lat.-Engl. text p. 232-288; p. 289-337: *Art historical Commentary on the Apologia*).

RUH K., *Geschichte der abendländischen Mystik.* Band I: *Die Grundlegung durch die Kirchenväter und die Mönchstheologie des 12. Jahrhunderts.* — München 1990; 8. Kapitel: *Bernhard von Clairvaux*, S. 229-275.

RUH K., *Die Hoheliederklärungen Bernhards von Clairvaux und Wilhelms von St. Thierry.* — "Minnichlichiu gotes erkennusse". Studien zur frühen abendländischen Mystiktradition. Heidelberger Mystiksymposium vom 16. Januar 1989. Herausgegeben von D. SCHMIDTKE. (Mystik in Geschichte und Gegenwart. Texte und Untersuchungen. Abt. I: Christliche Mystik. Band 7). Stuttgart — Bad Cannstatt 1990, S. 16-27.

Der Vortrag *Die Hoheliederklärungen...* basiert inhaltlich auf dem 8. Kapitel Ruhs *Geschichte der abendländischen Mystik.* Das Neue an der sehr konzentrierten Untersuchung liegt in der Zuspitzung auf den Vergleich der beiden Zisterziensermystiker B. und Wilhelm (W.) von St. Thierry. In den Hoheliedpredigten Bs zeigt sich nach K.R. das Durchbrechen einer grundsätzlichen Schranke zwischen Theologie und Spiritualität. Die Vielfalt und Verschiedenartigkeit seiner Thematik spiegelt dies: 'Jederzeit gibt er sich selbst und ganz' und so vermitteln seine Hoheliedpredigten die Summe dessen, was er erkannte und schaute, was ihn bewegte und erfüllte. Sie sind das Bernhardische Universum" (S. 20). Der Sprechmodus des W. ist unpersönlicher, dafür ist dieser in der Interpretation der *unio mystica* teilweise kühner als B. Zwar benutzt er, wenn er als rationaler Theologe spricht, wie B. die dogmatisch unbedenkliche Formel von der Willenskonformität, doch wo er emphatischer spricht, nähert er sich der Vorstellung von der Wesenseinung (*unitas substantiae*) von Seele und Gott.
S. 27: "Bs Hoheliedpredigten und Wilhelms Hoheliederklärung, zwei Stämme aus einer Wurzel, gleich in der zisterziensischen Geistigkeit, verschieden in ihrer theologischen und spirituellen Ausformung, bilden

den schlechthinnigen Höhepunkt der mittelalterlichen Liebesmystik. Tieferes, Sublimeres in einer Sprache von großer Lauterkeit ist im Latein der späten Jahrhunderte nie ausgesagt worden. Die nur wenige Jahrzehnte später einsetzende volkssprachliche, bezeichnenderweise am Hohelied orientierte oder von ihm inspirierte Liebesmystik muß sich an diesen herausragenden Leistungen messen lassen".

SABBADINI E., *L'ideale crociato in San Bernardo e Raimondo Lullo.* — RC 7, 1991, p. 171-184.

Cio che più accosta Lullo (L., *Libre de l'Orde de cavalleria*) a B. (*De laude novae militiae*) sono lo zelo mistico, la fede ardente, l'attavismo appassionato, anche tra le avversità e le incomprensioni mediante cui entrambi tesero ad un'unica meta: il conseguimento sia pragmatico che spirituale dell'ideale crociato. Lo spirito evangelico cui quell'ideale si informo è, nella sua elevatezza, pressoché analogo in entrambi. E se l'azione nel perseguire tale ideale appare più lineare e coerente in B. e più contraddittoria in L., cio non è solo da imputare alle mutate condizioni storiche, politiche, sociali cui si è più volte fatto cenno od agli ambienti in cui vissero ed operarono o a differenze culturali e caratteriali, ma piuttosto alla divergente formazione intellettuale e spirituale, cioè rigidamente monastica, teologica, intellettualistica, realmente mistica e nel contempo pragmatica per l'uno, letteraria, pressoché laicale, attivamente missionaria, in parte razionalistica se pur fantasiosamente mistica quando non avventuristica per l'altro.

Saint Bernard et la recherche de Dieu. Actes du Colloque organisé par l'Institut catholique de Toulouse et l'Abbaye Sainte Marie du Désert (25-27 janvier 1991). — Bulletin de littérature ecclésiastique 93, 1992, 195 p.

Le IXe centenaire de B. ne pouvait passer inaperçu dans le Languedoc où la vie monastique à la suite de saint Benoît n'a jamais cessé de manifester sa vitalité que ce soit sous sa forme bénédictine ou cistercienne. Structure de ce volume: avant-propos par J.-M. COUVREU et M. DUTHEIL; — Bernard de Clervaux (sic!), p. 7-106, 9 contributions dont 8 sont résumées sous le nom de SICARD G., RICHÉ P., LECLERCQ J., LOUF A., ROCACHER J., DUBOIS G., GRIVOT D., et CHRISTOPHE J. — *Les cisterciens dans le midi toulousain*, p. 109-190. — Louf A., *Homélie à la messe du colloque.*

Saint Bernard et la philosophie. Publié sous la direction de R. BRAGUE. Paris, Presses universitaires de France, 1993, 195 p. (Théologiques, sans numéro).

Actes du colloque tenu les 27 et 28 avril 1991 à Dijon par le département de philosophie de l'université de Bourgogne et le séminaire philosophique de l'université de Mayence.

Huit études d'un bel intérêt: il est en effet piquant de faire ressortir ce que l'œuvre de l'adversaire d'Abélard et de Gilbert de Poitiers recèle de philosophie. Voir R. BRAGUE, J. KOPPER, G. LARDREAU, P. MAGNARD, J.L. MARION, B. MICHEL, F. NEF, J. QUILLET, J. REITER.

Au sujet de ce volume: E.H. WÉBER, *Bulletin d'histoire des doctrines médiévales. De saint Anselme à Maître Eckhart.* — Revue des sciences philosophiques et théologiques 77, 1993, p. 405-418; p. 413-415: *Saint Bernard.*

Saint Bernard: les cisterciens et les templiers. — Atlantis 63, 1990, n° 362, p. 293-383.

Numéro spécial présenté par J. D'ARES. Contributions de M.-M. DAVY, Mgr GERMAIN et MARLIERE R.; v. sous le nom de ces auteurs.
Autres contributions: PHAURE J., *La quête cistercienne. Mystique et architecture.* — LARCHER H., *L'acoustique cistercienne et l'unité sonore.* — MARLIERE R., *Sur les pas de saint Bernard* (quelques-uns des sites de la vie de B.).

SAINT-GERMAIN Chr., *The intimate and its metaphors: Two love letters from Saint Bernard to Ermengarde.* — CS 27, 1992, p. 209-216.

In the correspondance of B., two letters are outside the blood and body of the main corpus: the brief Letters 116 and 117 (*SBO* VII, 296-297). They are not without valuable advice on the innerlife, yet they are, for B., an occasion for transport, for an outpouring of affection towards a certain Ermengarde, "high and mighty countess". The a.'s object here is not to expose the historical substratum that might have surrounded this exchange or even to situate the letters within B's epistolary exuberance. Rather, he sees them "as part of the long process of distilling his affects and drives, or, better still, as symptoms at odds with and adrift from the whole, a manner of understanding, moreover, an unexpurgated desire, shortly before he embraced the gold of spiritual sublimation" (p. 210). See also KRAHMER S.M.

San Bernardo. Opere. Vol. II: *Sentenze e altri testi.* — Milano, 1990, VIII-846 p.

Ce volume contient, en plus des *Sentenze*, les *Louanges de la Vierge Mère*, le *Sermon aux clercs sur la conversion* (suivi de sa première version, à savoir le *Sermon pour la fête de tous les Saints)*, les *Paraboles*, les textes liturgiques et poétiques: l'*Office de S. Victor*, le *Prologue à l'Antiphonaire*, l'*Epitaphe* et l'*Hymne de S. Malachie*.
L'excellente qualité des introductions par J. Leclercq, J. Jolivet, C. Leonardi et Chr. Waddell constitue le mérite principal de ce volume. R. Fassetta (compte-rendu dans CollC. 53, 1991, Bulletin de spiritualité monastique 13, n° 187) souhaite "vivement que la qualité de la traduction puisse être améliorée dans les prochains volumes de cette édition prestigieuse".

San Bernardo de Claraval. Un mensaje para hoy, en su IX Centenario. XXIII Semana de estudios monasticos (SEDEM). Monasterio de la Oliva (Navarra) 2 al 9 de Octubre, 1990.

Programma: MASOLIVER A., *Los origines de Cister y San Bernardo.* — GOMEZ I., *San Benito y San Bernardo (Benito, interpretado por Bernardo).* — MORAL T., *Benedictinos y Cistercienses en Navarra.* — MARCO L.E., *San Bernardo y la Iglesia.* — AGULES ESTRADA J., *San Bernardo y los Pastores de la Iglesia.* — MARIN H., *Los monasterios cistercienses navarros y el Capitulo general de Cister.* — BALLANO M., *El monje en la Iglesia, según San Bernardo.* — MOLINA PRIETO A., *Notas caracterizantes de la doctrina Mariológica en San Bernardo.* — LECLERCQ J., *San Bernardo y la cultura medieval.* — PIQUER POMÉS R.M., *San Bernardo y la mujer.* — ROMERO REDONDO A., *San Bernardo y la Reforma Gregoriana.* — DE LA SERNA C., *Los grados de humildad y soberbia en San Bernardo.* — SOLER J.M., *San Bernardo y los jóvenes monjes.* — POLVOROSA LOPEZ T., *San Bernardo en la guia de pecadores.* — LA TORRE J.M., *La estilistica en San Bernardo.*
(Carta dd. La Oliva 16.1.1994 firmada J. Palacios: "En cuanto a la Actas de la Semana, había intención de publicarlas, pero por dificultades económicas todavía no ha podido hacerse").

San Bernardo nel IX centenario della nascita. Simposio di Noci 1990. — Scala 44, 1990, p. 13-20, 45-54, 82-89, 113-116, 137-146.

V. G. VITI, G. LUNARDI, D. OGLIARI, B. BAROFFIO.

San Bernardo di Chiaravalle, Sermoni per le feste della Madonna. Introduzione e note di G. PICASSO, traduzione di L. SCANU, revisione di L. MAGNOBOSCO. — Cuneo, (2e éd.) 1990, 301 p.

I *Sermoni per le feste della Madonna* restano tra le cose più belle che B. abbia lasciato in lode di Maria. Essi nacquero per un bisogno della sua devozione e non furono mai pronunciati.
Il testo, oltre i *Sermoni*, riporta una sintesi delle vita di B. e un tentativo, da parte del Picasso, di introdurci nelle esperienze mistiche del santo, che fu dotato di una capacità eccezionale di espressione, da un naturale talento letterario e da una non comune perfezione stilistica.
In B. era profondamente radicata la convinzione che l'uomo peccatore è salvato dal'amore di Dio. Da un simile convincimento scaturisce il suo atteggiamento di mistica contemplazione del mistero dell'Incarnazione; da qui la funzione centrale, nella teologia di B., del Verbo che s'incarna nel seno di Maria.

San Bernardo di Chiaravalle. Il dovere di amare Dio. Introduzione e note di A. M. Piazzoni. — Milano-Torino, 1990, 186 p.

Cette traduction italienne du traité *De diligendo Deum* est précédée d'une longue introduction (p. 11-108) par A.M. Piazzoni. Celui-ci décrit d'abord la vie de B. (*Il secolo di B. / Profilo di B. di Chiaravalle*), ensuite la doctrine sur l'amour telle que B. l'expose dans son traité *Il dovere di amare Dio e la spiritualità di B.* A côté des références scripturaires il y a un bon nombre de notes explicatives qui sont utiles pour une meilleure compréhension du texte.
P. 99: "La sua teologia mistica, fondata su un'esperienza personale assolutamente profonda e singolarmente intensa, lo rese e lo rende ancora un grande maestro: esattamente definito *l'ultimo dei Padri*, è sotto diversi profili il continuatore della patristica e il suo nome può ben essere accostata a quelli di Agostino e di Gregorio Magno. Ai suoi lettori di oggi, eredi dei numerosissimi che li hanno preceduti, B. offre il suggerimento fondamentale per ogni cristiano, la ricerca della comunione d'amore con Dio; per questo motivo il suo magistero spirituale continua ad avere attualità e a essere significativo per quanti, monaci e non, vi cerchino una guida. Testimone di un'ascesi personale intransigente e capace di trasmettere agli altri il suo entusiasmo, tracciò la via a una mistica altissima, nella quale *Il dovere di amare Dio* occupa un posto centrale, indicando il cammino d'amore che il cristiano di ogni tempo è chiamato a percorrere in vista dell'unione con Dio".
Après la constatation que A.M.P. a rendu correctement l'essentiel du traité, E. Mikkers (dans un compte-rendu paru dans CCC 41, 1990, p. 506-507) signale quelques notes de lecture. Le dernier degré de l'amour humain, très rarement atteint dans cette vie, d'après la doctrine de B. est-il à identifier à ce qu'une théologie postérieure appelle la *visio beatifica*? La doctrine anthropologique que B. expose dans les premiers chapitres du traité semble avoir échappé à A.M.P., puisqu'il la passe sous silence. E.M. aime à souligner la traduction exacte du titre: *Il* DOVERE *di*

amare Dio, si souvent négligé, pour lequel B. lui-même accumule les arguments: la nature même de l'homme, ses *necessitates*, le mystère de la Rédemption, la bonté infinie de Dieu.

San Bernardo e i Cistercensi in Puglia. — Noci (Ba), 1991, 143 p. (Quaderni dell'Istituto di scienze religiose, 3).

Prefazione di D. PADOVANO, vescovo di Conversano-Monopoli. — Introduzione di F. DI PALMA.
In questo quaderno sono raccolti diversi contributi (v. B. BAROFFIO, J. LECLERCQ, M. MAGRASSI, P. PIRULLI, P. PUGLIESE), iniziando con la *Lettera* del Papa GIOVANNI PAOLO II, *Un maestro di amore incondizionato verso Cristo, la Vergine e la Chiesa* (p. 9-16).
Gli ultimi 4 studi (p. 91-142) prendono in esame l'influsso che B. ha esercitato sulla terra pugliese attraverso l'ordine dei Cistercensi: G. LUNARDI, *I Cistercensi e le Cistercensi in Puglia.* — G. LUNARDI, *I florensi in Puglia.* — G. CALCAGNO, *I Cistercensi in Puglia nel XX secolo.* — A. MICCOLLI, *L'architettura cistercense in Puglia.*

São Bernardo (1090-1990). Catálogo bibliográfico e iconográfico. Introdução, selecção e catalogação por Gérard LEROUX. — Biblioteca Nacional, Lisboa 1991, 223 p., ill.

Ao terminar o ano que assinala o 9.° centenário do nascimento de B., vem a Biblioteca Nacional contribuir para a comemoração de tal efeméride com um catálogo analítico do património existente em Portugal, que reflecte a projecção entre nós dessa grande figura da Igreja medieval. Este catálogo encontra-se dividido em cinco partes: 1. um único documento, mas de valor inestimável, pois trata-se da doação de Alcobaça feita por D. Alfonso Henriques a B., em 8 de Abril de 1153, quatro meses antes da morte do santo; 2. obras de B.: manuscritos, ediçoes, traducçãoes (n.° 9: Liuros da Consideração, Lisboa, BN, cod. 4891: traducção integral inédita, a única existente em português); 3. obras atribuidas a B.: obras apócrifas, mas também opúsculos como *Flores, Melliloquium*, etc., elaborados a partir de obras auténticas; 4. obras relativas a B.: uma pequena selecção de obras e artigos mais recentes; 5. iconografia: gravuras — essencialmente contidas nas espécies bibliográficas —, pinturas e esculturas.
Documentação preciosa, e.a. graças aos números accompamhados das palavras "Não mencionado por Janauschek" o "não mencionado por Bouton".

SAOUMA B., *Le Christ-Epoux chez Bernard de Clairvaux et la Dame dans la "fin'amors" des troubadours.* — Studi medievali 30, 1989, p. 533-566.

P. 533: "Comparer le Christ dans la doctrine de l'amour de B. avec la Dame dans la *fin'amors* peut paraître étrange au premier abord (...) On s'est donc demandé si ces qualités étaient analogues ou différentes de celles du Christ dans la doctrine de l'amour de B. Cela d'autant plus que cette dernière est contemporaine de la *fin'amors*. En effet B. et le premier troubadour, Guillaume IX, duc d'Aquitaine, sont contemporains...". Citons F. Callerot (Bulletin de spiritualité monastique 13, n° 522; CollC 54, 1992, p. [248]): "L'A. aurait pu rapprocher les troubadours et B.: ceux-là sont en peine pour exprimer les qualités de leur Dame et B., lui, pour parler de Notre-Dame. On aurait souhaité un peu plus de fermeté théologique dans cet article".

SCHELLENBERGER B., *Der Weg der Liebe. Aus der geistlichen Lehre des Bernhard von Clairvaux.* Herausgegeben, eingeleitet und übersetzt von B.S. — Leipzig 1990, 295 p.

= aus dem Werk *Bernhard von Clairvaux. Gotteserfahrung und Weg in die Welt*, herausgegeben, eingeleitet und übersetzt von B. SCHELLENBERGER. — Freiburg/Breisgau 1982.

Einführung. — Hinführung zum *Buch von den Stufen der Demut und des Stolzes*; Übersetzung. — Hinführung zur *Predigt über die Bekehrung*; Übersetzung: *Über die Bekehrung. An die Kleriker.* — Hinführung zum *Buch über die Gottesliebe*; Übersetzung. — Literatur.

SCHELLENBERGER B., *"Du, den meine Seele liebt...": Die Liebesmystik des Bernhard von Clairvaux.* — Zeitwende 60, 1989, S. 77-93.

B.S. versucht Bs Liebesmystik auf dem Hintergrund der höfischen Minne zu interpretieren. Mit dem Eintritt Bs trat etwas Neues im damaligen Mönchtum auf: die Welt des Rittertums zog in die Spiritualität ein. S. zeigt anhand verschiedener Texte aus dem Werk Bs, daß die Beziehung zwischen Gott und Mensch eine Liebesgeschichte ist und daß B. sich bei ihrer Darstellung an das Grundmodell der höfischen Romanzendichtung hält: seine Gottesliebe ist eine Liebe aus der Ferne, die nur in seltenen Augenblicken Erfüllung findet.

SCHERING E., *Bernhard von Clairvaux und seine Zeit. Zu seinem 900. Geburtstag.* — EA 66, 1990, S. 419-432.

Am 15. Juni 1990 beim Kapiteltag des, heute lutherischen, Zisterzienserklösters Amelungsborn, von einem evangelischen Theologen gehaltener Vortrag. Gelungene biographische Skizze, *Die Chimäre seines Jahrhunderts*, mit mehreren Kapitelchen: *Vita contemplativa und vita activa — Der Abt von Clairvaux — Bs Stellung zu anderen Orden — B. und die geistlichen Ritterorden — Bs Kirchenpolitik — B. und die scholastische Theologie — B. und die Albigenser — B. und der 2. Kreuzzug — Dem Ziel entgegen.*

"Die überragende Bedeutung, auch die Widersprüchlichkeit des geistigen Vaters" wird S. 419 betont.

SCHINDELE P., *La vie monastique selon la doctrine de saint Bernard.* — CollC 52, 1990, Introduction p. 27-28.

English translation: *Monastic life according to the teaching of St Bernard. I.* — Tjurunga 38, 1990, p. 22-50; *II.* — Tjurunga 39, 1990, p. 37-68.

Cette Introduction résume fortement le chapitre I du texte allemand original, *Das monastische Leben...*, paru dans CC 95, 1988, p. 46-52. La *Regula Benedicti* (*RB*) a influencé B. presque autant que l'Ecriture Sainte. B. y distingue les enseignements spirituels (*spiritualia instituta*), toujours obligatoires, et l'observance régulière (*regularis institutio*), qui s'applique à l'ordonnance de la vie quotidienne. Cette dernière est au service des premiers et peut être modifée par l'abbé en vue de maintenir la "Règle de Dieu": la charité évangélique. B. considère la *RB* comme une route vers le Royaume. Par son observance, la vie humaine devient progressivement conforme à la loi divine. B. lit et enseigne la *RB* toujours en relation avec l'Ecriture. Ses allusions à la *RB* sont souvent entremêlées de citations scripturaires. Mais il existe un troisième élément dans sa spiritualité: la notion biblique de l'image. Il utilise ces expressions de l'Ecriture spécialement dans ses considérations sur l'obéissance qu'il regarde comme une conformité à la loi divine. C'est pourquoi il est recommandé de regarder avec B. la vie monastique comme un retour à "l'état avant la chute" dans lequel l'homme fut créé, et qu'il peut retrouver s'il accepte de se laisser sauver par l'obéissance.

SCHINDELE P., I. *La vie monastique comme retour à la ressemblance de Dieu.* — CollC 52 (1990), p. 29-53. (Les parties I-III dans les CollC correspondent aux chapitres II-IV du texte allemand).

C'est dans l'obéissance à la loi divine, dans la "conversion" de l'homme vers son Créateur que B. voit le chemin vers la ressemblance divine.

Cette conversion à Dieu fut rendue possible parce que Dieu est à la recherche de l'homme par l'humiliation de son Fils dans le *sacramentum redemptionis*.
Celui qui imite la vie terrestre de Jésus-Christ dans la foi, fait l'expérience intérieure de l'action du Seigneur glorifié. Comme Verbe engendré par le Père il ouvre la voie à la vie trinitaire. Il donne sagesse et force afin de recréer la pensée et le vouloir de celui qui cherche Dieu. B. appelle cette exhortation de l'esprit et cet exercice de volonté le *magisterium disciplinae caelestis*.
Nous sommes transformés, en étant recréés d'après la ressemblance du Christ: *Transformamur cum conformamur*. Cette transformation à la ressemblance divine est tout à la fois "incorporation progressive en Christ" et participation croissante à la vie divine.

SCHINDELE P., II. *L'obéissance*. — CollC 52, 1990, p. 110-139.

Au *vitium voluntatis propriae* B. oppose la *communio voluntatum*, c.-à-d. le plein accord de la volonté humaine avec la volonté divine. Dans cet ordre d'idées, il décrit la relation des trois personnes divines caractérisée par l'union des essences et des volontés. Par l'obéissance, la volonté est dirigée vers Dieu, par elle s'accomplit l'expérience de l'épouse du Cantique: "il ordonnait en moi l'amour". B. s'y rapporte afin de démontrer que J.-C. est pour nous l'origine et le modèle d'une telle "ordination". Il redresse notre volonté retorse vers la droite direction de la rectitude.
Ainsi, l'imitation de J.-C. est-elle centre et source de l'obéissance monastique. En elle, le moine trouve les impulsions, qui le rendent capable d'ordonner ses relations avec le prochain et avec la communauté dans l'esprit de charité et de s'approprier pour ainsi dire la loi divine en connaissance et disponibilité progressives.
Par là-même s'accomplit sa "configuration" (*conformatio*) avec le Christ, qui trouvera sa plénitude dans la *communio voluntatum*. L'oeil de l'esprit est pur, lorsque le cœur humain, libéré de toute recherche, est entièrement soumis à la volonté de Dieu. Il devient alors capable de contempler Dieu, selon la promesse du Seigneur que B. relate comme suit: "*...ut intentio pura sit, qui si oculus simplex est, totum corpus lucidum est*".

SCHINDELE P., *Das monastische Leben*.... IV: *Der Abt*. — CC 97, 1990, S. 10-27. / (III). *L'abbé*. — CollC 52, 1990, p. 213-237.

Ein Abt muß sich stets seines Mönchtums und seiner Profeß bewußt sein. Es ist seine Aufgabe, für die Verwirklichung des Evangeliums in der Klostergemeinschaft Sorge zu tragen, da alle ihre Angehörigen sich durch die Profeß verpflichtet haben. Seine geistliche Vaterschaft beruht in seiner Teilhabe an der Profeß der Mönche, indem er ihr Gelübde als

Stellvertreter Gottes entgegennimmt und für dessen Erfüllung Sorge trägt. Er selbst muß diese Vaterschaft durch seine Lehre, sein Beispiel, sein Gebet — B. spricht vom *trinitatis sacramentum* — verwirklichen. Die Vorschriften der Regel hinsichtlich der gemeinsamen Lebensordnung sind seinem klugen Ermessen, nicht aber seiner Willkür anvertraut. Er ist der *dispensator Christi* für jene, die sich dem Herrn als "Entsagende" übereignet haben. Diese Aufgabe steht im Zusammenhang mit seinem Dienst als Lehrer und Erzieher der Mönche. Er leitet sie an zur Rechtheit des Lebenswandels und zur Reinheit des Herzens. Er hofft dabei, bald ihr " Mitgefährte unter Jesus, dem Meister" zu werden, wenn das rein gewordene Herz die unmittelbare innere Belehrung durch das göttliche Wort vernimmt. Indem er dieses Ziel im Auge hat, ist B. bereit, sogar den ihm zukommenden Anspruch auf Einsamkeit und Gebet hinter die Bedürfnisse und Wünsche seiner Brüder zurückzustellen.

SCHINDELE P., *Das monastische Leben... V. Die Werkzeuge des Guten.* — CC Nr 185/186, 97, 1990, S. 17-45. / CollC 54, 1992, p. 145-174.

Das Hauptgebot der Gottes- und Nächstenliebe steht am Anfang der "Werkzeuge des Guten" (vgl. *RB* 4, 1-2), die genau gesehen, Weisungen zur Verwirklichung dieser Liebe im klösterlichen Leben sind. B. ergänzt die Lehre St. Benedikts über die Liebe, indem er die von ihm als selbstverständlich vorausgesetzte Liebe des Menschen zu sich selbst in seine Erwägungen miteinbezieht. Die Liebe zu Gott, die in der Liebe zum Mitmenschen sichtbar wird, erachtet auch er als die höchste Form der Liebe. Er erkennt in ihr aber auch die Möglichkeit der Selbstverwirklichung im christlichen Sinn, da der Mensch erst ganz er selbst wird, indem er sich liebend hingibt. Mit psychologischem Scharfblick deckt B. alles auf, wovon sich der Mönch im Prozeß der Reinigung seines Herzens befreien muß, um zur vollkommenen Liebe zu gelangen: Anhänglichkeiten an leibliches Behagen, weltlichen Besitz und Ruhm, vor allem aber an die Selbstsucht des Herzens, das sich durch Widersetzlichkeit, Neid und Zorn gegen das Opfer der vollkommenen Liebeshingabe wehrt. Seine Erwägungen hierzu sind zugleich thematische Ausführungen zu den "Werkzeugen des Guten". Mit ihnen befaßt er sich letzlich auch, indem er das Eingehen des Menschen auf das Wirken der Gnade beschreibt, das "Leben aus der Hoffnung auf das Heil". Es beginnt mit der Erkenntnis, aus sich selbst zum Guten unfähig und nur zum Bösen fähig zu sein, das Gute aber dennoch als ein Geschenk Gottes zu besitzen oder erlangen zu können. In das Wort Pauli vom "Zeugnis des Gewissens" legt B. einen erweiterten theologischen Sinn, indem er es mit den geistlichen Anliegen verknüpft, die man in *RB* 4,41-43 findet. Die hier aufgezeigten geistigen Zusammenhänge zwischen der Lehre Bs und dem 4. Kap. der *RB* möchten eine Ermunterung sein, den zahlreichen ähnlichen Bezügen beim Lesen der *Opera S. Bernardi* nachzuspüren.

SCHINDELE P., *Das monastische Leben... VI. Die Demut.* — CC 98, 1991, S. 15-37.

B. charakterisiert die Tugend der Demut aus einer integralen Sichtweise des geistlichen Lebens. Die Demut beseitigt die Hindernisse, die das Laster des Hochmuts der wachsenden Teilhabe des Menschen am göttlichen Leben entgegenstellt. Sie reinigt die Absicht und führt zur Erkenntnis der Wahrheit, sie befähigt zur Liebe, wenn die Zustimmung des Willens zur erkannten Wahrheit erfolgt. Bs Vorstellung vom Zusammenwirken der Seelenkräfte *memoria, ratio* und *voluntas* steht hinter seinen Äußerungen über die Demut, die er bewußt am Hauptgebot der Liebe orientiert. Seine Auffassung über die Entfaltung der durch die Gnade angeregten Liebesfähigkeit des Menschen in der Liebe zu sich selbst, zum Nächsten und zu Gott, die B. in *De diligendo Deo* ausführlich darlegt, kommt in *De gradibus humilitatis et superbiae* im Hinblick auf die der Liebe zugrunde liegende Erkenntnis der Wahrheit zur Sprache. Er kennzeichnet die Liebe als ein Verhalten, das der erkannten Wahrheit entspricht.

SCHINDELE P., *Das monastische Leben... VII. Die Diskretion.* — CC 98, 1991, S. 136-149.

Das Wort *discretio* hat für B. eine existentiell christliche Bedeutung, die es durch die Lehre Cassians und der ihm nachfolgenden monastischen Autoren erhielt. Es enthält wesentliche Elemente der Vermittlung zwischen irdischer Situation und jener Art geistlicher Erfahrung, die den Menschen zur Neugestaltung nach dem Bilde Gottes erweckt.
An 1. Stelle bezeichnet es die sittliche Grundentscheidung für das Seinsollende, durch dessen Anerkennung die Hinordnung allen Strebens auf den Willen Gottes beginnt. Triebkraft dieser *ordinatio* ist die *caritas affectualis*, die aus der geistlichen Erfahrung erwachsene Liebe. Sie geht mit Hilfe der *discretio* auf die vorgegebene Situation ein und wirkt sich als *caritas actualis*, als tätige Liebe im Dienste der Mitmenschen aus. Die *discretio* ordnet auf diese Weise die Beziehungen zur Umwelt und schafft so einen Bereich, in dem sich das "dem Menschen zugedachte göttliche Maß" durchsetzt. Das Auffinden dieses Maßes beschreibt B. unter Heranziehung der Tugenden *temperantia* und *moderatio*. Er bezeichnet die *temperantia* als die "Mitte" der Kardinaltugenden und stellt dies vor allem hinsichtlich der *iustitia* heraus. Eine feststellbare "sachliche Mitte" gibt es ja nur in deren Geltungsbereich, während bei der *prudentia* und *fortitudo* die personalen Mitte zu erspüren ist. Mit dem Begriff *moderatio* wendet sich B. dieser personalen Mitte zu. Sie ist der

Bereich, in dem sich der Mensch nach dem Willen Gottes entfalten kann. Er findet sein Gleichgewicht in dieser Mitte, indem er seine Grenzen anerkennt und gleichzeitig die ihm von Gott geschenkten Möglichkeiten realisiert. Eine solche Selbstverwirklichung durch Selbstbescheidung erwächst letzlich aus dem Streben, sich dem göttlichen Willen gemäß zu "gestalten". Dieses Bemühen wird durch das im Menschen wirkende göttliche Wort unterstützt. Es "erleuchtet" und "stärkt" die Seele, die sich vom "Eigenwillen" lossagt, bis sie als treffliche "Wagenlenkerin" ihre geistigen und sinnlichen Regungen beherrscht. B. belehrt hier über die "Gabe der *discretio*", und es ist zu beachten, daß er in einer Pfingstpredigt den Heiligen Geist den *discretor eogitationum et intentionum cordis* nennt. Die Lauterkeit der Absicht und das Streben nach dem Frieden sind die Voraussetzungen der Geistesgabe *discretio.*
Bs Spiritualität erweist im vielschichtigen Begriff der *discretio* ihre Dynamik und Intelligibilität. Er versteht darunter nicht nur die Fähigkeit, einzelne Situationen ihren Umständen entsprechend richtig zu beurteilen und das Handeln entsprechend einzurichten, sondern auch die Offenheit des Menschen gegenüber dem Wirken des göttlichen Geistes.

SCHINDELE P., *Das monastische Leben...* VIII. *Das Schweigen.* — CC 99, 1992, p. 77-91.

Während das Schweigen im alten Mönchtum weithin als ein Bestandteil des Gehorsams und der Demut erläutert wird, sieht B. es vorwiegend als ein Mittel der Hinwendung des Menschen zu Gott und des geläuterten Umgangs mit dem Nächsten. Um Gottes Gesetz vollkommen zu beobachten, bedürfen die Zunge und die Lippen der Disziplin, und dies gilt besonders vom Menschen, der sich zum Dienst des Herrn verpflichtet hat oder gar mit der Verkündigung des Evangeliums beauftragt ist. B. schreibt daher in *De consideratione*, die Lippen des Priesters seien "dem Evangelium geweiht", und dürften nicht "zu bloßem Getändel" geöffnet werden. Alle Ausführungen Bs über die *custodia linguae* zentrieren im Hinweis, daß auf der Zunge eine "überaus köstliche Frucht" liegt, um derentwillen sich die Beschneidung schädlicher Antriebe zum Reden lohnt. Was könnte er mit *fructus in lingua* anderes meinen als das Wort, das zum Glauben, der vom Hören kommt, verhilft? Über den Dienst der Zunge am Worte Gottes lehrt B. in der 18. Ansprache zum Hohenlied, es sei ein "unfruchtbares und sträfliches Schweigen", wenn der damit Beauftragte aus "Furcht, Bequemlichkeit oder unangebrachter Demut" das Wort unterließe, "das vielen nützt". In der Sicht Bs dient letztlich jegliche Übung des Schweigens der Wegbereitung für das zur Einheit in Gott führende Wort. Er erachtet dieses als *transitus* (Brücke) für jene Verbindung von Mensch zu Mensch, in der sich die einigende Mittlerschaft Jesu Christi auswirkt. Ist dereinst die Vollendung des mystischen Leibes Jesu Christi erreicht, erweist sich das endzeitliches Faktum, da der Herr selbst als der *unicus mediator* alles "Dazwischenliegende" (*medium*) durch seine Liebe überbrückt.

SCHINDELE P., *Das monastische Leben... IX. Das Gebet.* — CC 99, 1992, p. 93-117.

Die Liebe zum Herrn, die keinen eigenen Vorteil sucht, ist das von allem Eigennutz gereinigte Motiv des zur vollen Reife gelangten Betens. Alle vorausgehenden Stadien des Gebets deutet B. unter dem Aspekt der seelischen Läuterung, die auf diese uneigennützige Weise des Antwortens auf Gottes Liebe vorbereitet. Seine Ausführungen lassen ahnen, in welchem Maße die gesamte Lebensform in den Klöstern seiner Zeit durch das kontemplative Ideal bestimmt war. Bs Aussage: *Ich liebe, um zu lieben*, wird ergänzt durch die Erklärung, daß Gott den Menschen zuerst liebt, damit er Gott zu seiner eigenen Beseligung liebe.

SCHINDELE P., *Das monastische Leben... X. Die Arbeit.* — CC 100, 1993, p. 51-71.

Die thematische Ordnung von Bs Aussagen über die Arbeit führt zum Ergebnis, daß bei ihm ansetzmässig vorhanden ist, was Thomas von Aquin später als Ziel der Arbeit nennt: 1. Beschaffung des Lebensunterhalts, 2. Heilmittel gegen Müßiggang, 3. Zügelung der Begierlichkeit und 4. Möglichkeit zum Almosengeben. Die Punkte 2 und 3 dieser Aufzählung betreffen die Rückwirkung der Arbeit auf den tätigen Menschen. Sie implizieren somit dessen "Arbeit an sich selbst", ein Thema, das in Bs Gebrauch des die Arbeit betreffenden Wortschatzes vorherrschend ist. In vielen Textstellen bezeichnet er sogar das gesamte Bemühen des Mönches und die Beobachtung der regulären Lebensordnung (*institutio regularis*) als *labor*, wobei selbstverständlich die Arbeit als eines ihrer Elemente miteinbegriffen ist. Er hebt den heilsbezogenen Charakter solchen Bemühens hervor, indem er es als "Aussaat für die Ewigkeit" bezeichnet, die nicht vermindert werden kan, "ohne die Ernte zu gefährden". Um solche Aussagen Bs richtig einzuordnen, muß seine Überzeugung von den nur durch Gnade gewährten Verdiensten berücksichtigt werden. Jedes heilsbezogene Werk des Menschen ist somit ein Wirken Gottes durch die Menschen, da der göttliche Heilswille durch die menschliche Zustimmung wirksam wird. Sie erweist sich als ungeheuchelt durch die willige Annahme von Anstrengung und Mühsal und durch das umsichtige Zusammenwirken der Seelenkräfte *in intentione, cogitatione et opere*. Der Begriff *opus* hat hier den erweiterten Sinn des Handelns oder des Verhaltens, wie es auch an vielen Stellen der H. Schrift der Fall ist. Die Einordnung der Arbeit ins Leben dank der durch Christus bewirkten Erneuerung des inneren Menschen ist in diese Formel insofern miteingebracht, als das Arbeitsverhalten einen beträchtlichen Teil des Gesamtverhaltens ausmacht, dessen Werthaftigkeit durch die Reinheit der Absicht und die Rechtschaffenheit des Denkens bestimmt wird. In der 3. Ansprache *In Assumptione Beatae Mariae* kennzeichnet B. den treuen Verwalter, indem er den Zusammenhang zwischen *intentio pura* und *actio ordinata* betont.

SCHINDELE M.P., *Rectitudo und puritas. Die Bedeutung beider Begriffe in den Gründungsdokumenten von Cîteaux und ihre Auswirkungen in der Lehre des hl. Bernhard von Clairvaux.* — Zisterziensische Spiritualität..., S. 53-73.

Um die Absicht der Gründer von Cîteaux zu kennzeichnen, genügen die beiden Begriffe *puritas Regulae* und *rectitudo Regulae* (*Exordium parvum*, cap. 14). Indem das Brauchtum und Gesetz des zisterziensischen Lebens in diesen Dokumenten erläutert wird, tritt die Sinnanwendung dieser beiden Termini zutage. Die Charakterisierung der Regelbeobachtung in Cîteaux als *Cisterciensium districtio litteratoria* bringt jedoch erst B. in seinem Traktat *De praecepto et dispensatione*. Er befaßt sich mit dem Inhalt der *Regula Benedicti*, indem er ihre Zuordnung auf das Evangelium betont und ihre geistliche Lehre in seinen Erwägungen über das Wort Gottes herausstellt. In verschiedenen Schriften bevorzugt er dabei die Begriffe *rectitudo* und *puritas*, vor allem wenn er auf die "Neugestaltung" des gefallenen und erlösten Menschen eingeht.
S. 71-72: "*Rectitudo* ist in solchem Zusammenhang der Gehorsam gegen das göttliche Gesetz, die Gerechtigkeit im Sinn eines der Erlösungsgnade gemäßen Lebens. Eine Aussage des hl. Augustinus über den durch den Sündenfall "mißgestalteten" Menschen zeigt, daß B. mit dieser Sinnanwendung in der Patristik gründet (Augustinus, *De correptione et gratia*, c. 6, 9).
Durch die Geisteshaltung der *rectitudo* erlangt der Mensch in seinen Seelenkräften jene *puritas*, die der durch den Schöpfer beabsichtigten "Ordnung" entspricht. Er erweist sich als ein "vernünftiges" Geschöpf, indem der Wille der durch die Erkenntnis des göttlichen Gesetzes erleuchteten Vernunft zustimmt. Zu diesem Zusammenhang zwischen Vernünftigkeit und *puritas* sei eine weitere augustinische Aussage genannt, die Bs Gedankengänge beeinflußt haben mochte: "Die vernünftige Seele überragt unter den von Gott geschaffenen Dingen alles und ist Gott am nächsten, wann sie rein ist (*quando pura est*)".
Diesen der vernünftigen Seele gewährten Zug zur *puritas* erkennt B. in seiner funktionalen Bedeutung, indem er lehrt, daß die *purgatio* der seelischen Kräfte in ihrer *ordinatio* besteht: die Vernunft orientiert sich fortschreitend am göttlichen Gesetz, durch dessen Befolgung sich das Streben des Willens ordnet. Er nennt in einer Ternaraussage als Voraussetzung der *intentio sana*, die zur *operatio recta* führt, ein Denken

(*cogitatio*), das alles im Menschen auf die "Gerechtigkeit" einstellt, so daß er es um ihretwillen ordnet (*propter iustitiam ordinat*).
B. spricht in dieser Hinsicht von der *discretio*, der sicheren Erkenntnis des Guten und Wahren und der Fähigkeit zur entsprechenden Lenkung seiner selbst. Er verweist im Traktat *De gradibus humilitatis...* auf die durch die Liebe geläuterte Sehkraft des Herzens (*acies cordis*) und meint damit die *simplicitas oculi*, den durch die reine Absicht sicherer gewordenen Blick des Geistes. Er erwähnt in der gleichen Schrift auch den *excessus contemplationis*, zu dem die zum Unsichtbaren erhebende Stoßkraft der *puritas* führt.
S. 73: "Zusammenfassend läßt sich sagen, daß die in den Gründungsdokumenten von Cîteaux verwendeten Begriffe *rectitudo* und *puritas Regulae* im Schrifttum der 2. Ordensgeneration eine vertiefte Auslegung im Geist des Evangeliums erfuhren, an welcher B. wesentlich beteiligt ist."

SCHMITT J.-C., *Saint Bernard et son image.* — Colloque de Lyon..., p. 639-657.

SCHMITT J.-C., *Le culte de saint Bernard et ses images.* — PRESSOUYRE & KINDER, *Saint Bernard...*, p. 149-163.

= version plus détaillée du texte précédent.

Pour S. le portrait laissé par Geoffroy d'Auxerre est sans doute le plus éclairant des témoignages écrits, mais il faut tenir compte de sa dimension symbolique. C'est lui qui a manifestement influencé la *vera effigies* et ses reproductions ultérieures sur divers supports. En dehors des représentations des scènes de sa vie sur des peintures ou des vitraux, il n'est pas toujours aisé d'identifier avec certitude B. L'évolution de sa représentation est liée de près avec celle de la piété.

SCHÖNTAL, v. *Bernhard von Clairvaux und der Beginn der Moderne.*

SCHRAM P., *Bernardus van Clairvaux.* — Brugge Sint-Kruis, 1991, 274 p. (pro ms.).

Ce recueil contient les conférences données aux Sœurs Bernardines de Bassevelde (Belgique) en 1988. L'a. cherche à diffuser une connaissance initiale, encyclopédique et aimante de B.

SCHREINER K., *Puritas Regulae, caritas und necessitas. Leitbegriffe der Regelauslegung in der monastischen Theologie Bernards von Clairvaux.* — Zisterziensische Spiritualität..., S. 75-100.

Eine Lebensform, die beanspruchte, ohne Abstriche die reine *veritas Regulae* zu verwirklichen, wurde von Vertretern des traditionellen Benediktinertums als *novitas* kritisiert. Was der V. über das von B. selber empfundene und begrifflich bekannte Spannungsverhältnis zwischen *observantia regularis* und *mutabilitas Regulae* darliegt und zur Diskussion stellt, gliedert sich in drei Teile: er versucht zu rekonstruieren, wie B. selber das Problem sah, was er darüber gedacht und was er darüber geschrieben hat; er macht kenntlich, aus welchen geistigen Traditionen B. schöpft und von welchen Autoren er möglicherweise abhängt. Mit dieser Frage verknüpft sich die Frage, in welcher Weise B. in einen zeitgenössischen Diskussionszusammenhang eingebunden ist, der in der 1. Hälfte des 12. Jahrhunderts die Frage nach der Legitimität monastischer Neuerungen zu einem virulenten Problem werden ließ. Abschließend skizziert er die Wirkungsgeschichte des bernhardinischen Textes. Kurzum: es geht um B. selber, den Kontext und die Wirkungsgeschichte seiner Argumente, die dazu anleiten sollten, von der Regel Benedikts liebevollen und vernünftigen Gebrauch zu machen.
S. 100: "Auch Ordensgeschichte erschöpft sich nicht in bloßer Nachahmung normativer Gründungsgeschichten; auch Mönche sind gehalten, angesichts von Herausforderungen, die sich aus Wandlungsvorgängen ihrer geistigen und politisch-sozialen Umwelt ergeben, neue Identitäten auszubilden. Den Wandel ihrer klösterlichen Lebensweisen begriffen Ordenstheologen des hohen und späten Mittelalters nicht als Bruch mit einer geheiligten Tradition, nicht als Regeluntreue und Identitätsverlust, sondern als zeitgebundene Auslegung und Verwirklichung der Regel. Es mag paradox klingen, aber es ist so: Auch im hoch- und spätmittelalterlichen Ordenswesen trug Wille zu zeitgemässer Erneuerung dazu bei, Reformen langfristig zu festigen. Innovationsbereitschaft aus dem Geist der *caritas* und aus Einsicht in die *necessitas* bewährte sich als Faktor der Dauer. Liebe und Einsicht in das Notwendige, die maßgeblichen Motive und Rechtfertigungsgründe für Veränderungen von Regel und Satzung, speisten sich aus Quellen regelgebundener *vita spiritualis*. Wie die Regel Benedikts ausgelegt und angeeignet wurde, war gleichermaßen Reflex und Bestimmungsfaktor geistlichen Lebens".

SCHREINER K., *Vorbemerkungen*. — Zisterziensische Spiritualität..., S. 7-14.

S. 9-10: "Erst in der Frühen Neuzeit ist das profane Wort Frömmigkeit zu einem religiös imprägnierten Begriff geworden, mit dem die Erfüllung kultischer Pflichten, andächtige Stimmungen und kirchliche Rechtgläubigkeit umschrieben wurden.
Solche Befunde werfen die Frage auf, was Zisterziensertheologen — und unter diesen insbesondere B. — dazu beitrugen, Erfahrung, Willen und Gefühl zu grundlegenden Bestimmungsmerkmalen christlichen Glaubens

zu machen. Welcher Übungen und welcher Gesinnungen sollten sich Mönche befleißigen, wenn sie mit Gott in eine Beziehung unmittelbarer Gemeinschaft gelangen wollten? War B. ein Mystiker, der dieses Einswerden mit Gott vorbildhaft vorlebte?"
S. 11: "War zisterziensische Spiritualität wesenhaft eine Sache observanter Lebensführung, gestaltete sich die Frage, wie denn die Regel des hl. Benedikts angesichts sich wandelnder Zeit- und lebensverhältnisse zu verstehen und zu verwirklichen sei, zu einer Existenz- und Grundsatzfrage von beunruhigender Dringlichkeit. Wille zu wortgetreuer Beobachtung der Regel war für B. nicht gleichbedeutend mit Rücksichtslosigkeit gegenüber geschichtlichen Voraussetzungen und gesellschaftlichen Bedingungen monastischen Lebens. War, wie B. mit dem Pathos eines leidenschaftlichen Reformers darlegt, Liebe das Ziel regelgebundenen Lebens, konnte auch im Geist der Liebe vom Wortlaut der Regel abgewichen werden, wenn es lebenspraktische Notwendigkeiten erforderten...".

SCHWEERS G., *Bernard of Clairvaux's influence on English Recusant Letters. The case of Robert Southwell, S.J.* — The American Benedictine Review 41, 1990, p. 157-166.

Imprisoned in the Tower of London early in his Catholic career, Southwell (d. 1595) was permitted the Bible and some works of B. as reading material. This provided for the discovery of S's greatest source and inspiration after the Bible. B. was not an odd choice, since the Protestants considered him "safe": B., after all, had the good "Protestant" insight to use Scripture more often than patrology as his source or reference.
It is difficult to trace Southwell's exact debt to B.: the a. is only attempting to examine with broad strokes but some themes appear particularly evident.

SEDEM (Semana de Estudios monásticos), v. *San Bernardo de Claraval. Un mensaje...*

SICARD G., *Le moine et les princes.* — *Saint Bernard et la recherche...*, p. 7-16.

B. has voiced a theology of the relationships between the Church and the princes. The Church is the holder of the two swords spiritual and temporal: *Ille sacerdotis, is militis, sed sane ad nutum sacerdotis et jussum imperatoris.* "Est-ce une doctrine solidement mûrie, ou bien une formule brillante de prédicateur cherchant à convaincre..." (p. 9). The Church uses the former and delegates the use of the latter to the princes, who manage wordly concerns and are committed to the defence of christendom. The knights must shun worldly vanities and use their lawfully possessed goods to come to the poor's help. B. advises them to temper justice through mercy toward the weak. He recognizes the greatness of marriage, the indissolubility of which he indicates. He interferes with the kings' affairs, to remind them of their duties. And when, in 1130, a clash occurs between two parties among the pope's electors, he sides with Innocent II and supports his cause before the princes. In het last years of his life he summons up through his preaching people's energies for the second crusade, whose failure he deplores. For him "the earthly kingdoms and *regalia* belong to the sovereings and are intangible only inasmuch as the latter conform to God's rules".

SIEGMUND J.J., *Bernhard von Clairvaux und Martin Luther. Ein Erfahrungstheologischer Vergleich.* — CC 98, 1991, S. 92-114.

Unter dem theologischen Aspekt der 'Erfahrung' gilt es, B. und Luther (L.) in ihrem theologischen Ansatz zu vergleichen. Es geht hierbei weder um eine überholte kontroverstheologische Abgrenzung noch um eine 'ökumenisch' firmierte Harmonisierung von theologischer Erfahrung bei beiden.
Die in diesem erfahrungstheologischen Vergleich enthaltenen Divergenzen wie auch Konvergenzen wollen aufgezeigt, verstehbar und für das geistliche Christenleben heute, eben auch 'erfahrbar' und fruchtbar gemacht werden. Dabei dürfen natürlich nicht die gewaltigen Zeitspannen an theologischer Entwicklung außer acht gelassen werden. Zwischen B. († 1153) und L. († 1546) liegen immerhin dreieinhalb Jahrhunderte an theologiegeschichtlicher Distanz. Und von L. bis zur Gegenwart erstreckt sich fast ein halbes Jahrtausend theologischer Entwicklungsgeschichte. Der Gegenstand aber aller theologischen Erörterung ist der Gleiche geblieben: die Frage und Suche nach Gott und die seiner Erfahrbarkeit im Glauben.

Sint Bernardus de monnik door het Woord bewogen. — Berkel-Enschot, Abdij O.L.Vrouw van Koningsoord, 1990, vi + 193 p., ill.

P. II: "Wij hebben getracht wat korte, aansprekende teksten te verzamelen en te vertalen, een voor elke dag van het jaar".

SIRGAO DE SOUSA GANHO M., *Antropologia e mistica em Bernardo de Claraval.* — IX Centenário do nascimento..., p. 41-50.

Pour l'a. l'œuvre de B. démontre clairement que la "relação essencial do homem é com Deus, O qual ao agir lhe comunica o Seu espirito, pelo que a possibilidade de afirmar Deus é o traço marcante e quie distingue o homem, lhe confere dignidade. Com B. podemos dizer: Deus é a lei interior da alma humana" (p. 50).

SISINNI Francesco, *Nel Paradiso di Dante: perché san Bernardo.* — Respice stellam..., p. 435-437.

Uniquement synthèse de la communication. P. 437: "Ecco perché, se nel compimento dell'itinerario a Dio, l'ultimo momento, o passaggio, è rappresentato da colei che, alle pendici del Golgota, fu affidata quale madre a Giovanni per essere madre di tutte le genti, nell'invocazione a lei, mediatrice celeste, sarà solo B. — ed è qui, infine, un'ennesima ragione di quella scelta — il fedele B., il Cavaliere della Vergine, a dare voce alla supplica di chi si è fatto pellegrino per tutte le genti".

SMEYERS M., *"Literae unius coloris fiant et non depictae". Een cisterciënzervoorschrift en zijn toepassing.* — BCF, p. 81-95.

SMITH R.U., *Arnold of Bonneval, Bernard of Clairvaux, and Bernard's Epistle 310.* — AC 49, 1993, p. 273-318.

Over thirty years ago, A.H. Bredero argued that B's Epistle 310, to Arnold of Bonneval (A.), author of the second book of the *Vita prima Bernardi*, was probably forged. This paper shows that B's Epistle 310 can be believed to be authentic. A. had opportunities to be an eyewitness of some, perhaps many, of the events he reports in the *Vita prima*. He would have had firsthand accounts from his friends on other events in the saint's life on which he reports in that work. Moreover, he belonged to the same "commonwealth of friendship" as B. Whether or not there was an intimacy between the two men in the 20th-century sense, it is clear that there was an intimacy in the 12th-century sense. Moreover, he was well and widely known throughout the Cistercian Order. Therefore, there is absolutely no reason to doubt the genuineness of the expression of affection in this letter to A. Thus, there is also no reason at all to suppose that Geoffrey of Auxerre would have felt the need to forge a letter to establish A.'s credentials as biographer. These suppositions having been removed, "we are now free to realize the inner coherence and integrity of the letter. We can accept the fact that B. did write it with his own hand contrary to his custom and in a moribund state. We can appreciate the appropriateness of A.'s gifts, from his own point of view, and the care with which the letter was composed as an expression of gratitude and love. We can understand the love itself as a bond of common interest and experience which had lasted decades and outlived many of the friends through whom it had been forged. Finally, we can permit ourselves to be moved by the steadfast friendship of this Roland of the spiritual life, whose battle was done" (p. 318).

SOMMERFELDT J.R., *Meditation as the path to humility in the thought of Bernard of Clairvaux.* — Mystics Quarterly 15, 1989, p. 177-183.

= Paper presented at the 1989 Cistercian Conference, Kalamazoo Michigan.
Study in B's thought: self-knowledge leads to knowledge of God; meditation on God not only brings humility, the perfection of the intellect, it also benefits the will, perfecting it in love. For B. the first step in the path toward perfection is self-knowledge, which in turn leads to humility.

SOMMERFELDT J.R., *Bernard as contemplative.* — Bernardus Magister..., p. 73-84.

For B., contemplation is an experience which transcends ordinary exposition. In this experience, the intellect, will, and feelings — the whole soul — are affected.
The transcendent nature of the contemplative experience makes it ineffable, and thus its communication requires B. to resort to poetic language, within which the primary image is sexual. Contemplation, he says, is a rare and brief experience. It is not meditation or consideration; it does not involve visions or dreams; it is not the Beatic Vision of which it is, however, a foretaste.
B. is confident that the earthly contemplative experience is possible in this life and accessible to all who travel the path of perfection. Contemplation is a gift, but the soul who longs for union with her lover must prepare her intellect for Truth and her will for Love.
The gift the Bridegroom gives the soul in the kiss of contemplation is no less than participation in the very life of the Trinity. In the ecstatic embrace of the Bridegroom, the soul's intellect is filled with knowledge and the will fulfilled in love. The feelings are purged of pain and filled with pleasure, peace, and joy.
The bride is called back from her nuptial bed by the 'violent' demands of brotherly love; she is sent out to work in the vineyards of the Lord and share her happiness with mankind. B. saw himself as the bride, and he believed himself sent. These convictions had enormous consequences for the society of his time.

SOMMERFELDT J.R., *The spiritual teachings of Bernard of Clairvaux. An intellectual history of the early Cistercian order.* —

Kalamazoo (Mich.), Cistercian Publications, 1991, xvii-258 p. (The Cistercian Fathers Series, 125).

P. xiv: "I intend this work not simply to make a contribution to the history of spirituality, but to offer some small assistance to those who seek to understand the twelfth century and its culture and society. But I hope too to make a contribution to a more generic understanding of medieval culture and society. I am intrigued by the fact that the leadership of the early twelfth century should have been so largely charismatic, so largely prophetic. B. was not a pope or a prince — though he probably could have been the former. B. had little or no official standing in the hierarchies of power in his time. He was a simple abbot, living whenever possible in the simplicity of a deliberately remote monastery. He was a contemplative; yet he mightily influenced the world of action".
P. xv: "The leadership of the thirteenth century was diverse; no one man held a position in the thirteenth century comparable to B's in the twelfth. And none of the leaders of the thirteenth century were monks, let alone Cistercians.
I believe that the basis for this change can be illuminated by a study of the intellectual history of the Cistercian Order in the twelfth and early thirteenth centuries. And this is the reason I propose to make this volume the first of a series which will investigate the shifts in the spirituality of Cistercian writers which led, in part, to the demotion of their Order from a central to a peripheral position in the culture of these centuries. I wish to discover why the Cistercian Order gave birth to the most important leader of the early twelfth century, only to be reduced to intellectual and institutional imitation in the thirteenth. And, perhaps, by so doing I may offer some assistance to those who seek to understand the changes in medieval culture during those centuries.
This work begins with this volume. If indeed the leadership of B. can be explained by his spiritual standing in the society of his time, then a statement — or restatement — of his spirituality must begin this series. The second volume, on B's analysis of his society and culture, would flow from the first. B's description of the path to perfection was simply the Christian life as the men of the twelfth century knew it. Indeed, they knew it largely through the teaching of B. and the other contemplatives of the time.
I hope to follow with studies of the other early Cistercian contemplatives: Guerric of Igny, William of Saint Thierry, and Aelred of Rievaulx. Perhaps I may have time to continue with studies of the thought of the subsequent generations of Cistercian writers, who, I believe, changed markedly the thrust of the spirituality of early Cîteaux. If possible, I shall conclude with a study of Cistercian scholasticism in the thirteenth century. This plan is ambitious. Perhaps my initial efforts will stimulate others to carry on with a task which I believe is worthwhile and instructive".

SOMMERFELDT J.R., *Bernard of Clairvaux's Abbot: both Daniel and Noah.* — p. 355-362 in *Studiosorum Speculum. Studies in Honor of Louis J. Lekai, O. Cist.* Edited by F.R. SWIETEK & J.R. SOMMERFELDT. Cistercian Publications, Kalamazoo (Mich.), 1993 (Cistercian Studies Series, 141).

B's teaching on human life is a dynamic one, and he offers a dynamic image of that life. The image which B. employs to convey that dynamism is the sea; human life is the crossing of that sea. But hat sea is crossed by more than one means and by more than one sort of person: Noah (the Church of the just) crossed by ship, Daniel (the order of penance and continence which free one for God alone) by a bridge.
B. fears the potential damage to this spiritual life in his assumption of the office of preacher; yet he must be of service to his monks. He sees the conflict resolved in himself and, he counsels, in all abbots by an assessment of the motives behind both the leisure of meditation and the intense activity of preachig and guidance. Love must motivate both, and in that love action and contemplation become one. The love of the Bridegroom for the bride overflows to all through the preaching and guidance of the abbot. The abbot's leisure for meditation is the source of his service to his monks. Like Paul, B's abbot is compelled to share the fruits of his contemplation.

SOUTHEY A., "*Bernardo, ¿A qué has venido?*" *Evaluación ante un Centenario.* — C 42, 1990, p. 9-13.

Carta (Roma, Fiesta de la Epifanía) del Abad General. P. 13: "Sin duda, todos recordemos lo que se dice en su vida (*Vita Prima*, cap. 4) a propósito de la costumbre que teniá de preguntarse: "Bernarde, ad quid venisti?" También nosotros, de vez en cuando, podríamos hacernos una pregunta parecida: "*¿Que* hago aquí? *¿Para* qué he venido al monasterio? *¿Que* es lo que me impide progresar?"

STANDAERT M., *Das Prinzip der ordinatio in der geistlichen Theologie des hl. Bernhard.* — CC 84, 1990, S. 28-57.

= deutsche Übersetzung von M. STANDAERT, *Le principe de l'ordination dans la théologie spirituelle de saint Bernard.* — CollC 8, 1946, p. 178-216.

B. hat ein System der mystischen Theologie, dessen Entwurf Et. Gilson nachgezeichnet hat. Aber die Proposition der Lehre war nicht aufs Ganze gesehen systematisch und war es auch in den einzelnen Teilen nur selten.

Es scheint sehr übertrieben, wenn man sagt, daß seine Sprache technisch perfekt ist und daß man sie mit der strengen Genauigkeit verstehen soll, die man der Lehre eines hl. Anselm oder eines hl. Thomas entgegenbringt. Diese Studie lädt ein, anzuerkennen, daß B. eine umfassende Arbeit theologischen Denkens geleistet hat. Sie ist eine Ausarbeitung der theologischen Gegebenheiten auf diesem Gebiet — und sie war tief und fruchtbringend. Sie will aber auch dazu auffordern, sich vor jedem Überschwang in der Sicht seines Werkes zu hüten. Sie könnte in verschiedenen Richtungen ausgedehnt werden. Es sei hier nur aufgezeigt, wie nämlich das Ordinationsprinzip sich in die Gesamtheit der mittelalterlichen Auffassung der Hierarchie eingliedert: die menschliche, die kirchliche, die politische, die der Engel, selbst die Hierarchie, die Gott eignet.

STEER G., *Bernhard von Clairvaux als theologische Autorität für Meister Eckhart, Johannes Tauler und Heinrich Seuse.* — Bernhard von Clairvaux. Rezeption und Wirkung..., S. 233-259.

1. Überschwenglich bekennt sich Heinrich Seuse (S.) zu B. in seinem *Büchlein der Ewigen Weisheit* wie auch im *Horologium Sapientiae.* Eine genaue Untersuchung des Einflusses Bs auf die Christologie und Leidensweg-Lehre Seuses steht noch aus.
2. Tauler (T., S. 241-248). S. 248: "Was als exklusive Lehre des transintellektuellen Einswerdens des 'göttlichen Menschen' mit Gott erscheint, sucht T. als Lehre heiliger Lehrer der Kirche und der vorchristlichen Tradition hinzustellen. T. muß also das *unum animae* des Proklos und *ad abditum mentis* des Augustinus mit der *mens* (sc. *anima*) *rationalis* Bs in eins gesehen haben — wenn dies nicht schon Dietrich von Freiberg und Berthold von Moosburg versucht haben. B. hat nicht nur das *liberum arbitrium* mit der Gottebenbildlichkeit in Verbindung gebracht. Es gibt eine überzeugende Belegreihe aus seinen Schriften, die sicherstellt, daß B. die *imago Dei* des Menschen in dem gesehen hat, was er die *ratio* nennt".
3. Eckhart (E., S. 249-259). Anknüpfungen der mystischen Theologie E.s in den *Reden der Unterweisung* an die Bs können vorgeführt werden. Sie zeigen "daß E. im theologischen Dialog mit B. stand, wie man dies auch von T. und S. wird sagen müssen. Wie intensiv der Kontakt war, ist bisher kaum abzuschätzen. Wichtig aber erscheint, daß das mystische Schrifttum der drei deutschen Dominikaner im Kontext auch der theologischen, nicht nur der philosophischen Traditionen gelesen werden muß. B. war für E., T. und S. offensichtlich einer der prominentesten Gesprächspartner" (S. 259).

STEER G., *Virtus und Sapientia. Der Einfluß Bernhards von Clairvaux auf Davids von Augsburg deutsche Traktate "Die sieben*

Vorregeln der Tugend" und "Der Spiegel der Tugend". — Zisteriensische Spiritualität..., S. 171-187.

S. 177: "In den deutschen und lateinischen Schriften Davids (D.) und des Augsburger Kreises "den franziskanischen Geisteshauch" aufzuspüren, der die überkommene, von B. und Wilhelm von St. Thierry geprägte Tradition "durchdrang, belebte, erneuerte" [dixit K. Ruh], erweist sich als die eine Aufgabe frömmigkeitsgeschichtlicher Forschung, wenn es darum geht, franziskanische Spiritualität von zisterziensischer zu unterscheiden".
S. 178: "Als zweite Forschungsaufgabe erscheint, in den Schriften der Augsburger Franziskaner, insbesondere in denen Ds, die literarischen Quellen aufzudecken, auf die sich die Autoren berufen oder die sie stumm benutzen. Ein herausragendes Beispiel namentlicher Erwähnung ist das 4. Kapitel des zweiten Buches von '*De compositione*', in dem D. die Lehre von den drei *status* der Menschen von B. herleitet...".

STERCAL C., *Note su orientamenti e metodi degli studi su san Bernardo di Chiaravalle.* — Teologia 16, 1991, p. 236-251.

STERCAL C., *El estado de los estudios sobre san Bernardo.* — C 190, 1992, p. 497-517.

= traduction espagnole du titre précédent.

1. Etapas de los estudios sobre B. — 2. Orientaciones de los estudios sobre B.: 2.1: ¿B. "tradicionalista" o ""innovador"? 2.2: Textos, doctrina y ciencias humanas. 2.3: Psicología y mariología. 2.4: Análisis de los textos entro lo histórico y lo legendario. 2.5: Puntos de un balance. — 3. Reflexiones sobre el método de lectura de los textos: 3.1. Las primeras indicaciones. 3.2: Los trabajos más recientes. — 4. Una posibilidad descuidada: el estudio de las fases redaccionales. P. 512: "Parece útil ahora llamar la atención sobre al menos una de las oportunidades que ofre la edición crítica, una oportunidad que no parece haya sida utilizada todavía adecuadamente: la posibilidad de reconstruir, a través del estudio de los manuscritos y de sus tradiciones, parte del trabajo redaccional al que B. ha sometido los propios textos. 4.1. El descubrimiento de las correciones redaccionales. 4.2. La aportación que ofrece el análisis redacional. 4.3. Perspectivas de desarrollo.

STERCAL C., *Il "medius adventus" nei sermoni "In Adventu Domini" di Bernardo di Chiaravalle.* — LSC 120, 1992, p. 48-93.

(*Il "medius adventus". Saggio di lettura degli scritti di Bernardo di Clairvaux.* Thèse de doctorat soutenue par C. Stercal le 3.12.1990 à l'Institut de Spiritualité de la Gregoriana. Elle sera publiée par les Editiones cistercienses à Rome dans la collection *Bibliotheca cisterciensis*).

L'analisi di C.S. prende ad argomento il *medius adventus* del Signore nei sermoni *In adventu Domini* di B. Il suo è il primo studio specifico dedicato all'argomento, per altro di importanza fondamentale, se esso dice "la presenza spirituale, occulta, invisibile e quotidiana del Padre e del Figlio nell'anima". Si avvertiranno gli sviluppi del tema e le precisazioni che B. vi ha apportato e che C.S. coglie con perspicacia, mostrando una evoluzione nel pensiero di B., contro la concezione comune che in lui una evoluzione sia mancata. L'a. si distingue anche per la novità del metodo, che non dev'essere sensibile solo alla successione cronologica delle opere, ma al lavoro redazionale cui B. le ha sottoposte.

STIEGMAN E., *A tradition of aesthetics in Saint Bernard.* — Bernardus Magister..., p. 129-147.

Modern aesthetics derives from the Enlightenment, an era with postulates opposite to those of B. and his models. Its rationalism contrasts with self-knowledge and *amor — intellectus*, its empiricism with an aesthetics of proportion common to late antiquity and the Middle Ages up to High Scholasticism. Its separation of faculties and its exclusion of the moral from the beautiful are foreign to B's universe. In his frequent reference to *gloria* (in a N.T. sense), B. combines the aesthetics of proportion and of light. He is, in a limited sense, more mistrusting of sensuous beauty as a starting point for contemplation than is Augustine; but his orientation to God regards ultimate beauty as such and the enjoyment of it now, much more than is generally conceded.

STOLFI Emilia, *"Vita di san Bernardo": un inedito di fra Giacomo Tavanti (1526-1607) dei Servi de Maria.* — Respice stellam..., p. 393-408.

Una *Vita di san Bernardo*, inedita e tradotta in volgare italiano da un Servo di Maria nel 1584: questo è il tema della presente comunicazione. P. 408: "... è tuttavia d'obbligo la seguente precisazione: non ho trovato la *Vita di san Bernardo* tradotta dal Tavanti, ma in compenso ho potuto toccare con mano quanto i Servi leggessero B. Ho rilevato una presenza discreta, ma costante dell' opera di B: lì dove non c'era l'*opera omnia*, c'erano comunque *Epistolae, Florilegia* o *Sermones*, di cui dato il carattere delle liste, sono indicati solo quelli a stampa".

SWIETEK F.R., *The role of Bernard of Clairvaux in the union of Savigny with Cîteaux: A reconsideration.* — Bernardus Magister..., p. 289-302.

The a. challenges the accepted view that B. was instrumental in arranging the merger of the congregation of Savigny with the Cistercian Order in 1147. He examines the primary sources relating to the merger and modern attempts to explain B's part in it, and concludes that there is no conclusive evidence that he was, as is often claimed, the guiding force behind the union. He further suggests that the role played by Pope Eugenius III in effecting the merger might have been greater than has previously been believed.

TAMBURELLO Denis E., *Bernard of Clairvaux in the thought of Meister Eckhart.* — CS 28, 1993, p. 73-89.

The a. has tried to be attentive both to direct citations from and parallel themes to B. in the writings of Meister Eckhart (E.). It is clear that E. valued B's writings, especially *De consideratione*, as sources for his own theology and spirituality. He also had great respect for B. himself. The a. would not want to exaggerate E's debt to or relationship with B. He quoted Augustine (A.) with far greater frequency — indeed, the references to A. are legion. Furthermore, he plunged into some theological waters that neither A. nor B. woud have dared to enter. Nevertheless, E's use of the writings of B. is a testimony to the continued significance that B. had in later medieval spirituality.

TAYLOR B., *An Old Spanish translation from the "Flores sancti Bernardi" in British Library Add. Ms. 14040, ff. 111v-112v.* — British Library Journal 16, 1990, p. 58-65.

TEUBNER-SCHOEBEL S., *Bernhard von Clairvaux als Vermittler an der Kurie. Eine Auswertung seiner Briefsammlung.* — Bonn, 1993, X + 373 S.

= Dissertation 1991 an der Philosophischen Fakultät der Westfälischen Wilhelms-Universität in Münster.

Die heute über 500 Stücke umfassende Briefsammlung hat in der Forschung erst wenig Berücksichtigung gefunden; stets standen die Predigten und Traktate im Mittelpunkt des Interesses. Weil man davon ausgehen kann, daß B. selbst an der Redaktion der Sammlung mitgearbeitet hat, stellt das *corpus epistolarum* ein einzigartiges Selbstzeugnis

dar. Die Briefsammlung ermöglicht es, in drei Dimensionen den Rahmen abzustecken, innerhalb dessen B. als Abt agierte: die meisten Briefe sind datierbar, d.h. sie können chronologisch bestimmten Konstellationen in Frankreich oder an der Kurie zugeordnet werden; der Kreis der Briefempfänger erlaubt Rückschlüße auf den geographischen Raum, den B. durch seine Korrespondenz abdeckt; schließlich wird durch den Rang der Adressaten und die Thematik der Briefe die inhaltliche Vielfalt des Wirkens Bs deutlich.
Insgesamt 153 Briefe sind an Päpste oder Kardinäle gerichtet. Die Ursachen, die B. zu einem Schreiben an die Kurie veranlaßten, waren vielfältig. Ziel dieser Untersuchung ist eine Bestandsaufnahme von Bs Beziehungen zur Kurie, wie sie die Konflikte in einzelnen Kirchen, anläßlich derer B. intervenierte, widerspiegeln.
Inwiefern waren die Interventionen Bs erfolgreich und welchen Einfluß konnte er zu welchem Zeitpunkt auf die Kurie ausüben? S. 322-323: "... bleibt festzustellen, daß der Einfluß Bs auf seinen Schüler Eugen III. bei konkreten Anliegen eher geringer gewesen zu sein scheint als auf Innocenz <II.>. Obwohl der Tonfall der Briefe an den Zisterzienserpapst sich häufig durch bisher nicht gekannte Direktheit und Deutlichkeit auszeichnet, der darauf schließen läßt, daß B. seinem Schüler gegenüber kein Blatt vor den Mund nahm, verhallten seine Appelle an die Kurie oft ungehört (...) Die 'naheliegende' Vermutung, Bs Einfluß auf den Zisterzienserpapst Eugen III. als besonders hoch einzuschätzen, erwies sich aufgrund der untersuchten Einzelfälle insgesamt als unzutreffend. Im Gegenteil...".

THOMAS R., *San Bernardo y Guillermo de Saint Thierry nos hablan del Espíritu Santo.* — C 42, 1990, p. 253-278 y 339-365.

El a. propone dos anadidos, volviendo sobre dos ideas ya pergenadas, pero profundizando un poco más en ellas: 1. el Espíritu Santo es un gran trabajador (Por lo menos siete veces vuelve B. sobre este tema, que desarrolla así más a menos: para crear, a Dios le bastó con pronunciar una palabra; pero para redimirnos se impuso una penosa vida de treinta y tres anos, y, sobre todo, el suplicio de la pasión; el Espíritu Santo basta que diga una palabra, y nos salva); 2. es El quien abre el círculo de la vida trinitaria (El huerto cerrado que era la vida trinitaria nos lo ha abierto el Espíritu Santo, y es El quien hace que la vida divina se derrame en las almas de los fieles, y así las llena de caridad; pero he aquí que por el hecho mismo de esta apertura nosotros podemos entrar en el huerto cerrado, la familia divina). Conclusión: ¿qué hacer por nuestra parte? B. responde a esta cuestión en el sermón 7,4 sobre temas diversos, donde denuncia un triple mal que el Espíritu Santo se esfuerza por erradicar de nuestras almas: el orgullo, la negligencia, la ingratitud.

THOMAS R., *La Vierge Marie. Homélies des Pères Cisterciens.* — Sainte-Foy (Québec), 1989, 344 p. (Pain de Cîteaux, 2/3).

P. 9: "A B. revient l'honneur d'avoir ouvert le sillon des spirituels cisterciens qui ont si bien parlé de la Sainte Vierge. Autour de lui et après lui, se lève une pléiade de cisterciens, des abbés pour la plupart, qui, eux aussi, écriront d'admirables passages sur la Vierge. On a voulu cueillir ici, pour en faire un bouquet, les fleurs que nous ont laissées les quatre premiers auteurs cisterciens".
R.T. commence ce volume par des extraits de B. (p. 11-76): Homélies sur le *Missus est*, Sermons sur l'année liturgique (surtout le Sermon pour l'Octave de l'Assomption, celui pour la Nativité de Marie) et Commentaire sur le *Magnificat*. Il présente également des textes de Guerric d'Igny (p. 77-148), d'autres tirés des Homélies d'Amédée de Lausanne (p. 149-221), et enfin des extraits d'Aelred (p. 223-339), l'émule de B., *mellifluus alter*, "presque un autre B.".

THOMAS R., *Vita di san Bernardo.* — Roma, 1991, 234 p. (Piccola biblioteca cistercense).

= traduzzione italiana di R. THOMAS, *Vie de saint Bernard*, Paris 1984.

L'originalità di questa breve biografia sta proprio nel fatto di essere costruita sulla base delle testimonianze dirette dello stesso B. e dei suoi contemporanei. Risulta cosí un'opera agile ed immediata che attinge direttamente alle fonti.

THOMAS R., *La consolation chez saint Bernard.* — CollC. 53, 1991, p. 151-173 et 240-256.

Consolations terrestres à écarter résolument; pas de concessions à la nature. Consolations divines, normalement ressenties dans la mesure que l'on rejette les premières. P. 254: "Ajoutons maintenant: consolations de l'amitié, très fortes affections qui ne gênent aucunement l'intimité avec Dieu, oui certainement, et si Dieu les meurtrit par la mort, il est légitime d'en souffrir, de gémir, mais on reste à la volonté de Dieu: "que ma consolation soit qu'il ne m'épargne pas, et que je ne contredise pas aux paroles du Saint!".

TODI v. *Bernardo cistercense ...*

TOMBEUR P., *Saint Bernard et l'ordinateur.* — Bernardo cistercense..., p. 303-331.

L'a. présente des perspectives qui existent dès à present, à savoir dégager un *Nouveau visage de Bernard de Clairvaux* (dixit J. Leclercq, 1976); on aura compris que B. et l'ordinateur s'inscrit dans le cadre d'un vaste projet de traitement systématique de la littérature latine.

TORRES J. A., *Las cartas de vocación de San Bernardo*. — C 1993, nº 194, p. 415-469.

Para B., la alegría, los gozos, la fuerza juvenil, su ansia de libertad y de independencia, su sed de conocimiento, son fuegos fatuos que, vistos a la luz de la promesas eternas de Jesucristo, tienen un valor muy relativo. En esto consiste el ser monje: en presentir los indicios de ese amor, del que se reconoce indigno, y en devolver amor sin límites ni medidas. A esto invita a los jóvenes: no a una diversíon pasajera y vana, ni a una camaradería facilona, sino a una felicidad sin medidas, en el seno de la Santísima Trinidad del Padre, del Hijo y del Espíritu Santo.

TOULOUSE, v. *Saint Bernard et la recherche …*

TRIPODI G., *Bernardus contra Abaelardum: una battaglia di giganti del XII secolo*. — RC 7, 1990, p. 185-214.

P. 187: "... il conflitto che oppose Abelardo a B. ha una valenza fondamentalmente teologica...".
1. La prima disavventura teologica di Abelardo: Soissons 1121. — 2. Il Paracleto e altri studi di teologia: prime scaramucce con B. — 3. B. prima di Sens. — 4. Preludio a Sens: la lettera di Guglielmo di Saint-Thierry. — 5. Il "mormorio", il contrattacco, il concilio. — 6. Le giustificazioni del vincitore. — 7. Epilogo triste per lo sconfitto. Appendice: Schegge ermeneutiche sulla controversia: a) superbia / umanità, — b) teologia monastica / teologia scolastica, — c) ortodossia / eresia, — d) élite / masse, — e) città / campagna e borghesia / feudalità.

Uit de werken van St.-Bernardus. Vertaling: Abdij Koningshoeven, Tilburg, 12 p.

Brochure imprimée à l'occasion de la *Bernardusviering* à l'abbaye bénédictine d'Affligem, le 10 avril 1991. Traduction néerlandaise des textes bernardins suivants: 1e Preek over het Hooglied § 1-4; 9e Preek over het Hooglied § 3-4.7-10; Brief 106 § 1-2.

VALLERY-RADOT R., *Bernard de Fontaines abbé de Clairvaux*. Préface par P. RICHÉ. — Paris 1990, 795 p.

Réédition de ce "roman fleuve" par R. V.-R. (1885-1970), devenu moine cistercien de Bricquebec sous le nom d'Irénée. Deux parties: *Les années de formation 1090-1130*, 400 p., première édition en 1963; *Le prophète de l'Occident (1130-1153)*, 395 p, première édition en 1968. "...un récit qui a su concilier l'exactitude et la poésie" (P. Riché).

VAN DAMME J.B., *I tre fondatori di Cîteaux*. — Roma, 1991, 159 p. (Piccola biblioteca cistercense).

= traduz. dal francese: *Les trois fondateurs de Cîteaux*. — Chambarand 1966. (Pain de Cîteaux, 29).

Se tratta de tre personalità differenti la cui unità è data dal comune ideale di riforma monastica che ben si inserisce all'interno della più grande riforma della Chiesa. Poche sono le notizie storiche sulla lora vita, ma ben se ne conosce l'ideale e la spiritualità che l'a. ha saputo rendere in maniera semplice e profonda supplendo alla scarsezza di notizie storiche con una dovizia di riflessioni sul loro ideale di riforma e di vita spirituale.

VAN DER SCHELDEN G.M., *Norbert van Gennep in de brieven van Bernardus*. — Met gansen trou 40, 1990, p. 116-118.

VAN HECKE L., *Bernardus en de religieuze ervaring*. — Monastieke informatie nr 133, januari 1991, p. 2-8.

Toespraak bij de opening van de tentoonstelling *Bernardus en de Cisterciënzerfamilie...*, K.U. Leuven, 26 oct. 1990.

P. 8: "Het bestuderen van Bernardus' werken kan ons helpen om de religieuze ervaring haar rechtmatige plaats toe te kennen, zonder ze voor te stellen als een doel op zich".

VAN HECKE L., *Le désir dans l'expérience religieuse. L'homme réunifié. Relecture de saint Bernard*. Préface de A. VERGOTE. Paris 1990, 297 p. (Recherches morales. Synthèses).

VAN HECKE L., *Bernardus van Clairvaux en de religieuze ervaring*. Met een voorwoord van A. VERGOTE. Kapellen-Kampen, 1990, 224 p.

= traduction néerlandaise du titre précédent.

Anthropologie de l'expérience religieuse qui va bien au-delà d'une nouvelle biographie de B.: 1. B. et l'expérience religieuse. — 2. L'anthropologie de B. — 3. L'expérience religieuse: une dynamique de l'amour. — 4. Le discernement de l'expérience religieuse authentique.
L'a. démontre qu'à propos de B., l'hésitation suivante n'est pas fondée: cultivait-il un mépris du monde ou, au contraire, annonçait-il en plein XIIe siècle l'un des meilleurs humanismes chrétiens? B. est bien le témoin d'un humanisme chrétien: il indique un chemin qui mène à la réconciliation de l'homme avec lui-même, en ne négligeant aucun élément de son être, pas même ses ombres. C'est corps et âme que l'homme bernardin se présente devant le Dieu révélé en Christ.
A. L<ouf>, compte-rendu dans CollC. 53, 1991, Bulletin de spiritualité monastique 13, 1991, n° 230: "Malgré la richesse de la documentation ainsi mise à la disposition des lecteurs, ce travail attend encore un complément. En effet, dans son étude des textes bernardins, l'a. a dû se limiter aux Lettres et aux Sermons divers (avec, heureusement, quelques exceptions à cette règle!). Une étude de l'ensemble de la littérature bernardine permettra sans aucun doute d'affiner et de mieux étayer encore les conclusions".

Van Hecke L., *Over de spiritualiteit van Bernardus.* — BCF, p. 15-27.

L'a. développe quelques lignes de force (Liefde — Dynamiek van de liefde — 'Affectiviteit' — Mystiek — Vrijheid) de la spiritualité de B. Pour chacune d'elles, il fait ressortir leur actualité pour l'homme d'aujourd'hui. Pour B., c'est le dynamisme inhérent à l'affectivité naturelle, commune à tout homme, qui, pris en charge par la Parole de Dieu et par l'amour sensible de Jésus incarné, le conduit progressivement, à partir de l'humble acceptation de soi et des frères, jusqu'aux sommets de l'union d'amour et de la liberté.

Van Hecke L., *Vormen tot vrijheid.* — Bernardus van Clairvaux. De vrijheid..., p. 37-40.

Vanni Rovighi S., *San Bernardo e la filosofia.* — L'infinita via. Ragione, natura e trinità da Anselmo a Tommaso. Ed. A. Tarabochia. Bergamo 1990; p. 195-207.

Vauchez A., *Le monachisme avant saint Bernard.* — Pressouyre & Kinder, *Saint Bernard...*, p. 27-41.

Pour A.V. la place de choix occupée par la *RB* et le prestige des moines par suite des services rendus sur les plans spirituel, social et culturel culminent par la réalisation de Cluny. Au cours du XIe siècle se font jour une tendance à demarquer le monachisme de la société et un attrait pour une vie retirée. Dans ce climat de simplicité retrouvée, Cîteaux trouvera naissance et faveur.

VERDEYEN P., *De theologie van Sint Bernardus. Enkele thema's ter voorstelling.* — BCF, p. 29-44.

VERDEYEN P., *Un théologien de l'expérience.* — Colloque de Lyon..., p. 557-577.

= traduction française du titre précedent.

La théologie de B. se réfère à deux expériences inspiratrices. La vision de Noël dans le château ancestral a focalisé son intérêt sur l'expérience directe de la présence divine. La rencontre de B. et de Guillaume de Saint-Thierry, deux abbés malades à l'infirmerie de Clairvaux, a été l'événement capital d'une grande amitié. Ensemble ils ont découvert le dialogue amoureux du Cantique des Cantiques, ensemble ils se sont mis à lire le commentaire d'Origène. Ils ont exprimé leur expérience personnelle dans le langage et avec les images du Cantique. Leur spiritualité a trouvé son sommet dans la mystique nuptiale, qui a conquis tous les grands amoureux de Dieu des générations postérieures. Leur communion spirituelle ne les a pas empêchés d'élaborer une théologie bien différente. Guillaume est resté plus ouvert à l'influence d'Origène; chez les Pères grecs, il a trouvé le *leitmotiv* de la déification de l'homme. B. s'est montré plus réservé vis-à-vis de cet optimisme grec, mais ses écrits révèlent tout le registre affectif du cœur humain. La tradition littéraire a négligé leurs idées divergentes.

VERDEYEN P., *De invloed van Sint Bernardus op de geschiedenis van de spiritualiteit.* — Bernardus van Clairvaux. De vrijheid... p. 30-34.

VERGER J., *Le cloître et les écoles.* — Colloque de Lyon..., p. 459-473.

Nier l'attachement de B. aux traditions de la culture monastique et nier sa méfiance devant l'essor mal contrôlé des écoles urbaines serait absurde. B. n'était disposé ni à admettre l'ascension des *magistri* urbains dans l'Eglise, ni à reconnaître en eux des interprètes "autorisés" du magistère. Mais il serait aussi inexact de ne pas voir que B., que sa formation personnelle comme son expérience historique ont constamment mis en contact avec le monde des écoles et ses productions, non seulement ne rejetait pas globalement celui-ci mais partageait avec lui bien des manières de dire et de comprendre, bien des aspects du *modus sciendi*. L'abondance du vocabulaire "scolaire" dans son œuvre est significative. Certes, elle s'explique par d'anciennes traditions littéraires, mais elle vaut aussi comme aveu d'ouverture et de pluralisme, comme acceptation d'exigences communes du temps auxquelles les écoles, comme Cîteaux, s'efforçaient de répondre.

VERGER J., *Saint Bernard et son temps.* — Journées Saint-Bernard..., p. 15-31.

L'a. a choisi de s'interroger avant tout sur la manière dont B. lui-même avait vu et vécu son image, sur l'image qu'il avait eue lui-même de la société où il vivait, en somme de ce que certains appelleraient aujourd'hui son *imaginaire social.*
Il paraît essentiel (p. 15) "pour nous défaire des malentendus et des anachronismes qui ont trop souvent obscurci, en bien ou en mal, la figure de B., d'essayer de rendre à la vision du monde de celui-ci sa cohérence interne, elle-même déterminée par les systèmes de représentation, les cadres mentaux et intellectuels dans lesquels elle s'est élaborée".

VERGER J., *Saint Bernard et les scolastiques.* — Vies et légendes..., p. 201-210.

Dès le 12e siècle, l'opposition entre B. et les maîtres séculiers des écoles urbaines (Abélard, Gilbert de la Porrée) a donné naissance à une "légende noire" de B., taxé à la fois d'arrogance et d'ignorance des arts libéraux. Tout au long du XIIe siècle, cette légende a été particulièrement entretenue par les Porrétains. Au XIIIe siècle, B. retrouve un écho plus favorable chez les maîtres parisiens. Si son influence reste assez modeste sur les dominicains, elle semble beaucoup plus forte sur les maîtres séculiers et surtout sur les Franciscains, notamment saint Bonaventure. Cependant, l'usage fait de B. par les universitaires du 13e siècle repose surtout sur les petits traités spirituels ou sur de simples florilèges. On ne peut donc sans doute pas dire que B. a été une des sources vivantes et majeures de la théologie scolastique de ce temps.

VERGER J., *Saint Bernard vu par Abélard et quelques autres maîtres des écoles urbaines.* — Histoire de Clairvaux..., p. 161-175.

Tout au long de sa carrière et dans tous les milieux, malgré son prestige, B. a suscité des contestations et des critiques. Afin de le mieux situer dans la société de son temps, J.V. interroge les témoignages hostiles ou réservés à son endroit. Pour ne rien dire de la querelle clunisienne, il s'en tient exclusivement à celle concernant Abélard (A.) et Gilbert de la Porrée (G.). Le dossier est assez mince car les préoccupations ordinaires de ces maîtres urbains ne rejoignaient guère celles de B.: théologie monastique et "première scolastique" avaient des bases intellectuelles et un cadre social différents. Le petit corpus recensé suffit cependant à montrer l'image qu'A., G. et leurs élèves se sont fait de B. Partisans d'un pluralisme dans l'Eglise, ils ne s'en prennent jamais au monachisme en tant que tel et reprochent à B. de ne pas respecter l'autonomie d'un chacun. Son autoritarisme est alors dénoncé ainsi que l'emploi de moyens des plus discutables pour parvenir à ses fins. Outre les critiques sur sa personnalité, G. et ses élèves insistent sur son ignorance. En particulier, faute d'avoir étudié les arts libéraux et plus précisément la dialectique, il manque des éléments qui permettent de mettre en œuvre la raison et les autorités pour aboutir à la révélation de la vérité. Il n'est donc pas à la hauteur voulue pour émettre des jugements valables. Finalement, Jean de Salisbury fait le point en reconnaissant en B. et G. deux hommes à l'esprit également pénétrant, mais différents dans leur culture et leur mode d'expression. "De B., les maîtres des écoles urbaines ont eu une image plutôt négative et surtout fragmentaire. Ils ont ignoré ce qui fait malgré tout l'essentiel de ses œuvres, c'est-à-dire son œuvre monastique. Mais, plus qu'un divorce déjà irrémédiable, cette méconnaissance, à cette date, me semble surtout signe de jeunesse et d'immaturité" (p. 175).

VERGER J. & JOLIVET J., *Bernardo e Abelardo. Il chiostro e la scuola*. Editioriale di C. MARABELLI. — Milano 1989 (Biblioteca di Cultura Medievale).

= traduction italienne de J. VERGER & J. JOLIVET, *Bernard Abélard, ou le cloître et l'école*, Paris 1982.

La storiografia sociologica si è impadronita delle classificazioni: città / monastero, scuola / chiostro: non si devono opporre artificiosamente e antistoricamente; possono solo servire per comprendere "quella tensione più profonda che comanda e ispira le diverse espressioni culturali del secolo XII tra spiritualità dell'intelletto e spiritualità dell'affetto, le quali (...) rappresentano due anime, tutt'altro che antitetiche, della cultura cristiana" (p. xiii).

VERNET P., *"Jésus Christ, notre Seigneur, l'Epoux de l'Eglise". La lecture du Cantique en communauté chez les cisterciens au temps de saint Bernard.* — Liturgie N.S. 1990, n° 73, p. 96-139.

L'importance du thème du repas, comme lieu et moment de la lecture du Cantique, est mis en évidence par un choix de plusieurs passages commentés des sermons de B. *Super Cantica*. Pour B. l'Epouse est la synagogue et l'Eglise primitive, celle-ci étant entendue comme la toute première. L'Epoux c'est le Christ ainsi que le révèlent nombre de doxologies à la fin de ces sermons. Suivent une brève présentation du livre du Cantique dans la Bible de Cîteaux et l'édition d'une version française datée de 1578.

Vies et légendes de Saint Bernard de Clairvaux. Création, diffusion, réception (XIIe-XXe siècles). Actes des Rencontres de Dijon, 7-8 juin 1991 publiés par P. AREBEYRE, J. BERLIOZ et Ph. POIRRIER. Avant-propos de Fr. Jean-François HOLTHOF. Conclusion de Jean RICHARD, de l'Institut. — Présence cistercienne / Cîteaux. Commentarii cistercienses, 1993, XII-436 p. (Cîteaux. Commentarii cistercienses. Textes et Documents, 5).

Parmi les multiples colloques organisés lors du neuvième centenaire de B., les Actes des Rencontres de Dijon tiennent une place originale. Ce colloque est le seul à avoir pris pour objet d'étude systématique l'image de B. à travers les siècles jusqu'à nos jours. Depuis l'écriture de la première *Vita*, du vivant même du saint, jusqu'au récent centenaire, en passant par la prédication médiévale, l'iconographie, la "légende noire", la critique des Lumières, la contre-hagiographie romantique, ce sont les bases d'une nouvelle approche de B. qui sont données. L'image de B. que les historiens ont renvoyée importe beaucoup pour une meilleure compréhension des documents qui le concernent et qui n'ont pas encore livré tous leurs secrets.
Résumés français, anglais et allemands aux p. 393-420. Voir BERLIOZ J., BLEDNIAK S., BOUREAU A., DE POUGET M., DESSI R.M. & LAMY M.GUERREAU A., HENNEAU M.-E., HOLTHOF J.-Fr., MCGUIRE B.P., PAUL J., PAULMIER-FOUCART M., PIAZZONI A.-M., PICARD A. & BOGLONI P., PLONGERON B., POLO DE BEAULIEU M.-A. & RIBAUCOURT C., RICHARD J., VERGER J.

VINEL J.-A. & DUMONT CH., *La conversion à l'épreuve de la vérité chez saint Bernard.* — La dottrina..., p. 85-89.

Replica ad D. FARKASFALVY, *The first step...*

En mains endroits B. décrit la conversion *en acte*, avec une réelle propension au dramatique. Son sens du concret l'incline à s'attacher à la décision qui constitue l'enjeu de tout retour à Dieu; son sens du réel le conduit à souligner le *drame* qui souvent prélude à pareil retour... l'expérience que se plaît à décrire B. est celle d'une inquiétude devant une situation inextricable qui mène finalement l'âme à crier vers Dieu. Exprimée en d'autres termes, l'expérience dont il s'agit est celle de la *miseria* faisant appel à la *misericordia*. Une telle expérience lui paraît à la fois décisive et indispensable, puisque ses écrits y reviennent sans cesse et de multiples façons.

Vita et miracula D. Bernardi Clarevalensis Abbatis opera et industria Congregationis regularis observantiae eiusdem Hispaniarum... Edición preparada por L. ESTEBAN. — Benaguacil 1990.

Impresión a gran formato (40 × 27 cms) y en edición de lujo. La obra reproduce un doble códice del siglo XVI, impreso y ms. a la vez. Se trata de un códice que comenta la obra impresa en la Roma renacentista (1587), en el más puro clásico castellano del siglo XVI. Cada lámina va comentada en su página paralela. Comprende dos reproducciones en cuadricromía de dos lienzos que representan al primer autor-inspirador de la obra, Fray Bernardo Gutiérrez. Sigue un estudio introductorio sobre la obra y el códice de 56 laminas con sus comentarios correspondientes per el autor del siglo XVI.

VITI G., *Maria negli apocrifi bernardini e nei testi agiografici. Il 'Planctus Mariae'*. — Respice stellam..., p. 181-202.

Cet auteur constate que "La particolare devozione di Bernardo a Maria è un dato talmente assodato che nessuno, per quanto mi risulta, lo ha mai messo in discussione" (p. 181). "La convinzione che Bernardo sia stato 'cantore e dovoto di Maria' è presente già nella metà del secolo XII. Ma la motivazione, per questo periodo, va ricercata unicamente in cio' che egli ha scritto su Maria: poche pagine e, se si vuole, senza novità, ma dette con profonda devozione e scritte con arte sublime" (p. 202).

VITI G., *San Bernardo di Clairvaux*. — San Bernardo nel IX centenario della nascita, p. 13-20.

Esquisse de la vie et de la spiritualité de B., et en même temps introduction au recueil *San Bernardo*...

VITI G. & FALLETTI M., *La devozione a Maria nell'Ordine Cistercense*. — Respice stellam..., p. 287-348.

Cette étude est bipartite: situation *de jure* et situation *de facto*, d'abord la législation cistercienne (statuts du Chapitre général de l'Ordre, liturgie, production littéraire, manifestations artistiques), ensuite la dévotion des Cisterciens à Marie aujourd'hui (avec analyse des *Testi costituzionali delle singole Congregazioni* et des *Constituzioni delle monache Cistercensi*).

VONA Igino, *Temi mariani nei discepoli di san Bernardo.* — Respice stellam..., p. 223-254.

L'a. étudie l'influence que B. a exercée sur Guerric d'Igny, Amédée de Lausanne, Aelred de Rievaulx, Isaac de l'Etoile, Baudouin de Forde, Alain de Lille, Adam de Perseigne et d'autres encore. Les thèmes considérés sont: la conception immaculée, l'assomption; la maternité spirituelle et la médiation.
"La dottrina di Bernardo sulle 'mediazione' di Maria — è stato più volte osservato negli ultimi anni — fu ripresa dai discepoli, consegnata alla Chiesa universale, sviluppata e ratificata ufficialmente nell' ultimo Concilio" (p. 254).

VOŠICKY B.J., *Bernhard von Clairvaux: Sein Leben mit der Eucharistie.* — Sancta Crux 1990, n° 108, p. 6-16 + ill.

Le mystère de l'Eucharistie est au coeur de la vie de B. Cette *interpénétration* de Dieu et de l'homme réalise l'union la plus profonde dans un amour réciproque et une union des volontés. Par le pain de sa parole, le Christ est pour le moine la vraie nourriture. C'est par la patience, la persévérance, que l'on obtient de pouvoir goûter sa douceur. C'est par l'imitation du Christ que se réalise pleinement la participation à ce sacrement. Il s'agit d'une véritable incorporation en Lui. L'Eglise est le lieu où s'opère l'union avec Dieu, où se réalise la Jérusalem céleste.

VRENSEN H., *Sint-Bernardus en de dankbaarheid.* — Heiliging, 40, 1990, p. 39-52.

P. 39: "B. heeft ons geen tractaat nagelaten over de dankbaarheid. Maar hij zou geen mens van de H. Schrift zijn, als dit thema niet als een gouden draad doorheen zijn werken zou zijn gevlochten. Hij onderzoekt zowel de dankbaarheid als de ondankbaarheid en hij komt tot de bevinding, dat het dank brengen aan God hèt grote bewijs is van Gods genadewerking in ons, een levensakt van de H. Geest in ons, want 'we hebben immers de H. Geest ontvangen, opdat we zouden weten wat ons door God geschonken is' (1 Kor. 2,12)".

WADDELL Chr., *The Clairvaux Saint Bernard Office: Ikon of a saint.* — Bernardus Magister..., p. 381-427.

The proper Office of B. (1175) presents a profound theological interpretation of B's life and mission, but only on condition that one understands the symbolic language. The chant-texts derive chiefly from B. himself (his *Saint Victor Office* and his writings on Saint Malachy) and from the wisdom books of the Bible (chiefly *Ecclesiasticus*). The meaning of these texts, in the context of B's *Office*, becomes clear only when one understands them in the light of the glossed Bible, which transmits the exegetical tradition at large. When read in the light of the glosses, the wisdom literature, like the rest of the O.T., celebrates the Mystery of Christ. When applied to B., these texts reveal a B. who has been transformed by the Mystery, and who communicates it to the world inside the cloister and outside. B. is the model of the sage (mystic), whose wisdom, rooted in the word/Word, is identified with Wisdom/Charity, and whose ministry as teacher and preacher extends to the whole Church, to which he brings unity and peace.

WADDELL Chr., *Saint Bernard's second sermon on the purification of the blessed Virgin Mary.* — Liturgy 25, 1991, p. 25-27.

Literal translation, based on the SBO, offered bij Chr. W. solely with a view to facilitating the reading of the article by C. Le Borgne, cfr supra.

WADDELL Chr., *Notes about St Bernard on the two visions of Isaiah. The first sermon for the first Sunday in November.* — Liturgy 24, 1990, p. 77- 121.

WADDELL Chr., *Du premier sermon de Saint Bernard. Les deux visions d'Isaie.* — Liturgie n° 75, décembre 1990, p. 286-318 et n° 75, mars 1991, p. 35-36.

= traduction française du titre précédent.

The five sermons for this Sunday can be distinguished, actually, as a single treatise composed of four sermons forming a continuous commentary on the inaugural Temple Vision of Isaiah described in the opening verses of Isaiah 6. The fifth sermon seems to be either a preliminary sketch of the first four sermons, or else a summary.
The a. uses the first sermon to illustrate in the concrete a typical instance of B's use of patristic sources. B. had a wealth of such sources to draw upon. It is neither Jerome nor Origen who most contributed to the shap-

ing of his first sermon. After *Prolegomena about B. and the Fathers* the a. moves through the text (p. 87-121) and sees that B. had apparently been reading, and reading with great care, St. Gregory's *Homelies on Ezechiel.*

WADDELL Chr., *Chant cistercien et liturgie.* — Colloque de Lyon..., p. 287-306.

WADDELL Chr., *Saint Bernard, chant cistercien et liturgie.* — Liturgie n° 79, décembre 1991, p. 276-291.

= résumé du titre précédent.

Rien dans les écrits de B. ne suggère qu'il ait acquis une compétence musicale professionnelle qui excède ce qu'un clerc sensible et cultivé du XIIe siècle devait connaître. Dans Ep. 398 il expose sa conception personnelle de la musique liturgique: *Sensum litterae fecundare.* Son approche est assez différente de celle des théologiens cisterciens du chant. La musique comme fonction fécondante du mot: telle est la raison d'être de la participation de B. à la réforme du chant dans l'ordre. La fonction de la musique était donc d'ajouter profondeur et intensité à l'expérience des mots de l'Epouse, mots de l'Eglise, mots de la liturgie. Grâce à la musique, ce mot résonne avec une plus grande douceur, adoucit les passions de l'âme plus efficacement et fertilise le mot.

WADDELL Chr., *The glorified Christ, present and future: the eschatological dynamic of the spiritual life.* — La dottrina.... p. 327-342.

The a. notes a few factors which may have contributed to sustain an eschatological dynamism in the life of the average Cistercian religious of B's milieu. — 1. The very structure and rhythm of the Cistercian liturgical year in which, in B's day, there was no feast of the Trinity as such. There was, nevertheless, the equivalent of a Trinity Sunday, situated at the very end of the liturgical year, so that the year-long celebration of the Mystery of Christ led up to and culminated in the revelation of the Trinity. — 2. The universally accepted method of biblical exegesis. — 3. The whole sacramental economy, for the sacred sign pointed not only to past historical reality and to present grace, but also to future eschatological fulfilment. — 4. Particular points of doctrine in which the patristic and early medieval positions contributed to foster an eschatological awareness: even for the souls of the saints in heaven, the perfection of love is not possible before the resurrection. Not until the general resurrection will the rebuilding of the Heavenly Jerusalem be completed thanks to us.

For B., this rebuilding may not yet be complete, but it is already taking place, and we already live familiarly in the company of angels. The place where the glory of the risen Christ is most dynamically present is, for this present while, the valley of humility. For B., everything about our material environment and institutions and our *conversatio*, our manner of life, is a sacramental expression of Jesus present in the mystery of his *kenosis*, in the mystery of the charity and humility of God.

WADDELL Chr., *St Bernard's Mary Magdalene Office.* — Liturgy 23, 1989, p. 31-61.

P. 59: "Still, if we now skim through the whole of the R II Office for Mary Magdalene, and realize that what B. and his collaborators had to begin with was simply the R I Common of Virgins, we can't help but be impressed by the result of their editorial labors. By carefully borrowing antiphons and responsories from (chiefly) the Easter cycle, and by positioning these in places of special importance, the 'paschal' role of Mary Magdalene was given the prominence, it lacked in the earlier Cistercian Office".

WADDELL Chr., *Le culte et les reliques de saint Bernard de Clairvaux.* — Saint Bernard et le monde cistercien..., p. 141-146.

WALLMANN J., *Bernhard von Clairvaux und der deutsche Pietismus.* — Bernhard von Clairvaux. Rezeption und Wirkung..., S. 353-374.

Der V. geht von der Annahme aus, daß — im Gegensatz zu der Auffassung Albrecht Ritschls (1822-1889, des einflußreichsten protestantischen Theologe Deutschlands und des Vaters des Kulturprotestantismus) — der Einfluß Bs auf den Pietismus vergleichsweise gering gewesen ist, wogegen er auf das nichtpietistische orthodoxe Luthertum ungleich stärker war.
Dann lenkt er den Blick auf die bedeutendsten Gestalten des Pietismus (Johann Arndt, Philipp Jakob Spener, August Herman Francke, Gottfried Arnold, Johann Albrecht Bengel, Friedrich Christoph Oetinger, Nikolaus Ludwig Graf von Zinzendorf) und stellt dabei jeweils die Doppelfrage, einmal, ob und wie von B. geredet und wie er zitiert wird, sodann wieweit pietistische Frömmigkeit jeweils von der Tradition der bernhardinischen Jesusmystik, hauptsächlich der Auslegung des Hohenliedes auf den Umgang der gläubigen Seele mit dem Bräutigam Jesus, geprägt ist.
S. 374: "An dem Gesamtbild, daß die orthodox-lutherischen Theologen des 17. Jahrhunderts, die Verfasser von Gebet- und Erbauungsbüchern, Prediger und wissenschaftlichen Theologen, in stärkerer Relation zu B.

standen als die Pietisten, dürfte sich wohl kaum etwas ändern. Jedenfalls müßte hier, bei der lutherischen Orthodoxie des 17. Jarhunderts, nicht im Pietismus die eigentliche Rezeption bernhardinischer Frömmigkeit im Luthertum zu suchen sein".

WALLNER K., *Zisterziensische Spiritualität der Arbeit bei Bernhard von Clairvaux.* — Sancta Crux 1989, Nr 107, S. 12-20.

L'a. présente les divers *labores* et le *labor manuum*, tels que les conçoit B. Il montre ensuite les liens étroits qui existent entre humilité et travail et souligne l'incitation de la Règle au travail manuel. L'activité des mains revêt non seulement un aspect social non négligeable, mais aussi une dimension importante pour assumer la tension entre action et contemplation.

WALZ D., *Neu entdeckte Glossen des Marsilius von Inghen zu Texten Bernhards von Clairvaux und Arnauds von Bonneval.* — Archives d'histoire doctrinale et littéraire du moyen âge 60, 1993, p. 333-361.

Daß Marsilius (M.) von Inghen († 1396), der Nominalist und Begründer der *via moderna* in Heidelberg, sich auch intensiv mit der Mystik des 12. Jahrhunderts auseinandersetzte, zeigen nun bisher unbekannte Glossen von seiner Hand zu Texten Bs und Arnauds von Bonneval. Die Glossen befinden sich in der Handschrift Vat. Pal. lat. 306, einem Sammelband, der in einer Bücherliste von 1396 nur als *plures libros beati Bernhardi in eodem volumine* bezeichnet wird.
Neben gelegentlichen Textkorrekturen handelt es sich bei den meisten Glossen um kurze Paraphrasen des Inhalts, die bisweilen sogar in echt scholastischer Manier schematisch dargestellt sind. Oft teilt M. auch nur durch ein knappes *nota* mit, was ihm bemerkenswert erschien. Es finden sich aber auch selbständige, ja kritische Äusserungen, z.B. zu der Hoheliedpredigt XXIII. In der 3. Marienhomelie (*Homiliae in laudibus virginis Mariae*) tadelt er Bs Selbstvorwurf, als Unreiner das Wort Gottes zu verkünden, und noch dazu auf Lateinisch, wie M. hinzufügt. Das Thema der *virginitas* Mariens scheint M. besonders am Herzen zu liegen. Die entsprechenden Stellen in Bs Marienhomilien sind darum besonders reich glossiert.
S. 338: "Inwieweit daher die Kenntnis zentraler mystischer Texte des 12. Jahrhunderts, wie es z.B. die Hoheliedpredigten Bs sind, in die großen theologischen Werke des M. — den Matthäuskommentar und vor allem den Sentenzenkommentar — eingeflossen ist, wird sich zeigen, wenn diese eines Tages ediert und erforscht sein werden".

Weil mein Herz bewegt war. — Freiburg, 1990, 128 S. (Texte zum Nachdenken, Herder-TB 1694).

Das Büchlein bietet eine knappe Auswahl aus den wichtigeren oder bekannteren Schriften Bs. Die lesbare Übersetzung (E. HENSE) eignet sich, um eine größere Lesergemeinde für das Werk Bs zu interessieren.

WENDELBORN G., *Bernhard von Clairvaux: ein großer Zisterzienser in der ersten Hälfte des 12. Jahrhunderts.* — Frankfurt am Main 1992, 238 S.

S. 90: "... fragen wir im Zusammenhang mit seinen harten Abgrenzungen gegen einzelne Vertreter der frühscholastischen Theologie noch einmal nach seiner theologischen Grundintention, ohne uns dabei zu vermessen, den kaum noch auszuschöpfenden Reichtum an Erkenntnissen über seine Theologie in der gegenwärtigen Forschung ganz erfassen zu können. Gewisse Einseitigkeiten der früheren Forschung sind zu korrigieren".
S. 92: "Trotzdem war er darin ein typisch katholischer Theologe, daß er die Zuspitzungen des Sündenverständnisses und die daraus abgeleiteten anthropologischen Folgerungen, wie wir sie bei Luther (L.) finden, auf ganze gesehen nicht teilte. Gewiß kann man bei ihm Aussagen über die Alleinwirksamkeit der Gnade finden, die L. sehr nahe kommen".
Der Verf. studierte evangelische Theologie und lehrte bis 1992 Kirchengeschichte und Ökumenik an der Rostocker Universität. Er informiert über Leben, Lehre und Spiritualität Bs. Bibliographisch hat der A. 1989 aufgehört.

WESTMALLE, v. BREDERO A.H., *Bernard, ongekroond ...*

WIELOCKX R., *Einheit des Westens — Einheit von Ost und West. Der Beitrag Bernhards von Clairvaux.* — BCF, p. 45-66.

These des Verf. S. 47: "Ja, trotz allem, hat B. einen realen, und sogar einen großartigen Beitrag zur Einheit des Westens geleistet. Auf die ihm eigene, ursprüngliche Art und Weise ist er sogar ein Zeuge der tiefen Einheit zwischen Morgen- und Abendland".
S. 66: "B. ist ein Zeuge dafür, daß Alexandrien und Clairvaux über das exegetische Detail hinaus bis in die Tiefe, wo die Dinge Geist und Leben sind, eine Einheit bilden. Indem sowohl Origenes als auch B. Unsündlichkeit und Liebe untrennbar eins mit dem anderen verbinden, vertreten beide Theologen den ungeteilten Quell der Jesuanischen Religion. Denn in dieser sind Heiligung der Menschheitsfamilie und Liebe zu unserem Vater, der im Himmel ist, ein und dasselbe. Es dürfte somit kein Zufall

sein, wie schon oft und zu Recht betont wurde, daß Origenes und B. sich im entscheidenden Punkt auffällig ähnlich sind. Je mehr sie sich nämlich beide dem idealen Punkt der totalen geistlichen Einfachheit annäherten, um so spontaner, gefühlstiefer und lebensechter wurde beiderseits ihre Liebe zu Jesus".

WIELOCKX R., *Saint Bernard et saint Thomas face à 1 Jn 3,9.* — Littera sensus sententia. Studi in onore del Prof. Clemente J. Vansteenkiste O.P. Milano 1991, p. 661-670 (Studia Universitatis S. Thomae in Urbe, 33).

Dans une première partie, l'a. rappelle brièvement l'exégèse proposée par quelques théologiens représentatifs d'époque patristique dans l'Occident et dans l'Orient. Dans une seconde partie, il montre que B. accorde une certaine place aux deux traditions exégétiques. Dans une troisième partie, il montre que saint Thomas, quant à lui, ne trahit pas connaître la tradition grecque sur ce point.
L'opuscule *De laude novae militiae*, ensemble avec le *De gratia et libero arbitrio*, occupe une place spéciale à l'intérieur des écrits bernardins. C'est que les deux opuscules comprennent chacun une citation de 1 Jn 3, 9. Cela est quelque chose de spécial, en effet, parce que la citation ne se rencontre pas aileurs dans les œuvres de B.

WINKLER G.B., *Die Bernhardrezeption bei Erasmus von Rotterdam.* — Bernhard von Clairvaux. Rezeption und Wirkung..., S. 261-270.

S. 261-262: "In folgenden Fragen kann Erasmus (E.) B. jedoch als einen *auctor* nicht umgehen. Erstens hinsichtlich der Kritik am höheren Klerus und am römischen Papsttum. Zweitens ist B. für ihn interessant als Verfasser der Templerschrift und als Kreuzzugsprediger. Drittens zitiert er ihn als literarischen Briefschreiber und Prediger. Viertens nimmt er natürlich Notiz von seinen Auslegungen zum Hohenlied. Ein fünftes Thema der Konvergenz wäre die Gnadenlehre gewesen. Aber gerade hier zeigt sich die Differenz. E. polemisiert zwar gegen die Vereinnahmung Bs durch die Reformatoren, aber er zitiert m.W. mit keinem Wort Bs *De gratia et libero arbitrio*. Wenn E. in diesem Zusammenhang einen *auctor* hat, dann ist es Augustinus".
Abschnitte: 1. Bs Rang als christlicher Schriftsteller und als Gestalter der Ordensgeschichte. — 2. Kirchenkritik. — 3. Die Kirchenreformer B. und E. versus Reformation. — 4. B. als vorbildlicher Ekklesiastes. — 5. Assonanzen.
S. 270: "Die 50-60 vorliegenden Stellen mit B.-Bezügen und -Zitaten sind zwar angesichts des sehr umfangreichen Werkes des E. absolut nicht

viel, gemessen an den Umständen und Interessen der frühen Neuzeit vielleicht mehr, als man erwarten sollte. Von einer humanistischen B.-Rezeption bei E. wird man nur sehr eingeschränkt und differenziert sprechen können, wohl aber von einer humanistischen Literaturgeschichte Bs und seiner wie immer motivierten Hagiographie".

WINKLER G.B., *War Bernhard von Clairvaux ein Chiliast? Vom Kreuzzugsgedanken der Templerschrift (De laude novae militiae) zur Idee vom ewigen Frieden.* — Gottesgeschichten. Beiträge zu einer systematischen Theologie. Für Gottfried Bachl. Herausgegeben von ACHLEITNER W. & WINKLER U. Freiburg-Basel-Wien 1992; S. 212-224.

WINKLER G.B. *Bernhard von Clairvaux und die Tradition der christlichen Mystik.* — Theologisch-praktische Quartalschrift 139, 1991, S. 67-73.

WINKLER G.B., *Bernhard von Clairvaux: "Ep. 42 de moribus et officio episcoporum". Zu einer Theologie des Seelsorgers zwischen Utopie und historischer Wirklichkeit.* — Uni trinoque Domino. Karl Berg, Bischof im Dienste der Einheit. Eine Festgabe Erzbischof Karl Berg zum 80. Geburtstag. Cura PAARHAMMER H. & SCHMÖLZ F.-M. Thaur 1989, S. 415-427.

WITKAM J., *Het Woord dat mij liefheeft. De mystiek van Bernardus van Clairvaux.* — Breda, De Ster, 1993, 124 p.

Teksten van B. genomen uit *De liefde tot God, Trappen van hoogmoed en nederigheid, Toespraken op het Hooglied*, en *Brieven*, in Nederlandse vertaling, voorafgegaan door bondige teksten over *De wordingsgang van de liefde, Van angst naar liefde, Van zelfkennis naar Godskennis, De Kus, Het Verlangen, Beschouwing.*

WOLFENBÜTTEL, vide *Bernhard von Clairvaux. Rezeption und Wirkung...*

YÁÑEZ NEIRA D., *San Bernardo y la vida religiosa.* — La vida sobrenatural 1990, p. 275-284.

Se destacan en el presente estudio tres ideas claves: modestia, penitencia y misericordia vividas por B.

YÁÑEZ NEIRA D., *San Bernardo gran contemplativo.* — La vida sobrenatural 1990, p. 188-200.

En este estudio, se hace resaltar el afàn proselista de B., cómo aquella continua captura de vocaciones era fruto de la intensa vida interior que le animaba, al mismo tiempo que se hacen resaltar las grandes penalidades padecidas en el Claraval de los primeros tiempos.

YÁÑEZ NEIRA M.D., *San Bernardo, ''revolucionario'' del arte.* — C 42, 1990, P. 65-84.

1. Ambientación histórica. — 2. Antecedentes. — 3. Apología a Guillermo de Saint-Thierry. — 4. Autodefensa propia — 5. Acusaciones a los cistercienses. — 6. Cargos contra los cluniacenses: comida — bebida — monjes instalados en la enfermeria — lujo en los vestidos — negligencia de los abades — fastuosidad en los viajes — superfluidad en el arte.
P. 65: Demonstración de "la influencia decisiva que ejerció B. — sin él darse cuenta — en la evolución del arte románico imperante en aquella época".

YÁÑEZ NEIRA M.D., *Frutos conseguidos por san Bernardo con su "Apologia"*. — C 42, 1990, p. 279-296.

Está claro el concepto de arte que B. tenía: no se oponía a él, sino solamente lo consideraba supérfluo en las iglesias monacales, destinadas a unos hombres que han renunciado a todo por amor a Cristo; pero es comprensivo en extremo, y lo cree adecuado para las iglesias al servicio del pueblo inculto.
"La renovación de la técnica que hizo evolucionar el arte en el siglo XII del románico al gótico, parece asociada a la obra de Clairvaux. No pocos datos esenciales de la arquitectura gótica proceden de san Bernardo" (D. Rops, *San Bernardo*, Barcelona 1957). Estas últimas frases son el coronamiento de la obra "revolucionaria" propugnada por B.

ZAKAR P., abbé général de l'Ordre de Cîteaux, *Introduction.* — La dottrina..., p. 21-23.

P. 21: "Au cours de ces trente dernières années, l'étude de B. n'a pas seulement connu un essor remarquable mais elle a subi également une transformation très significative sur le plan ecclésial. Alors que dans le passé la plupart des œuvres de B. et des études faites sur lui était publiées et lues par des prêtres, des religieux ou des religieuses, on peut voir,

depuis Vatican II qu'un grand nombre de laïcs, hommes et femmes, découvrent B. comme une source authentique de renouveau ecclésial et d'inspiration pour la vie spirituelle".
P. 22: "L'ouverture des cercles laics aux études bernardines et le renouveau des études monastiques parmi les moines cisterciens désireux de redécouvrir leur tradition propre, ont changé considérablement les thèmes de recherche de ces études. Alors qu'au congrès de Dijon (1953) la recherche se portait surtout sur la doctrine théologique de B., on a vu au congrès de Florence (1974) un nouvel intérêt se concentrer vers les questions biographiques et historico-culturelles.
Dès cette époque et davantage encore dans les années qui suivirent on a pu observer dans les publications sur B. une prépondérance croissante des questions de spiritualité (...) l'étude de la spiritualité de B. se fait toujours en relation étroite avec la christologie, l'anthropologie théologique, l'ecclésiologie et l'eschatologie. Les études qui figurent dans le programme de ce congrès sont donc en intime dépendance des découvertes à Dijon par les grandes figures du renouveau patristique et conciliaire (Daniélou, Congar) et les recherches faites sur la théologie patristique et médiévale (J. Leclercq, H. de Lubac)".

ZAŁUSKA Y., *L'enluminure et le scriptorium de Cîteaux au XIIe siècle.* — 1989, 453 p. (CCC. Studia et Documenta, 4).

ZAŁUSKA Y., *L'enluminure cistercienne au XIIe siècle.* — Colloque de Lyon..., p. 271-285.

Les manuscrits cisterciens exécutés au cours du XIIe siècle constituent une part importante de la production livresque de cette période et de ce fait ils offrent un témoignage capital sur la vie intellectuelle, artistique et même économique pendant le Moyen Age central. Les ouvrages copiés dans le scriptorium de l'abbaye-mère de l'ordre, Cîteaux, présentent un ensemble exceptionnel grâce à la diversité, la richesse et la haute qualité artistique de leur enluminure. Confectionnés, contrairement à d'autres ensembles cisterciens, tout au long du XIIe siècle, ils révèlent avec une acuité incomparable différentes phases de la pensée et de l'art cisterciens à une époque décisive pour la formation de l'Ordre. Ayant commencé leur activité de scribes dès avant la création de celui-ci, les moines de Cîteaux ont pu pourvoir leur bibliothèque de monuments insignes de l'art roman avant que les positions cisterciennes hostiles au décor du livre ne fussent cristallisées. Suscitée par l'élan ascétique de B., l'attitude négative envers la peinture a gagné le scriptorium de Cîteaux, probablement avec l'abbatiat de Renard de Bar (1134-1150), et contribua à la creation du *Style monochrome*. Celui-ci domina l'enluminure de Cîteaux, d'autant que celle de plusieurs autres abbayes, pendant plus d'une génération pour

s'émousser à la fin des années 1180. L'enquête de Y.Z. s'attache à l'ensemble de cette production en vue de dégager une vision pertinente de l'évolution du scriptorium pendant le XIIe siècle.
Si les spécialistes ont, à plusieurs reprises, considéré les manuscrits enluminés de la première période de Cîteaux, jusqu'ici l'ensemble de la production — un ensemble de près de quatre-vingts volumes du XIIe siècle attribuables au scriptorium de l'abbaye de Cîteaux — n'a jamais été étudié. Le présent ouvrage comble cette lacune.

ZERBI P., *Bernardo di Chiaravalle e le controversie dottrinali.* — Bernardo cistercense...., p. 131-163.

ZERBI P., *Les différends doctrinaux.* — Colloque de Lyon.... p. 429-458.

= Version française du titre précedent, rendue plus claire grâce à l'insertion de chapitres et de sous-titres.

Examen de la place qu'occupe B. dans les controverses doctrinales: la confrontation B. — Pierre Abélard au concile de Sens (1141) et le débat avec Gilbert de la Porete après le concile de Reims en 1148. B. voulut défendre coûte que coûte l'ordre de valeurs auxquelles il crut. Tant à Sens qu'à Reims, "una forte tradizione, espressa con rara potenza da B., si difendeva decisamente: ma oramai avanzava, con richieste non appagate, un mondo nuovo" (p. 163).

ZERBI P., *La santitá di Bernardo di Chiaravalle.* — RC 7, 1990, p. 145-158.

(Discorso tenuto nell'abbazia di Casamari nel 1974, in occasione della commemorazione dell'ottavo centenario della canonizzazione del santo).

P. 146: "... delineare la sua esperienza interiore; cio equivale a tracciare le linee della sua teologia, non originale, certo, ma vissuta, per la stretta aderenza che il pensiero di B. sempre mantiene a una totale esperienza di vita. E'impossibile non segnalare, a questo punto, l'analogia con sant'Agostino: non già per la forza speculativa, incomparabilmente superiore nel vescovo di Ippona, ma per il riflettersi di un completo itinerario spirituale nel pensiero teologico".
P. 158: "Amiamo la adamantina fermezza di B. nel professare e difendere la fede, ma ci piacerebbe, per esempio, di vedere in lui anche l'apertura di Pietro il Venerabile alle altrui esperienze e opinioni, la sua disponibilità a cogliere in esse valori positivi, la sua capacità di piegarsi sul dramma di chi erra e pecca. Ebbene, sta a noi di raccogliere e di

fondere in due messaggi, diversi e non contrastanti. (...) B. rimane nella storia della Chiesa e dell'umanità come uno degli uomini di più alta esperienza interiore, e fra quelli che meglio hanno saputo partecipare agli altri, con la predicazione e gli scritti, i tesori della propria vita ascetica e mistica. Con la parola, l'esempio, l'opera, egli ha presentato ai contemporanei e ai posteri, alto, puro, austero, l'ideale del monachesimo; anzi, B. è l'esponente più autentico e completo di quello splendido filone della civiltà medioevale che è costituito dalla tradizione monastica. La sua vita, infine, resta esemplare come servizio totale, sacrificato, senza egoismo e personalismo, dell' ideale cristiano".

ZERBI P., *I rapporti di S. Bernardo di Chiaravalle con i vescovi e le diocesi d'Italia.* — ZERBI P., *Tra Milano e Cluny. Momenti di vita e cultura ecclesiastica nel secolo XII.* IIa edizione ampliata, Roma 1991, p. 3-109 (Italia sacra. Studi e documenti di storia ecclesiastica, 28).

= pubblicato in *Vescovi e diocesi in Italia nel Medioevo (sec. IX-XIII).* Atti del II Convegno di storia della Chiesa in Italia (Roma 5-9 settembre 1961). — Padova, 1964, p. 219-313 (Italia sacra, 5).

P. 3: "I documenti, abbastanza copiosi, di cui disponiamo, in nessuno caso mostrano l'abate di Clairvaux attento, nelle sue relazioni con i vescovi italiani, a quei problemi di vita monastica dei quali pure era così sollecìto. Il silenzio in proposito può essere in parte spiegato dal numero ancora piuttosto scarso delle fondazioni cistercensi nella penisola, in quel decennio (1130-1140) durante il quale si svolgono i rapporti fra B. e alcune importanti sedi episcopali d'Italia.
Ma la spiegazione più profonda è da ricercare nel fatto stesso da cui quelle relazioni, per la gran parte, nascono e attorno al quali di svolgono: lo scisma papale del 1130, che dividendo la compagine ecclesiastica per otto anni e impegnando nella contesa, a favore dell'una o dell'altra obbedienza, tutte le forze politiche dell'Occidente cristiano, supera, per l'ampiezza dei suoi riflessi, i pur larghi confini del mondo monastico. Le sedi interessate si riducono, in pratica, a tre sole: Milano, Genova, Pisa; tutte di notevole importanza, e legate l'una all'altra in un delicato e complesso gioco di forze".
P. 93: "Uno fra i risultati dell'ultimo venticinquennio di studi sul pontificato di Innocenzo II è l'approfondimento della parte avuta dalle forze monastiche e canonicali, francesi e anche germaniche, nel determinare lo scisma del 1130 prima, e poi nell' assicurare la vittoria del Papareschi. Ma un'altra innovatrice prospettiva si è costituita, in contrasto solo apparente con la prima: il governo innocenziano ha assunto una impronta di fermezza, decisione, autonomia; se il pontefice può contare

su energie robuste della compagine ecclesiastica, egli non soggiace a condizionamento alcuno, anzi si muove su una linea propria, interpretando in modo valido e intelligente le istanze dei sostenitori...".
P. 94: "... l'importanza di uomini come Siro a Genova, Baldovino a Pisa, Robaldo a Milano, metropoli fedeli collocati o sostenuti in posizioni-chiave; mentre B., se decade dall' ufficio, che a lungo gli si volle attribuirse ad ogni costo, di nuovo *dominus papae*, conserva quello di autorevole consigliere, e, più, di devoto collaboratore all' attuazione delle direttive della curia innocenziana".

Zisterziensische Spiritualität. Theologische Grundlagen, funktionale Voraussetzungen und bildhafte Ausprägungen im Mittelalter. Bearbeitet von Clemens KASPER O. Cist. und Klaus SCHREINER. St. Ottilien, 1994, 299 S. (Studien und Mitteilungen zur Geschichte des Benediktinerordens und seiner Zweige, 34. Ergänzungsband).

Der Band enthält Referate, die im Herbst 1990 im Kloster Himmerod gehalten und diskutiert wurden. Gegenstand des gemeinsamen Nachdenkens war die Spiritualität von Zisterziensern und Zisterzienserinnen in der Zeit des hohen und späten Mittelalters: wie diese Spiritualität in der Theologie und im Regelverständnis Bs verwurzelt war. Es sollten Wirkungen nachgezeichnet werden, die Bs mystische Theologie auf Autoren des späteren Mittelalters ausübte. Zur Sprache gebracht werden sollte darüberhinaus die Auffassung von persönlicher Heiligkeit, die B. und die frühen Zisterzienser entwickelten, desgleichen das Heiligkeitsbild, das sich Zisterzienserhagiographen des 12. Jahrhunderts von B. machten und gegen Bs Widersacher vehement verteidigten. Der Erörterung wert erschien überdies die Frage, ob sich bei B. eschatologische Antriebe klösterlichen und kirchlichen Reformdenkens dingfest machen lassen.
Referate von KÖPF U., LANGER O., SCHINDELE M.P., SCHREINER K., DINZELBACHER P., BREDERO A.H., GOETZ H.-W. und STEER G.
Weitere Aufsätze in diesem Band: RÜTHING H., *Die mittelalterliche Bibliothek des Zisterzienserinnenklosters Wöltingerode*. — LEUTHEUßER-HOLZ S., *Verbildlichung mittelalterlicher Zisterzienserspiritualität. Caesarius von Heisterbach und die Kuppelausmalung der ehemaligen Zisterzienser-Abtei Waldsassen*. — ARTMANN B., *Zur Geometrie gotischer Maßwerkfenster in Zisterzienserklöstern. Der Kreuzgang von Hauterive*. — SCHICH W., *Zum Wirken der Zisterzienser im östlichen Mitteleuropa im 12. und 13. Jahrhundert*.

ZULLIGER J., *Bernhard von Clairvaux und Kommunikation: zur Bedeutung von Briefen, Sekretären und Boten*. — CCC 44, 1993, p. 7-35.

Als aktiver Förderer einer strengeren monastischen Lebensweise und einer Reform der Kirche, als Prediger des 2. Kreuzzugs und als Abt von Clairvaux mit Dutzenden von Tochterabteien war B. notwendigerweise auf die Versorgung mit Nachrichten angewiesen. Die Bedeutung des Informationsflusses in diesen Angelegenheiten ist von der Geschichtswissenschaft genauso wie von der B.Forschung noch wenig beachtet worden. Zur Zeit Bs war Informationsaustausch einzig durch Boten möglich. Der A. zeigt, daß die Leute, die fur B Botendienste wahrnahmen, dies oft nebenbei oder nur gelegentlich taten. Es konnten — weil es keine Boten von Berufs wegen gab: die Gesellschaft im 12. Jahrhundert hatte das Nachrichtenwesen noch kaum als eigenen Erwerbszweig entwickelt — Chormönche, Laienbrüder, Regularkanoniker, Kleriker, Pilger, sogar Äbte und Bischöfe sein. Das zeigt sich auch darin, daß diejenigen, die als *nuntii* auf Reisen ge-schickt wurden, keine einheitliche, klar umschriebene Funktion erfüllten. Teils überbrachten sie Briefe, teils vermittelten sie mündlich Informationen. Manchmal kamen sie als Ratgeber, manchmal als Abgesandte mit einem Verhandlungsauftrag.

Indices

1. Opera Sancti Bernardi

2. Index personarum

3. Index locorum

4. Vocabularium

5. Index rerum

6. Ouvrages cités

7. Varia

ORIENTALISTE, KLEIN DALENSTRAAT 42, B-3020 HERENT